内蒙古牧区工作成就启示研究（1947—1966）

The Achievements of Policies in the Inner Mongolia Pastoral Region and Their Lessons (1947-1966)

仁　钦　著

中国社会科学出版社

图书在版编目（CIP）数据

内蒙古牧区工作成就启示研究：1947—1966／仁钦著．—北京：
中国社会科学出版社，2019.10
（中国社会科学博士后文库）
ISBN 978 – 7 – 5203 – 5531 – 5

Ⅰ.①内…　Ⅱ.①仁…　Ⅲ.①牧区建设—研究—内蒙古—1947 – 1966
Ⅳ.①F326.372.6

中国版本图书馆 CIP 数据核字（2019）第 247719 号

出 版 人	赵剑英
责任编辑	王　琪
责任校对	郝阳洋
责任印制	李寡寡

出　　版	中国社会科学出版社
社　　址	北京鼓楼西大街甲 158 号
邮　　编	100720
网　　址	http://www.csspw.cn
发 行 部	010 – 84083685
门 市 部	010 – 84029450
经　　销	新华书店及其他书店

印刷装订	北京君升印刷有限公司
版　　次	2019 年 10 月第 1 版
印　　次	2019 年 10 月第 1 次印刷

开　　本	710×1000　1/16
印　　张	18
字　　数	312 千字
定　　价	89.00 元

序　言

　　博士后制度在我国落地生根已逾30年，已经成为国家人才体系建设中的重要一环。30多年来，博士后制度对推动我国人事人才体制机制改革、促进科技创新和经济社会发展发挥了重要的作用，也培养了一批国家急需的高层次创新型人才。

　　自1986年1月开始招收第一名博士后研究人员起，截至目前，国家已累计招收14万余名博士后研究人员，已经出站的博士后大多成为各领域的科研骨干和学术带头人。这其中，已有50余位博士后当选两院院士；众多博士后入选各类人才计划，其中，国家百千万人才工程年入选率达34.36%，国家杰出青年科学基金入选率平均达21.04%，教育部"长江学者"入选率平均达10%左右。

　　2015年底，国务院办公厅出台《关于改革完善博士后制度的意见》，要求各地各部门各设站单位按照党中央、国务院决策部署，牢固树立并切实贯彻创新、协调、绿色、开放、共享的发展理念，深入实施创新驱动发展战略和人才优先发展战略，完善体制机制，健全服务体系，推动博士后事业科学发展。这为我国博士后事业的进一步发展指明了方向，也为哲学社会科学领域博士后工作提出了新的研究方向。

　　习近平总书记在2016年5月17日全国哲学社会科学工作座谈会上发表重要讲话指出：一个国家的发展水平，既取决于自然科学发展水平，也取决于哲学社会科学发展水平。一个没有发达的自然科学的国家不可能走在世界前列，一个没有繁荣的哲学社会科学的国家也不可能走在世界前列。坚持和发展中国特色社会主义，需要不断在实践和理论上进行探索、用发展着的理论指导发展着的实践。在这个过程中，哲学社会科学具有不可替代的重要地位，哲学社会科学工作者具有不可替代的重要作用。这是党和国家领导人对包括哲学社会科学博士后在内的所有哲学社会科学领域的研究者、工作者提出的殷切希望！

中国社会科学院是中央直属的国家哲学社会科学研究机构，在哲学社会科学博士后工作领域处于领军地位。为充分调动哲学社会科学博士后研究人员科研创新积极性，展示哲学社会科学领域博士后优秀成果，提高我国哲学社会科学发展整体水平，中国社会科学院和全国博士后管理委员会于 2012 年联合推出了《中国社会科学博士后文库》（以下简称《文库》），每年在全国范围内择优出版博士后成果。经过多年的发展，《文库》已经成为集中、系统、全面反映我国哲学社会科学博士后优秀成果的高端学术平台，学术影响力和社会影响力逐年提高。

下一步，做好哲学社会科学博士后工作，做好《文库》工作，要认真学习领会习近平总书记系列重要讲话精神，自觉肩负起新的时代使命，锐意创新、发奋进取。为此，需做到以下几点：

第一，始终坚持马克思主义的指导地位。哲学社会科学研究离不开正确的世界观、方法论的指导。习近平总书记深刻指出：坚持以马克思主义为指导，是当代中国哲学社会科学区别于其他哲学社会科学的根本标志，必须旗帜鲜明加以坚持。马克思主义揭示了事物的本质、内在联系及发展规律，是"伟大的认识工具"，是人们观察世界、分析问题的有力思想武器。马克思主义尽管诞生在一个半多世纪之前，但在当今时代，马克思主义与新的时代实践结合起来，越来越显示出更加强大的生命力。哲学社会科学博士后研究人员应该更加自觉坚持马克思主义在科研工作中的指导地位，继续推进马克思主义中国化、时代化、大众化，继续发展21世纪马克思主义、当代中国马克思主义。要继续把《文库》建设成为马克思主义中国化最新理论成果的宣传、展示、交流的平台，为中国特色社会主义建设提供强有力的理论支撑。

第二，逐步树立智库意识和品牌意识。哲学社会科学肩负着回答时代命题、规划未来道路的使命。当前中央对哲学社会科学越发重视，尤其是提出要发挥哲学社会科学在治国理政、提高改革决策水平、推进国家治理体系和治理能力现代化中的作用。从2015年开始，中央已启动了国家高端智库的建设，这对哲学社会科学博士后工作提出了更高的针对性要求，也为哲学社会科学博士后研究提供了更为广阔的应用空间。《文库》依托中国社会科学院，面向全国哲学社会科学领域博士后科研流动站、工作站的博士后征集优秀成果，入选出版的著作也代表了哲学社会科学博士后最高的学术研究水平。因此，要善于把中国社会科学院服务党和国家决策的大智库功能与《文库》的小智库功能结合起来，进而以智库意识推动品牌意识建设，最终树立《文库》的智库意识和品牌意识。

第三，积极推动中国特色哲学社会科学学术体系和话语体系建设。改革开放30多年来，我国在经济建设、政治建设、文化建设、社会建设、生态文明建设和党的建设各个领域都取得了举世瞩目的成就，比历史上任何时期都更接近中华民族伟大复兴的目标。但正如习近平总书记所指出的那样：在解读中国实践、构建中国理论上，我们应该最有发言权，但实际上我国哲学社会科学在国际上的声音还比较小，还处于有理说不出、说了传不开的境地。这里问题的实质，就是中国特色、中国特质的哲学社会科学学术体系和话语体系的缺失和建设问题。具有中国特色、中国特质的学术体系和话语体系必然是由具有中国特色、中国特质的概念、范畴和学科等组成。这一切不是凭空想象得来的，而是在中国化的马克思主义指导下，在参考我们民族特质、历史智慧的基础上再创造出来的。在这一过程中，积极吸纳儒、释、道、墨、名、法、农、杂、兵等各家学说的精髓，无疑是保持中国特色、中国特质的重要保证。换言之，不能站在历史、文化虚无主义立场搞研究。要通过《文库》积极引导哲学社会科学博士后研究人员：一方面，要积极吸收古今中外各种学术资源，坚持古为今用、洋为中用。另一方面，要以中国自己的实践为研究定位，围绕中国自己的问题，坚持问题导向，努力探索具备中国特色、中国特质的概念、范畴与理论体系，在体现继承性和民族性，体现原创性和时代性，体现系统性和专业性方面，不断加强和深化中国特色学术体系和话语体系建设。

新形势下，我国哲学社会科学地位更加重要、任务更加繁重。衷心希望广大哲学社会科学博士后工作者和博士后们，以《文库》系列著作的出版为契机，以习近平总书记在全国哲学社会科学座谈会上的讲话为根本遵循，将自身的研究工作与时代的需求结合起来，将自身的研究工作与国家和人民的召唤结合起来，以深厚的学识修养赢得尊重，以高尚的人格魅力引领风气，在为祖国、为人民立德立功立言中，在实现中华民族伟大复兴中国梦征程中，成就自我、实现价值。

是为序。

王京清

中国社会科学院副院长

中国社会科学院博士后管理委员会主任

2016 年 12 月 1 日

摘　要

　　1947—1966 年的内蒙古牧区工作，是巩固党的领导、人民政权，调整民族关系和推动内蒙古社会变革的核心工作之一。其间的内蒙古牧区工作，不仅取得了开创性成就，而且为新疆、西藏、青海等全国其他几个典型大牧区的社会变革提供了思路和范式。因此，研究当代中国牧区工作时，内蒙古牧区工作不可或缺。

　　在牧区民主改革期间，内蒙古自治区党委和政府在总结经验与教训的基础上，创造性地制定、实施了既使牧工的生活得到改善，又保存牧主经济"不分、不斗、不划阶级"的牧区民主改革政策，使内蒙古牧区成功地完成了民主改革。牧区民主改革的实现，不仅使牧民发挥了发展牲畜的积极性，而且也使牧主发挥了发展畜牧业的积极性，使内蒙古牧区畜牧业生产得到了稳步的发展，更重要的是为全国其他牧区民主改革提供了范式。

　　在牧区社会主义改造中，内蒙古自治区党委和政府根据内蒙古牧区阶级状况及其变化与牧区畜牧业生产的特殊性和特点，采取了多种社会主义改造方法。同时，在客观地分析、总结了内蒙古牧区社会主义改造过程出现的牲畜增长率下降的原因的基础上，再次创造性地制定实施了"稳、宽、长"原则，顺利地完成了内蒙古牧区社会主义改造，促进了内蒙古牧区畜牧业生产的发展，显示了牧业合作社的优越性。

　　在 20 世纪 60 年代国民经济调整期间，内蒙古自治区党委和政府贯彻执行了牧区"以牧为主、保护牧场、禁止开荒"等方针政策及各项措施，治理与解决了生态问题和社会问题，为内蒙古畜牧业生产的发展创造了客观环境和条件。与此同时，对内蒙古牧区人民公社的体制与规模等进行了调整，积极主动采取了行之有效的抗灾保畜方针政策与措施。所有这些举措，使国民经济调整期间的内蒙古牧区畜牧业得到了稳定的发展。

内蒙古牧区工作经验与启示：必须从内蒙古牧区和畜牧业生产的实际出发，贯彻落实党的路线和方针、政策；必须同内蒙古牧区独特的、固有的地区特点、民族特点和经济特点与发展规律结合起来，因地制宜地开创新路，不能生搬硬套；方针政策适合内蒙古牧区实情才能够调动牧民群众的生产积极性，才能够促进畜牧业生产的发展；必须把抗灾保畜作为牧区工作的中心任务，并采取行之有效的方针、政策及措施。

综上，本书创新之处：首次系统地利用前人未曾利用或未能充分利用的各级（自治区、盟、旗、苏木、嘎查、巴嘎以及公私合营牧场等）翔实的档案文献史料；全面、系统、深入、细致地研究了内蒙古牧区工作，分析了内蒙古牧区工作的开创性成就及其历史经验与启示；客观地总结了牧区"大跃进"运动的教训，指出了牧区保护和建设草原生态环境的重要性与意义；揭示了实事求是、因地制宜推动内蒙古牧区社会发展的基本要求；论证了内蒙古牧区抗灾保畜工作的重要性；展示了内蒙古作为模范自治区在牧区工作方面的典范事例，丰富和弥补了我国牧区工作史系统研究的缺失。

关键词：牧区工作　成就　经验与启示

Abstract

The policies put into action in Inner Mongolia Pastoral Areas (Neimenggu muqu) between 1947 and 1966 were one of the central efforts to consolidate the leadership of the party and people's government as well as balance inter-ethnic relations and reform society in Inner Mongolia. The policies of this period not only met with initial resounding success, but also provided a model for social reform in the other classical great pastoral regions such as Xinjiang, Tibet, and Qinghai. Therefore, a consideration of the policies enacted in Inner Mongolia is indispensable when conducting research on policies in the pastoral regions of modern China.

The period of the democratic reforms of the pastoral areas, based on an evaluation of these initial policies, the Inner Mongolian Party Committee and government creatively formulated and put into practice reform policies under the moniker "no struggle, no division, no class distinction" that improved the livelihood of herders as well as preserving the economic basis of the ranchers, and successfully completed the democratic reform of Inner Mongolia Pastoral Region. The achievement of the democratic reforms of the pastoral areas not only triggered the active development of livestock herding among ordinary herders but also that of the ranch economy of wealthy ranchers. This considerably improved the overall productivity of Inner Mongolian Pastoral Region. What was even more important is to became the model for the democratic reform of pastoral regions across the country.

During the socialist reconstruction of pastoral regions, the party-

committee and government of Inner Mongolian Pastoral Region em-
ployed many forms of socialist reconstruction based on the area-specific
class structure and livestock economy. Simultaneously, based on objec-
tively analyzing and evaluating the reasons for increases and decreases
in livestock that occurred during the process of socialist reconstruction
in Inner Mongolia Pastoral Region, the committee and the government
creatively worked out and implemented again the principle of " gradual-
ly, generously, and pervasively" (*wen kuan chang*), successfully
completed the socialist reconstruction of Inner Mongolia Pastoral Re-
gion, improved the development of Inner Mongolia Pastoral Areas' live-
stock industry, showed the superior nature of the system of pastoral
collectives.

During the period of national economic readjustment in the 1960s,
the party committee and the government of Inner Mongolia implemented
measures such as giving priority to herding in pastoral regions, preser-
ving grazing land, and prohibiting the opening up of new land, effec-
tively governed and resolved the environmental and social problems,
leading to increased livestock farming productivity and creating a suit-
able framework for the livestock economy. At the same time, it adjus-
ted the system and scale of People's Communes in Inner Mongolian pas-
toral areas. Additionally, an effective policy of protecting livestock
from natural disasters was put into action. These measures stabilized
livestock raising in the Inner Mongolia Pastoral Region during the peri-
od of national economic readjustment.

Lessons from the measures enacted in Inner Mongolia Pastoral Re-
gion: it needs to be based in the reality of Inner Mongolia Pastoral Re-
gion and livestock production in order to implement the party's direc-
tives and policies; It needs to be developed in unison with the region-
al, ethnic, and economic specificities of Inner Mongolia Pastoral Re-
gion. New approaches should be developed in accordance with local cir-
cumstances and should not be implemented in a blanket manner; It is
when the principles and policies were appropriate to the circumstances

that they could mobilize the productive forces of the mass of herders and foster the growth of the livestock industry; The protection of livestock from natural disasters has to form the core of measures in pastoral regions.

In summary, this has made the following new contributions: first, systematically drawing on documents related to all administrative units (autonomous region, league, banner, *sumu*, *gaqaa*, production unit); second, an encompassing, systematic, and in-depth study of measures in Inner Mongolia Pastoral Region consisting of, 1. an analysis of the measures in Inner Mongolia Pastoral Region and the lessons that can be drawn from them; 2. an objective evaluation of the Great Leap Forward in pastoral regions, pointing out the importance and meaning of protecting the grassland environment; 3. the study showed that the key in driving development in Inner Mongolia Pastoral Region was an approach based on searching truth from facts and that was in accordance with local circumstances; 4. the study demonstrated the importance of efforts to protect livestock from natural disasters; 5. the study revealed that the reason Inner Mongolia became a model autonomous region was grounded in its exemplary efforts in the pastoral areas. Third, the volume complements and enriches the history of efforts in the pastoral regions of our nation.

Key words: operations in pastoral regions, success, experiences and lessons

目　录

Contents

Contents

绪　论

一　导论

1947 年 5 月 1 日，我国第一个民族自治地方——内蒙古自治政府，在王爷庙（今乌兰浩特市）成立；1949 年 12 月，经中央人民政府政务院批准，改称内蒙古自治区人民政府。内蒙古自治区的成立，是中国共产党依据马克思列宁主义的基本原理，结合中国民族问题的实际，在把握中国统一的多民族国家历史国情的基础上，在长期的理论和实践中，开创的具有中国特色的解决民族问题之路。①

党中央历来高度重视内蒙古工作，始终寄予厚望：内蒙古自治区成立之初，毛泽东同志称赞内蒙古，"开始创造自由光明的历史"；改革开放之后，邓小平同志谈到内蒙古，"那里有广大的草原，人口又不多，今后发展起来很可能走进前列"；进入新时代，习近平总书记强调，"内蒙古改革发展稳定工作做好了，在全国、在国际上都有积极意义"。

自内蒙古自治政府成立以来，内蒙古各族人民始终高举各民族大团结的旗帜，坚定不移地走中国特色解决民族问题的正确道路，全面正确贯彻党的民族政策，坚持完善民族区域自治制度，创新与丰富民族工作实践，为新中国民族工作提供了宝贵经验，书写了民族团结的新篇章。正如中国社会科学院学部委员、研究员郝时远先生所指出的：

> 在新中国成立之前，这片草原热土为中国特色解决民族问题的正确道路奠定了基础，新中国基本制度之一，民族区域自治在这里率先起航；这片草原热土为新中国建立后牧区社会变革创造了"三不两

---

① 郝时远：《中国共产党怎样解决民族问题》，江西人民出版社 2018 年版，第 69 页。

利"政策，为全国少数民族地区民主改革指明了因地制宜、慎重稳进的工作方法；这片草原热土，在1960年举国遭受天灾饥荒的困难之时，向来自江南华东地区的3000名孤儿展开了草原母亲宽厚的胸膛，用甘甜的乳汁哺育他们茁壮成长。淳朴的牧民视这些孤儿为"国家的孩子"，失去父母的孤儿称这片草原热土是"再生之地，血乳之源"，这就是"中华民族一家亲"在内蒙古各族普通百姓心目中的境界。①

1947—1966年的牧区民主改革、牧区社会主义改造和国民经济调整中，内蒙古自治区党委和政府从内蒙古地区的自然条件、社会状况、经济特点等实际出发，创造性地制定和实施了一系列的方针政策。

1947—1952年牧区民主改革期间，内蒙古自治区党委和政府，根据内蒙古牧区的民族特征、社会经济特征、地区特征、社会经济特点和阶级关系特点，实施了牧区民主改革的一系列方针与政策。首先，制定实施了承认内蒙古的牧场为蒙古民族所公有，废除封建的牧场所有制；废除封建阶级的一切特权，废除奴隶制度；牧区实行保护牧民群众、保护牧场、放牧自由，在牧民与牧主两利的前提下，有步骤地改善牧民的经济生活，发展畜牧业的基本政策。其次，确定、贯彻了"依靠劳动牧民，团结一切可能团结的力量，从上而下地进行和平改造和从下而上地放手发动群众，废除封建特权，发展包括牧主经济在内的畜牧业生产"的牧区民主改革的总方针。再次，执行了"牧场公有，自由放牧"和保护牧主经济与增加牧工收入的"不分、不斗、不划阶级，牧工牧主两利"（简称"三不两利"）政策。上述方针、政策的贯彻落实，使内蒙古牧区民主改革成功完成，不仅使牧民发挥了发展牲畜的积极性，而且也使牧主发挥了发展畜牧业的积极性，使内蒙古牧区畜牧业生产得到了恢复和快速发展。

1953—1958年牧区社会主义改造期间，内蒙古自治区党委和政府根据内蒙古牧区阶级状况及畜牧业生产的特殊性与特点，采取了多种社会主义改造方法。主要有：对个体牧民进行合作社化的改造，把个体所有制改造为合作社的集体所有制；对牧主经营进行类似对国家资本主义的改造方法，改变为国家所有制，组织牧主加入公私合营牧场、合作社；对召庙经济采取了比对牧主经济更慎重、更宽厚的政策和一系列稳妥的牧区社会主

---

① 郝时远：《守望好内蒙古这片热土》，《人民日报》2017年8月9日。

义改造的方法；对牧民入社牲畜实行畜股政策，对入社、入场牧主牲畜实行定息政策。同时，贯彻执行"依靠劳动牧民，团结一切可以团结的力量，在稳定发展生产的基础上，逐步实现对畜牧业的社会主义改造"方针，使内蒙古牧区畜牧业生产得到迅猛的发展。

内蒙古牧区"大跃进"运动最重要的特点之一是，不论农区还是牧区一律强调"以粮为纲"，"牧区执行以农业为基础"，"牧区粮食，饲料自给"方针。其结果是不顾牧区的客观环境、自然条件而过度开垦草原，带来了一系列严重的生态问题和社会问题。

在 20 世纪 60 年代国民经济调整期间，内蒙古自治区党委和政府贯彻执行了在牧区"以牧为主、保护牧场、禁止开荒"等方针政策及各项措施，从而治理了生态问题和社会问题，为内蒙古畜牧业生产的发展创造了条件。同时，纠正了内蒙古牧区人民公社化运动中的平均主义、"共产风"、"瞎指挥"风、强迫命令、"一平二调"等问题，对内蒙古牧区人民公社的体制与规模等进行了调整，执行按劳分配原则和建立生产责任制。所有这些举措，使国民经济调整期间的内蒙古牧区畜牧业得到了稳定、全面、高速发展。

总之，上述方针政策的实施，使内蒙古牧区畜牧业生产得到稳步发展，牧民生活水平得到提高，同时有力地支援了国家社会主义建设，援助了兄弟省区。内蒙古牧区工作顺利地完成了牧区民主改革、畜牧业社会主义改造，成功地实现了 60 年代初期的牧区经济调整，使牧区经济取得了开创性的辉煌成就。这不仅表明民族区域自治政策在内蒙古率先取得成功，使内蒙古牧区经济得到发展，社会政治得到稳定，而且为新疆、西藏等其他少数民族地区的社会改革提供了宝贵的经验和借鉴。如"三不两利"政策，经中央人民政府批准后，向全国其他各少数民族地区广泛推行，使全国少数民族地区成功地实现了民主改革。为此，20 世纪 50 年代，内蒙古自治区被誉为："我国少数民族实行区域自治的良好榜样。"①

二　研究现状概述

关于内蒙古牧区民主改革，迄今为止已经有了很多研究成果。综合性的研究成果，主要有庆格勒图《内蒙古牧区民主改革运动》[《内蒙古社

---

① 《我国少数民族实行区域自治的良好榜样》，《人民日报》1957 年 5 月 1 日。

会科学》(汉文版)1995年第6期],赛航《内蒙古牧区的民主改革》[《中国共产党与少数民族地区的民主改革和社会主义改造》(上册),中共党史出版社2001年版];有关"三不两利"政策的专题研究成果,主要有阳吉玛《略议制订"三不两利"政策的客观依据》[《内蒙古师范大学学报》(哲学社会科学版)1989年第4期增刊],管秀廷《内蒙古牧区民主改革"三不两利"政策的确立》(《兰台世界》2014年12月上旬),崔树华、雪岩《试论内蒙古牧区民主改革运动中的"三不两利"政策》(《前沿》2002年第12期),吴海山《"三不两利"政策和"稳、宽、长"原则的历史意义——纪念乌兰夫诞辰110周年》[《内蒙古师范大学学报》(哲学社会科学版)2017年第1期],高明杰《もう一つ脱構築の歴史過程——内蒙古自治政府の「三不両利」政策をめぐって》(日本《国際問題研究所紀要》第129期);关于政治思想史视角的研究成果,主要有闫茂旭《路径选择视角下的内蒙古牧区民主改革——以锡林郭勒盟为中心考察》[《广播电视大学学报》(哲学社会科学版)2009年第4期],庆格勒图《中华人民共和国建国前后内蒙古的民主建政》[《内蒙古大学学报》(哲学社会科学版)2002年第4期],庆格勒图《建国初期绥远地区的民主建政》[《内蒙古大学学报》(哲学社会科学版)1999年第4期],达布希拉图《探析乌兰夫牧区民主改革思想的启示》[《广播电视大学学报》(哲学社会科学版)2007年第4期];关于牧主经济民主改革的研究成果,主要有李玉伟、张新伟《试论内蒙古关于牧主和牧主经济的民主改革》(《前沿》2013年第5期),仁钦《内モンゴルの牧場主の社会主義の改造の検討》(日本《日本とモンゴル》2016年第50卷第2期)。

上述研究成果中,综合性研究成果虽然论及了内蒙古牧区民主改革的背景、内容及其成就,但由于篇幅所限和占有资料关系,仅止于一般性概述,并且不够全面、翔实。其他研究成果,或者从政策制定视角,或者从政治思想视角,或者从牧主经济改革视角对内蒙古牧区民主改革进行了一定程度的阐述,缺乏全面性与系统性。总之,上述研究成果,关于内蒙古牧区民主改革前的背景没有能够从内蒙古牧区社会特征、阶级状况及剥削形式、畜牧业经济特点与牧主经济特殊性等全方位进行论述,关于牧区民主改革方针政策及其形成与完善进程也没有进行详尽的考察,关于牧区民主改革意义以及经验与启示等未能进行全面、详细的论述与分析。

国内外学者从20世纪60年代开始关注中国农业社会主义改造,到目前为止已有不少专题研究和论著。国内研究主要有高化民的《农业合作化运动始末》（中国青年出版社 1999 年版）；《当代中国的农业合作制》编辑委员会的《当代中国的农业合作制》（当代中国出版社 2002 年版）；周含华、曾长秋的《对中国农业社会主义改造历史意义的再评价》（《湖南师范大学社会科学学报》2002 年第 3 期）；叶扬兵的《中国农业合作化运动研究》（知识产权出版社 2006 年版）。在日本代表性的研究有アジア経済研究所の《中国共産党の農業集団化政策》（アジア経済研究所 1961 年版）；佐藤慎一郎の《農業生産合作社の組織構造》（アジア経済研究所 1963 年版）；小林弘二の《二〇世紀の農民革命と共産主義運動——中国における農業集団化政策の生成と瓦解》（勁草書房 1997 年版）等。可是，这些研究成果的内容几乎不涉及畜牧业社会主义改造问题。

关于畜牧业社会主义改造，20 世纪 50 年代出现了关于蒙古国畜牧业社会主义改造的论著，主要有坂本是忠的《モンゴル人民共和国における牧畜業の集団化について——遊牧民族近代化の一類型》［《遊牧民族の研究：ユーラシア学会研究報告（1953）》（通号 2），自然史学会 1955 年版］；坂本是忠的《最近のモンゴル人民共和国——牧農業の集団化を中心として》［《アジア研究》6（3），アジア政経学会 1960 年版］；二木博史の《農業の基本構造と改革》（載青木信治編《変革下のモンゴル国経済》，アジア経済研究所 1993 年版）。其中，二木博史在论文中考察了持续到 1991 年的蒙古国畜牧业合作经营所存在的问题，并探讨了为解决问题而采用的承包责任制、租赁制的性质与成果。但是，这些关于蒙古国畜牧业社会主义改造的论著的内容，没有论及内蒙古畜牧业社会主义改造问题。

关于内蒙古牧区社会主义改造的研究成果，主要专论有王德胜的《论"稳、宽、长"原则——重温内蒙古畜牧业社会主义改造的经验》［《内蒙古大学学报》（哲学社会科学版）1998 年第 5 期］，庆格勒图的《内蒙古畜牧业的社会主义改造》［《中国共产党与少数民族地区的民主改革和社会主义改造》（下册），中共党史出版社 2001 年版］等。另外，刘景平、郑广智主编的《内蒙古自治区经济发展概要》（内蒙古人民出版社 1979 年版），浩帆的《内蒙古蒙古民族的社会主义过渡》（内蒙古人民出版社 1987 年版），郝维民的《内蒙古自治区史》（内蒙古大学出版社 1991 年版），王铎主编的《当代内蒙古简史》（当代中国出版社 1998 年版）等的有关章节中，对内蒙古畜牧业社会主义改造进行了一定程度的评述。这些论著，对内蒙古牧区社会主义改造的背景、过程及其意义进行了阐述，但是未能透彻地论述内蒙古畜牧业社会主义改造的国际和国内历史背景，也没有阐明牧区社会主义改造进展特点；没有能够分析与考察牧区社会主义改造中存在的问题及其原因，也没有论及问题的解决，没有能够总结其经验与教训。

关于全国 20 世纪 60 年代的国民经济调整，学界已有了诸多视角的丰富、翔实的研究，主要有赵士刚的《"大跃进"和国民经济调整时期的陈云经济思想及其意义》（《当代中国史研究》2005 年第 3 期）；李大勇的《六十年代初期国民经济调整的历史局限》（《中共党史研究》1989 年第 5 期）；王双梅的《邓小平与 20 世纪 60 年代的国民经济调整》（《党的文献》2011 年第 5 期）；鲁震祥的《试论毛泽东在二十世纪六十年代国民经济调整中的地位和作用》（《中共党史研究》2003 年第 6 期）等。据笔者由中国知网中"六十年代国民经济调整"为主题检索的结果，CSSCI 期刊就有 20 余篇。可是，以往的研究成果，几乎没有涉及内蒙古 60 年代国民经济调整的内容。

关于 60 年代内蒙古国民经济调整的研究成果，主要有中国共产党内蒙古自治区党委党史研究室编的《六十年代国民经济调整》（内蒙古卷）（中共党史出版社 2001 年版）中收录的 6 篇专题文章。此外，在《内蒙古自治区经济发展概要》《内蒙古蒙古民族的社会主义过渡》《内蒙古自治区史》《当代内蒙古简史》等的相关章节中有一些阐述。但是，下列诸多问题，从以往研究成果中找不到完整答案，即"大跃进"运动期间的内蒙古草原生态环境方面出现了什么样的问题？出现问题的原因何在？出现的问题带来了哪些影响？在国民经济调整期间采取了哪些治理与纠正草原环境问题的政策和措施？草原生态环境问题的治理和草原建设取得了哪些成就及意义？

综观上述论著，从不同的角度，不同程度论及了内蒙古牧区民主改革、牧区社会主义改造和牧区畜牧业经济调整的相关内容，为本书内容的研究奠定了一定的基础。但是，前人研究也有一定的局限：（1）很多论著因占有资料不足、篇幅所限，对相关问题的分析、论证尚未充分展开，还处于粗浅阶段，尚待深化与扩展。（2）多呈分散状态，未能把 1947—1966 年内蒙古牧区工作所采取的一系列创造性措施、所取得的开创性成就及其意义联系到一起来进行考察，缺乏连贯性，有待于进行系统探讨和考察。（3）未能系统地总结出可供现实借鉴的成功经验与启示。

三　研究意义

我国牧区的 90% 以上分布在少数民族聚居地区，少数民族牧区面积占全国国土总面积的 40% 左右，一直以来畜牧业生产是牧区各族人民赖以生存与发展的主体经济。[①] 牧区畜牧业不仅是国民经济的重要组成部分，而且对整个国民经济发展起了重大的作用。[②] 并且，牧区是我国少数民族人口最集中的地区，蕴藏着巨大的食物生产潜力和大量的动植物资源与可再生资源，同时与 12 个国家接壤，我国 62% 的边界线在牧区。牧区的和谐稳定直接关系到我国民族团结和国家安全，并且牧区是我国生态安全的重要屏障和国家现代化建设的重要支撑。其中，内蒙古牧区是我国最重要的畜牧业生产基地，拥有 7880 万亩草原，占全国草原总面积的 22%。同时，内蒙古牧区 14 个边境旗以 3370 千米的国境线同蒙、俄等邻国接壤，不仅是我国北疆安全屏障，还是北方生态安全屏障。

牧区工作是党的民族工作中较为特殊的、极为重要的内容。中华人民共和国成立前，我国广大牧区都处于极其落后的自然经济状态，无论是生产力还是人民生活均长期停滞不前。中华人民共和国成立后，中国共产党极为重视牧区工作，经过一定历史时期的探索，找到了适合自然、民族、

---

① 例如，20 世纪五六十年代，牧区少数民族人口有 300 多万人，从事畜牧业生产的蒙古族、藏族、哈萨克族、柯尔克孜族、塔吉克族等少数民族人口有 200 多万人，拥有的牲畜占全国牲畜总数的 30%［参见民族事务委员会党组《关于少数民族牧业区工作和牧业区人民公社若干政策的规定（草案）的报告》（1963 年 1 月 14 日），内蒙古档案馆藏，资料号：11—17—374］。

② 第一，为农业和运输业提供了动力。20 世纪五六十年代的农业和运输业的主要动力是役畜。以 1957 年农业为例，全国 16.8 亿亩耕地中除了机耕面积占 1.7% 和部分人力挖的山坡外，90% 以上的耕地是依靠畜力耕种。据 1957 年统计，畜牧业为全国农业上使役的耕畜达 5251.9 万头，为全国交通运输专用的役畜达 73.7 万头。第二，为轻工业、手工业提供了原料，为城乡人民提供了肉、乳等副食品。据不完全统计，1949—1957 年畜牧业为工业提供的主要原料有牛皮 2751.5 万张，羊皮 10363 万张，绵羊毛 27.6 万吨，以及大量的牛奶、兽骨、肠衣等；第一个五年计划期间宰杀供肉用的牛、羊等 383350 头（只）。第三，为国家增加了资金积累，换取外汇。例如，第一个五年计划的前四年，屠杀税、牲畜交易税和牧区牧业税收入共达 19.17 亿元；畜产品出口所换取的外汇，每年平均等于 379 万吨钢材的价值。第四，增加了人民收入，改善了农牧民生活。据国家统计局资料，第一个五年计划的前四年，畜产品总值每年平均达到 62.4 亿元，占农副业平均总产值的 11.5%［参见民族事务委员会党组《关于少数民族牧业区工作和牧业区人民公社若干政策的规定（草案）的报告》（1963 年 1 月 14 日）内蒙古档案馆藏，资料号：11—17—374］。

历史、地区等特点的牧区发展之路。换言之，中国共产党在长期革命斗争的实践中，创造性地提出了民族区域自治的基本政策，不仅引导蒙古民族解放运动走上了正确的发展道路，也为正确解决国内民族问题提供了理论和实践的依据。特别是内蒙古牧区顺利地完成了 20 世纪 40 年代末的牧区民主改革与 50 年代的牧区社会主义改造，成功地进行了 60 年代初期的牧区经济调整，使牧区工作取得了开创性成就，并为其他牧区社会变革提供了思路和范式，被誉为"我国少数民族区域自治的良好榜样"[1]。

因此，深入、系统地探究内蒙古牧区工作，对深化认识"三牧"的特殊性和重要性，有重要意义。内蒙古是我国最重要的畜牧业生产基地，畜牧业现代化发展所蕴含的牧业、牧区、牧民问题，不仅关涉内蒙古各民族守望相助、共同团结奋斗和共同繁荣发展、筑牢北疆安全稳定和生态屏障大局，而且内蒙古作为模范自治区需要继续为全国民族自治地方提供成功经验，其中包括牧区现代化发展经验。因此，深化对内蒙古牧区的变革和发展历史脉络的研究，不仅为践行内蒙古打造北疆亮丽风景线的现实需要提供可借鉴的历史经验，同时也为我国青海、新疆、西藏等典型牧区的同类课题提供可依照的研究思路。

四　研究思路与创新点

本书基于前人与笔者的研究成果，将研究对象主体设置于 1947—1966 年的内蒙古牧区，整理、分析了国内、国外的相关研究成果，去伪存真，去粗取精，吸收了其科学、客观的结论。在关注内蒙古牧区的地区特征、民族特征、历史特征的同时，基于当时的国际政治和国内形势展开考察。主要运用蒙汉文文献史料以及民间所收藏的相关文献资料，并深入开展实地调查，对典型性的相关历史见证人物进行采访，采集相关信息，并与文献史料勘比、考证，翔实地考察、探讨。同时，吸取、借鉴民族学、经济学、社会学等学科的相关研究方法。

本书的创新之处体现在：第一，以 1947—1966 年为时段，首次系统地利用前人未曾利用或未能充分利用的各级（自治区、盟、旗、苏木、嘎查、巴嘎）翔实的第一手档案文献史料。第二，全面、系统、深入细致地

---

[1] 《我国少数民族实行区域自治的良好榜样》，《人民日报》1957 年 5 月 1 日。

研究了内蒙古牧区工作：（1）分析了内蒙古牧区工作的开创性成就及其历史经验与启示；（2）客观地总结了牧区"大跃进"运动的教训，指出了牧区保护和建设草原生态环境的重要性与意义；（3）揭示了实事求是、因地制宜推动内蒙古牧区社会发展的基本要求；（4）论证了内蒙古牧区抗灾保畜工作的重要性及其经验启示；（5）展示了内蒙古作为模范自治区在牧区工作方面的典范事例。第三，丰富和弥补了我国牧区工作史系统研究的缺失。

第一章 内蒙古牧区民主改革与畜牧业恢复和发展

在内蒙古进行民主改革尤其是牧业区民主改革，不论是对中国共产党还是新成立的内蒙古自治政府，都是个新课题。[①] 1947年10月，内蒙古共产党工作委员会[②]和内蒙古自治政府根据《中国土地法大纲》和党在农村土地改革中的总路线、总政策，结合内蒙古的民族特点、社会经济特征，社会经济特点和阶级关系的特点，制定实施了牧区民主改革的"不分、不斗、不划阶级，牧工牧主两利"（简称"三不两利"）政策。"不分、不斗、不划阶级"是不斗争牧主，不分牧主的牲畜，不划分阶级成分；"牧工牧主两利"是在废除封建特权和封建剥削的基础上，实行合理的牧工牧主的工资制度。

这项政策是正确的、创造性的，它把民主改革政策同内蒙古牧区实际相结合，变革了牧区社会经济制度，不仅促进了畜牧业生产的发展，改变了牧民的生活，使牧区社会政治得到稳定，而且为新疆、西藏等其他少数民族地区的社会改革提供了宝贵的经验和借鉴。例如，"三不两利"政策经中央人民政府批准后，成为发展畜牧业经济的十一项政策中的第一项，向全国其他各少数民族地区广泛推行，使全国少数民族地区成功地实现了民主改革。[③]

---

① 赵真北：《试述内蒙古牧业区的民主改革》，《档案与社会》2004年第1期。

② 内蒙古共产党工作委员会，1947年5月成立。1949年12月，中共中央决定撤销内蒙古共产党工作委员会，成立中共中央内蒙古分局。1952年8月，与中共绥远省委合并，改称中共中央蒙绥分局。1954年内蒙古自治区与绥远省合并后，恢复中共中央内蒙古分局的名称。1955年7月，正式改称中国共产党内蒙古自治区委员会。

③ 《中央人民政府政务院批转民族事务委员会第三次（扩大）会议关于内蒙古自治区及绥远、青海、新疆等若干牧业区畜牧业生产的基本经验》（1953年6月15日），载内蒙古自治区党委政策研究室、内蒙古自治区农业委员会编印《内蒙古畜牧业文献资料选编》第一卷，呼和浩特，1987年，第13—15页。

为此，20世纪50年代，内蒙古自治区被誉为"我国少数民族区域自治的良好榜样"。

本章，在从近代以来内蒙古地区社会变迁和社会的特点、内蒙古牧区的阶级状况与剥削形式，以及畜牧业经济的特点和牧主经济的特殊性等方面考察内蒙古牧区民主改革的社会历史背景的基础上，探讨内蒙古牧区民主改革方针、政策的制定及其完善，探讨内蒙古牧区民主改革的实现和内蒙古畜牧业生产的发展及其意义。

第一节　内蒙古牧区民主改革 社会历史背景

一　近代以来内蒙古地区的社会变迁和社会特点

近代以来的内蒙古社会，长期处在清朝政府、北洋军阀、国民党蒋介石大汉族主义以及日本帝国主义的统治压迫与民族内部的封建王公统治压迫之下，在相当长的时期内处于不统一状态，阻碍了内蒙古社会的进步与蒙古民族的繁荣。历史上帝国主义封建主义、大汉族主义对于蒙古民族统治压迫的目的，在于奴役、削弱以至消灭蒙古民族。各时期反动异族统治者对内蒙古的统治政策，虽然因时代各异有某些不同，但基本上是一致的：（1）勾结利用怀柔蒙古族封建阶层，以统治压迫蒙古族内部；（2）提倡与利用宗教，麻痹内蒙古人民革命觉悟，削弱内蒙古民族战斗精神；（3）分裂内部，镇压革命，挑拨制造蒙汉矛盾，加深民族隔阂仇视；（4）经济上的掠夺与文化上的同化。[①] 异族长期侵略压迫，也导致了历史上内蒙古民族不断反抗异族的斗争。

由于内蒙古民族长期处在异族侵略压迫下，使内蒙古自古以来传统的游牧经济不能自然顺畅地发展，以致内蒙古社会经济在民主改革前形成复杂的形态：（1）农业经济；（2）游牧经济与一小部分原始性的游猎经济；

---

① 《乌兰夫同志在内蒙古干部会议上总结报告提纲》（1948年7月30日），载内蒙古自治区档案馆编《中国第一个民族自治区诞生档案史料选编》，远方出版社1997年版，第105—106页。

（3）过渡时期经济，即半农半牧经济与一小部分地方之半农半猎经济。多种复杂经济形态，构成了封建性和半封建性的内蒙古社会经济与不同形式的封建性与半封建性的剥削制度。①

（一）内蒙古地区民族人口结构的急剧变化

一方面，在清朝中期以后的"借地养民"②与"移民实边"③，北洋军阀与国民党的"移民殖边"④，以及日本帝国主义者的"开拓移民"⑤等各种形式的掩盖和借口下，进行了移民开垦。另一方面，蒙古王公在旧中国官厅压迫下，被迫放垦以及与汉商结合进行私垦。

其结果，内蒙古草原大量被开垦的同时，内蒙古汉族人口增长速度加快，由19世纪初期的100.0万人（占内蒙古总人口的46.5%，以下同），1912年增长到155.0万人（64.5%），1947年增长到469.5万人（83.6%）。同时，内蒙古蒙古族人口占内蒙古总人口的百分比由19世纪初期的47.9%（103.0万人），降至1912年的34.5%（82.9万人）、1947年的14.8%（83.2万人）。即19世纪初至1947年间，内蒙古地区的汉族人口急速增长，由占内蒙古总人口的46.5%增至83.6%，已占据内蒙古总人口的绝大多数（详见表1—1）。内蒙古汉族人口的增长主要是外来移民，是由山东、河北、河南、山西、陕西、甘肃等地迁入的农民。

表1—1　　　19世纪初期至1963年内蒙古蒙古族、汉族人口及
占全内蒙古人口的比率

时期	全内蒙古人口 （万人）	蒙古族人口 （万人）/比率（%）	汉族人口 （万人）/比率（%）
19世纪初期	215.0	103.0/47.9	100.0/46.5

① 《乌兰夫同志在内蒙古干部会议上总结报告提纲》（1948年7月30日），载内蒙古自治区档案馆编《中国第一个民族自治区诞生档案史料选编》，远方出版社1997年版，第106页。
② 即雍正二年（1724）清政府允许内地汉族灾民到内蒙古卓索图盟一带垦殖的措施。
③ 1901年，西方列强强迫清朝签订《辛丑条约》，清朝政府为筹措"庚子赔款"，以"移民实边"为名，在内蒙古放垦蒙旗土地，招内地汉族农民入内蒙古耕种，搜刮押荒银和田赋，以济财政窘迫。
④ 北洋军阀和国民党政府沿袭清朝政府对蒙政策，继续强占蒙地土地牧场，招内地农民垦种，既获地权又得地利。
⑤ 1931年"九一八事变"后，日本帝国主义侵占中国东北和内蒙古东部地区，日本派遣开拓团进行殖民，大量日本移民涌入，强占牧场，开垦土地。

续表

时期	全内蒙古人口（万人）	蒙古族人口（万人）/比率（%）	汉族人口（万人）/比率（%）
1912 年	240.3	82.9/34.5	155.0/64.5
1937 年	463.0	86.4/18.7	371.9/80.3
1947 年	561.7	83.2/14.8	469.5/83.6
1949 年	608.1	83.5/13.7	515.4/84.8
1953 年	758.4	98.5/12.9	649.3/85.6
1957 年	936.0	111.6/11.9	811.2/86.7
1960 年	1191.1	121.4/10.2	1049.8/88.1
1963 年	1215.4	134.6/11.1	1061.1/87.3

资料来源：宋迺工主编《中国人口：内蒙古分册》，中国财政经济出版社 1987 年版，第 50—68 页；内蒙古统计局《辉煌的五十年 1947—1997》，中国统计出版社 1997 年版，第 100—101 页；内蒙古统计局《辉煌的内蒙古 1947—1999》，中国统计出版社 1999 年版，第 526—527 页。

（二）内蒙古地区社会经济区域类型的多样化

20 世纪四五十年代，内蒙古的汉族人口约占内蒙古农业总人口的 95%。[1] 农业人口也已占内蒙古总人口的绝大多数，1947 年内蒙古自治区农业人口为 491.3 万人，占全区总人口 561.7 万人的 87.4%。[2]

随着农业人口的增长，内蒙古地区从一个几乎单一的牧业地区，转变为农业、牧业、半农半牧三种不同类型的经济区。20 世纪 40 年代末，内蒙古的 32 个旗县已成为农业地区，20 个旗变成半农半牧区，纯牧区只剩下 21 个旗（详见表 1—2）。

表 1—2　　20 世纪 40 年代末内蒙古农业、牧业、半农半牧区

农业区（32 个旗、县、市）	
呼伦贝尔盟	突泉县、额尔古纳旗（今额尔古纳市）、布特哈旗、阿荣旗、莫力达瓦达斡尔族自治旗、鄂伦春自治旗、喜桂图旗（今牙克石市）

---

[1]　孙敬之主编：《内蒙古自治区经济地理》，科学出版社 1956 年版，第 13 页。

[2]　《内蒙古农牧业资源》编委会：《内蒙古农牧业资源》，内蒙古人民出版社 1966 年版，第 116 页。

续表

农业区（32 个旗、县、市）	
昭乌达盟	林西县、宁城县、喀喇沁旗、赤峰市
哲里木盟	通辽市、开鲁县
锡林郭勒盟	多伦县
乌兰察布盟	丰镇市、凉城县、兴和县、和林格尔县、清水河县、托克托县、武川县、卓资县、察右前旗、商都县
伊克昭盟	准格尔旗、达拉特旗、东胜旗
巴彦淖尔盟	临河县、五原县、杭锦后旗
呼和浩特市	土默特旗
包头市	固阳县
半农半牧区（20 个旗）	
呼伦贝尔盟	科右前旗、科右中旗、扎赉特旗
昭乌达盟	巴林右旗、巴林左旗、阿鲁科尔沁旗、克什克腾旗、翁牛特旗、敖汉旗
哲里木盟	库伦旗、科左中旗、科左后旗、扎鲁特旗、奈曼旗
锡林郭勒盟	太仆寺旗、镶黄旗
乌兰察布盟	察右中旗、察右后旗、四子王旗
包头市	乌拉特前旗
牧区（21 个旗、浩特）	
呼伦贝尔盟	新巴尔虎左旗、新巴尔虎右旗、陈巴尔虎旗、鄂温克族自治旗
锡林郭勒盟	东乌珠穆沁旗、西乌珠穆沁旗、阿巴嘎旗、苏尼特右旗、苏尼特左旗、正蓝旗、正镶白旗、锡林浩特、二连浩特
乌兰察布盟	达尔罕茂明安联合旗
伊克昭盟	鄂托克旗、杭锦旗、乌审旗
巴彦淖尔盟	阿拉善左旗、阿拉善右旗、额济纳旗、乌拉特中后联合旗

资料来源：《内蒙古农业资源》编委会编《内蒙古农牧业资源》，内蒙古人民出版社 1965 年版，第 296—306 页。

由于如前所述历史原因，内蒙古地区农业发展过程中有其如下的特点：

第一，农业经济发展是从与汉族毗连地带发展起来的。在内蒙古，农业经济的发展各地是不平衡的，半农半牧经济与半农半猎的存在，正是内蒙古游牧经济与原始游猎经济向农业经济发展之过渡阶段。

第二，内蒙古农业经济发展的历史时间一般很短，远者是百数年，近者是数十年和十数年中发展起来的。内蒙古农民耕种技术较差，耕种粗糙，农产量低，在与汉族农业经济的自然竞争下，无法对抗，很多蒙古族农民失去土地，逐渐内移（即北移），原蒙古族地主也逐渐贫困、破产。

第三，汉族农民移入开垦耕种，发展了内蒙古地区的农业经济，但同时也随着经济的发展，汉族人口逐渐增加，内蒙古大部分地方形成了蒙汉杂居地区。

第四，内蒙古经济发展是比较落后的，对内地经济存在一定程度的依赖性。内蒙古地区农业经济的发展，已使内蒙古社会经济与中国各地经济密切联系起来。这种社会经济密切关系，不可分离。因此，便决定了内蒙古革命和中国革命之密切关系，使内蒙古革命成为中国革命不可分离的一部分。①

（三）蒙古民族经济形态的转变

内蒙古蒙古族牧民在汉族农民移入和农业经济发展的影响下，由原来的游牧经济走向农业经济发展，蒙古族牧民由畜牧业生产转向农业生产。到 1949 年，从事农业的蒙古族人已占内蒙古蒙古族总人口的 2/3。② 这是与内蒙古民族长期受异族统治分不开的，其发展是一种被压迫、被侵略的惨痛的历史。③ 蒙古族的经济形态的转变不是因其社会经济规律而转变的。随着内蒙古地区草原牧场的被开垦，内蒙古的汉族人口剧增。在此过程中，因为被开垦的多是优良牧场，原住蒙古族牧民因被迫离开优良的牧场，不得不退到沙漠、丘陵地带。在此状况下，蒙古族牧民如不经营农业就会失去重要生产条件——土地，所以，蒙古族牧民为了生存，迫不得已从传统的畜牧业转向农业。

① 《乌兰夫同志在内蒙古干部会议上总结报告提纲》（1948 年 7 月 30 日），载内蒙古自治区档案馆编《中国第一个民族自治区诞生档案史料选编》，远方出版社 1997 年版，第 106—107 页
② 宋酒工主编：《中国人口：内蒙古分册》，中国财政经济出版社 1987 年版，第 59 页。
③ 《乌兰夫同志在内蒙古干部会议上总结报告提纲》（1948 年 7 月 30 日），载内蒙古自治区档案馆编《中国第一个民族自治区诞生档案史料选编》，远方出版社 1997 年版，第 106 页。

（四）内蒙古地区社会特点

民主改革前的内蒙古社会性质与全国的社会性质是一样的，除解放区外也具有半殖民地半封建性质。但是，内蒙古因其地域特征、历史特征、民族特征，相对于全国其他地区而言，有如下独特的社会特点。

第一，内蒙古的社会经济，农业占很大的优势，农民约占200万人口中的3/4；游牧业占重要的位置，牧民有40余万人；工人人口却很少。

第二，内蒙古蒙古族人的农业历史较短，农业比较落后。特别是农村副业很少，但土地则是封建占有制，农民受封建势力的压迫与剥削，这是与汉族一样的。

第三，游牧业在旗界内，牧场虽然是共有的（实际上有势力的牧主总是占有水草丰美之处），但畜牧经济的主要生产资料与生产品——牲畜及一切畜产品，却是封建牧主占有制，牧民受牧主的压迫与剥削，并且还存在着王公、贵族、喇嘛、平民与家奴的隶属关系。

第四，蒙古族人中资本主义的工业资本家虽然很少（个别的），但产业工人（例如煤矿、铁路工人）则已有数千人，他们在外国资本与汉人资本所设的工矿中做工。至于棉毛纺织的手工工场主、作坊老板也有一些，手工工人则已有不少，这里的产业工人与手工业工人受资本家、手工工场主、作坊老板的压迫与剥削。总之，农业、游牧业与工业都是私有制度，而且是封建的地主、牧主对土地、牲畜的占有占绝对优势，这就是内蒙古社会的实质。①

二 民主改革前内蒙古牧区阶级状况以及剥削形式

（一）内蒙古牧区阶级状况

民主改革前，内蒙古牧区社会制度是游牧的封建社会，封建制度统治广大牧民。封建制度主要是政治上的封建特权，经济上的超经济剥削和宗教负担。内蒙古牧区的阶级状况是王公、贵族、封建牧主和劳动牧民两个阶级，同时还残存着奴隶制度；王公、贵族、封建牧主是牧区的剥削阶级；劳动牧民是被剥削、被压迫阶级，包括贫困牧民、不富裕牧民（中

① 《内蒙古蒙人中有没有阶级》（1947年6月），载内蒙古自治区党委政策研究室、内蒙古自治区农业委员会编印《内蒙古畜牧业文献资料选编》第二卷（上册），呼和浩特，1987年，第6页。

牧）、富裕牧民（富牧）。

占牧区人口很少的王公、贵族、牧主和僧侣上层等封建统治阶级利用传统的封建特权，占有大量的牧场、牲畜和财富。森林、河流、湖泊等自然资源在名义上为全民族所公有，但实际上其使用权和支配权为王公、牧主所拥有。人口占少数的王公、牧主阶级占有大量牲畜，是牧区封建所有制关系的主要标志。只占总人口百分之几的王公、封建牧主和庙仓占有20%左右的牲畜，占总人口90%以上的劳动牧民占有80%左右的牲畜。[①]

例如，据1947年锡林郭勒盟苏尼特左旗典型调查，第一、第二、第三苏木130户牧户中，贫困户共80户，占总户数的61%，拥有大牲畜417头（只），占大牲畜总数2583头（只）的27%，拥有小牲畜1421头（只），占小牲畜总数6820头（只）的16%；富户9户，占总户数的7%，拥有大牲畜1252头（只），占大牲畜总数2583头（只）的47%，拥有小牲畜2527头（只），占小牲畜总数6820头（只）的37%。[②] 可以看出，占总户数61%的贫困户占有一小部分牲畜，而占总户数7%的富户，占有很大数目的牲畜。贫困户由于缺少牲畜，不得不依靠揽富户或大喇嘛的牲畜代放、挤牛奶等来维持生活。这样劳苦一年也不过赚一两头3—4岁的牛或一两匹马，有的甚至勤劳终年，被牧主克扣剥削，毫无所得。人民因受长期的封建压迫与剥削而日趋贫困。因此，1947年，锡林郭勒盟普遍性地迫切要求解决生活上的困难，也就是面临减轻封建剥削、改善人民生活的问题。

再如，据1946年调查，呼伦贝尔盟新巴尔虎左旗占总户数1%的牧主，每户拥有几千头（只）牲畜；而占总户数1/4的贫困牧民，每户牲畜不足5头，甚至有的人家连1头（只）都没有。以绵羊为实例，鄂温克族自治旗、新巴尔虎左旗、新巴尔虎右旗，占总户数71%的牧民仅占有绵羊总数的2.1%；新巴尔虎左旗嘎拉布尔苏木，占总户数24.8%的牧主和富牧，占有总牲畜的86.6%。[③]

① 《关于内蒙古畜牧业生产与社会主义改造若干政策问题——王铎同志在西北地区民族工作会议上的汇报》，1961年7月24日，载内蒙古自治区党委政策研究室、内蒙古自治区农业委员会编印《内蒙古畜牧业文献资料选编》第二卷（下册），呼和浩特，1987年，第17页。
② 锡察行政委员会：《关于开展锡盟群众工作决定》（1947年9月12日），内蒙古档案馆藏，资料号：11—1—18。
③ 浩帆主编：《内蒙古蒙古族的社会主义过渡》，内蒙古人民出版社1987年版，第112页。

同时，内蒙古牧区封建统治压迫和剥削是非常严重的。王公有很高的封建特权，即对旗民有行政司法、征兵、无偿役使和课税摊派权。

例如，锡林郭勒盟西乌珠穆沁旗解放前有人口16000人，每年有近2000人为王府、旗衙门服役。该旗顿达郭勒苏木只有90多户人家，每年向王府和旗衙门派出边境"胡雅克"（守边人）7户，"霍洛沁"（打扫棚圈工）1户，"格希古日沁"（采集羊粪砖的人）1户，"胡得"（王府小吏）12人，兵士12人，放牧的1人，放牛犊的1人，接羔的1人，挤奶的2人，伙夫1人，"夏"（值勤的）1人，"排搭"（仪仗队）4人，摔跤手2人，给五大集会送牲畜的10人，共出9户和47人。若一户按出2人计，共65人。这些都是无偿劳役，有常年、半年或几个月、几十天、几天的不等。在90多户人家中的3户牧主、十几户官吏和喇嘛22人不承担这些劳役、兵役。这样沉重的负担，全部落在劳动牧民身上，他们每户平均摊1人，夺取了他们相当大的劳动谋生的自由。他们在服役期内的服装、乘马，甚至蒙古包乃至伙食等都得自备。[①]

再如各种赋税，还是以锡林郭勒盟西乌珠穆沁旗顿达郭勒苏木为例，每年缴银洋3600元，大畜300头（只）[旗200头（只），苏木100头（只）]，小畜1000头（只）[旗700头（只），苏木300头（只）]，毡子10—50块，黄油150斤，干牛粪300车。[②]

牧主是牧区的主要统治阶级和剥削阶级。以呼伦贝尔盟为例，牧主阶层的形成有两种情形：一部分牧主是世袭佐领，通过封建统治和对劳动牧民的剥削而成为牧主；另一部分牧主主要靠自己的辛勤劳动发展成牧主。牧主拥有大量的牲畜和生产资料。据1948年调查，新巴尔虎左旗新宝力格苏木共有384户，其中拥有2000头（只）以上牲畜的牧主有17户，占有80000多头（只），占全苏木牲畜总数的50%以上。[③]

喇嘛是蒙古族中一个特殊阶层，在牧业区尤为突出。喇嘛教是封建制的精神支柱，其上层喇嘛为封建制的政治基础，鼓励发展喇嘛教是清朝政府削弱蒙古民族的政策之一。锡林郭勒盟、乌兰察布盟上层喇嘛在解放前

① 赵真北：《总结内蒙古牧区民主改革的经验》，载内蒙古自治区政协文史资料委员会《"三不两利"与"稳宽长"回忆与思考》（内蒙古文史资料第59辑），呼和浩特，2006年，第89页。
② 同上书，第90页。
③ 呼伦贝尔盟史志编辑办公室编：《呼伦贝尔盟牧区民主改革》，内蒙古文化出版社1994年版，第5页。

有 200 多人，近半数的男子为喇嘛。① 呼伦贝尔盟地区盛行喇嘛教，寺庙多，喇嘛多，主要集中在新巴尔虎左旗和新巴尔虎右旗。到民主改革前，呼伦贝尔盟牧区共有 22 座寺庙，其中新巴尔虎左旗、新巴尔虎右旗有 18 座寺庙；喇嘛有 4000 多人，其中新巴尔虎左旗、新巴尔虎右旗的喇嘛有 3037 人。②

牧业区本来人口少，劳动力少，经济、文化落后，生活贫困，群众负担重，且出家为僧的人多又不婚娶，严重影响民族的繁衍。喇嘛们很少参加劳动生产，不承担公民义务。寺庙每年都进行念经会、庙会等活动。以新巴尔虎左旗甘珠尔庙为例，定期庙会一年间多达 200 天左右，其他的庙会也不少于 50 天。因四周群众都来参加庙会，有的捐牲畜，有的捐其他物品，这不仅影响群众的生产活动，也加重了群众的经济负担。例如，锡盟西乌珠穆沁旗哈拉嘎庙解放前有喇嘛 700 多人，1940 年收到上供的牲畜数折算成羊（大畜 1 头或 1 匹折 5 只羊）31000 只，支出 27700 只，平均支出近 40 只（喇嘛个人的收支不在内）。③ 这些庞大的开支全由牧民负担，严重地制约着社会经济的发展。

喇嘛庙仓还占有大量牲畜，占有量不少于牧主。例如，锡林郭勒盟贝子庙在抗战时期曾有马 6000 匹、牛 12000 头、羊 50000 只；乌兰察布盟百灵庙解放初有畜 70000 多头（只），乌拉特前旗庙仓占有全旗牲畜的 23%。④ 这些牲畜全部来自牧民。拥有领地的寺院与札萨克旗王公的权力相同，只是不摊派兵役。

劳动牧民是被剥削、被压迫阶级，包括贫困牧民、不富裕牧民（中牧）、富裕牧民（富牧）。贫困牧民基本没有牲畜或占有少量牲畜，主要靠出卖劳动维持生活；不富裕牧民（中牧）拥有一定数量的牲畜，受少量剥削，依靠自己的劳动，生活基本能自给自足；富裕牧民（富牧）占有较多牲畜，主要靠自己劳动，有时候雇用 1—2 名短工，生活自给自足。以新

① 赵真北：《总结内蒙古牧区民主改革的经验》，载内蒙古自治区政协文史资料委员会《"三不两利"与"稳宽长"回忆与思考》（内蒙古文史资料第 59 辑），呼和浩特，2006 年，第 90 页。
② 呼伦贝尔盟史志编辑办公室编：《呼伦贝尔盟牧区民主改革》，内蒙古文化出版社 1994 年版，第 19 页。
③ 赵真北：《总结内蒙古牧区民主改革的经验》，载内蒙古自治区政协文史资料委员会《"三不两利"与"稳宽长"回忆与思考》（内蒙古文史资料第 59 辑），呼和浩特，2006 年，第 90 页。
④ 同上。

巴尔虎左旗嘎拉布尔苏木为例，全苏木共有牧户 52 户，60000 多头（只），其中，中牧有 24 户，占有牲畜 9800 多头（只），平均每户 350 多头（只）。贫牧有 19 户，占有牲畜 700 多头（只），平均每户 30 多头（只）。中牧和贫牧共有 43 户，占牧户总数的 82.8%；牲畜 10500 万头（只），占牲畜总数的 17.2%。[①]劳动牧民，特别是贫牧和中牧在政治上没有平等地位，受压受欺，在经济上也受到层层剥削，加之都是个体经营，牲畜"小而全"，缺乏劳动力、生产工具等，畜牧业生产发展缓慢，生活始终得不到改善。

（二）内蒙古牧区剥削形式

王公、旅蒙商、上层喇嘛、牧主，都是牧业区的剥削者，对劳动牧民进行多种剥削，只是剥削手段各有不同而已。王公主要靠封建特权进行超经济剥削；旅蒙商主要靠商业资本进行不等价交换；上层喇嘛主要靠群众的献仪（布施）及对其消耗后剩余的牲畜的占有；牧主主要靠占有较多的牲畜，进行雇工和放"苏鲁克"剥削。

在民主改革之前，内蒙古牧区畜牧业生产上主要有以下几种剥削形式：

第一，雇用萨尔沁红（挤奶者）。大牧主（包括喇嘛仓在内）有大群牛羊马，雇用几户以至几十户萨尔沁红，随着畜群走，为牧主挤奶、剪羊毛，牧主仅给吃些牛奶，肉食与粮食由挤奶者自己设法挣来（例如，拉盐，拉柴，带养少量牲畜等）。[②]

第二，放"苏鲁克"。"苏鲁克"，蒙古语意为畜群。放"苏鲁克"，牧主把牲畜租放给牧民。接"苏鲁克"，是租放别人的牲畜，也叫"苏鲁克"户。即牧主将牲畜交给牧户，收一定租额，跟地主出租土地相类似。"苏鲁克"是牧主、庙仓、商人都采用的一种形式。

例如，根据巴林左旗乌苏伊南村调查：（1）每头大奶牛每年向牧主交3—5 斤黄油，3—6 块奶豆腐（最好的牛，在水草好的年间，奶水好，再加上牛犊少吃些，能制 9 斤黄油，18 块奶豆腐。一般的牛只能制 5—6 斤

① 呼伦贝尔盟史志编辑办公室编：《呼伦贝尔盟牧区民主改革》，内蒙古文化出版社 1994 年版，第 6 页。
② 《内蒙古蒙人中有没有阶级》（1947 年 6 月），载内蒙古自治区党委政策研究室、内蒙古自治区农业委员会编印《内蒙古畜牧业文献资料选编》第二卷（上册），呼和浩特，1987 年，第 7 页。

黄油，10块奶豆腐）。（2）犍牛不收租子，但"苏鲁克"户没种大垄地，只是拉柴运盐时会用到犍牛，在春季种漫撒子时，牧主便随便收回自用，或出租给外旗蒙古人或汉人（用一个月要一石五斗小米）。（3）生下牛犊一律归牧主，仍由"苏鲁克"户饲养，如系乳牛，到五年即开始交黄油，交奶豆腐；如系犍牛，则成年（五岁）时收回，有的在四岁那年，让"苏鲁克"户用一年。（4）羊皮分配：牧主七，"苏鲁克"户三，一年双生或一胎双羔则"苏鲁克"户可分一只羊。（5）喇嘛放"苏鲁克"的，有的就叫"苏鲁克"户的妇女做针线。根据这些，"苏鲁克"户除得些牛粪奶水，拉柴拉盐用牛，放羊的得些羊皮外，什么也得不到。有的地方条件还要苛刻些，连牛粪也要给牧主一部分，拉柴运盐使用犍牛得付出代价。所以"苏鲁克"户，没有翻身的日子。①

再如，翁牛特左旗白音汗苏木有一牧主以2头牛放出"苏鲁克"，共20多年，逐年收回牛20多头，留下的12头牛，也全属牧主。再如巴林左旗乌苏伊肯村，有一个叫作原旦的"苏鲁克"户，接翁牛台庙仓"苏鲁克"整10年，到头来只有他父亲留下的一条犍牛。生活主要依靠和别人用一副犁杖种漫撒子地，用自己一辆车拉粪卖柴等，"苏鲁克"生涯除落得些许奶水、牛粪外，十年一无所获。②

第三，雇牧工。雇牧工放牧，是牧主的主要经营形式。一名牧工放牧约100头牛或200—300只羊，供给吃穿，吃的是一石五斗炒米，穿的如新做则需8张羊皮、27尺宽布、4双靴子，另外给一头四岁的牛作为劳动报酬。自然吃穿并不那样标准化，工资也有时要拖欠。③牧工整年无休息，风吹雨淋再加日晒，这一点点工资（包括吃穿）跟牧主所得相比，自然微乎其微。

在租佃车牛上，剥削也是很重的。例如，翁牛特左旗白音汗苏木，赤贫户向车牛主租一辆牛车拉柴火，每月可拉三车，每车柴火值10000—15000元，共值40000—45000元，车牛主与租户各得其半。在车牛主方面，所费资本，每月2条车用绳子，计1000元，3—4两麻油，计200元，

① 《内蒙古蒙人中有没有阶级》（1947年6月），载内蒙古自治区党委政策研究室、内蒙古自治区农业委员会编印《内蒙古畜牧业文献资料选编》第二卷（上册），呼和浩特，1987年，第8页。
② 同上。
③ 同上。

牛绳消耗 250 元，其他车上消耗 2000 元，共计最多 3450 元，除消耗外净得 18000 多元；租户方面，得 20000 元左右，两个月穿一双鞋，三个月穿一套皮衣（打柴是很费的）。由此可见，车牛主全不费力，净收巨利，租户如果鞋子、皮衣都要新买，连本也不够了。①

当牧工的一年只能挣 1 头三岁牛，接放"苏鲁克"的只能得到部分牛奶和羊毛，牧工劳动一年几乎一无所得，这样的统治、剥削制度严重地束缚着生产力的发展，加上帝国主义的侵略，反动统治的压迫，奸商的不等价交换，使牧区的经济走向破产的道路。解放时内蒙古牧区的经济非常衰落，生产技术特别落后，全区牲畜由 1936 年的 938 万头，到 1946 年下降到 751 万头，减少了 20%，人口下降，疾病多发，整个牧区人民处在贫病交迫的状态中。②

第四，旅蒙商剥削。旅蒙商的不等价交换，无疑是牧民贫困化的原因之一。旅蒙商还勾结王公、上层喇嘛合股经营，倚仗他们的权势更残酷地剥削牧民。他们对赊欠以翌年收羊羔计算，收到的幼畜不及时带走，待长为成畜才收走，让牧民无偿放牧，三年获息高达 670%，这种高利贷在内蒙古牧业区解放初还存在。据有关资料介绍，1940 年张家口仅 12 家商号在内蒙古牧业区放债 5580 元（伪蒙币，币值 0.27 元可买 1 斤白面），而张家口有 200 多家旅蒙商，其他各地还有大批旅蒙商，其债权数合起来是个庞大的数字，几乎所有的牧民或多或少都欠债。如乌兰察布盟四子王旗牧民负债额相当于每年交易额的三成至四成。因此，旅蒙商视牧业区为"开不尽的金矿"。③

在这种剥削基础上，一方面是拥有大量牲畜、土地的蒙奸、恶霸、地主以及牧主，他们对佃户、青户、雇工、牧工、萨尔沁红、"苏鲁克"户残酷剥削。另一方面，广大贫苦农牧工人，则终年耕种、放牧、挤奶、剪毛，结果吃不饱。由于历史的、社会的、宗教的、政治的原因，累积有大

---

① 《内蒙古蒙人中有没有阶级》（1947 年 6 月），载内蒙古自治区党委政策研究室、内蒙古自治区农业委员会编印《内蒙古畜牧业文献资料选编》第二卷（上册），呼和浩特，1987 年，第 8—9 页。

② 《关于内蒙古畜牧业生产与社会主义改造若干政策问题——王铎同志在西区地区民族工作会议上的汇报》（1961 年 7 月 24 日），载内蒙古自治区党委政策研究室、内蒙古自治区农业委员会编印《内蒙古畜牧业文献资料选编》第二卷（下册），呼和浩特，1987 年，第 17 页。

③ 赵真北：《试述内蒙古牧业区的民主改革》，《档案与社会》2004 年第 1 期。

量财富的王公、贵族、大喇嘛、新兴军阀官僚政客，他们或者把财富埋藏起来，或者任意挥霍，并不注意发展经济事业，于是贫穷的蒙古族，世世代代都是贫穷的，连维持生存都不可能，这也成了内蒙古人口日益减少的一个原因。

内蒙古自治政府成立之前，由于帝国主义和国内反动统治的残酷压迫、掠夺以及封建制度的长期摧残，给内蒙古牧区各族人民造成了严重的灾难，使牧区畜牧业生产日趋衰落下降。

例如，呼伦贝尔盟新巴尔虎左旗，1939 年有牲畜 584794 头（只），到 1945 年"九三"解放时只有 287978 头（只），减少了 50.8%；伊克昭盟达拉特旗黄河畔村 19 户牧民，1949 年解放时统计，和抗日战争前比较，牛减少了 50%，马减少了 89%，羊减少了 29%。①

再如，据调查，新巴尔虎左旗新保利格苏木 384 户，1931 年有羊 132195 只，马 13828 匹，牛 13118 头，骆驼 753 峰。到 1945 年，仅有羊 76491 只，马 4894 匹，牛 11491 头，骆驼 421 峰，分别减少到 57.86%、35.39%、8.67%、55.91%。②

此外，有些地区牲畜数量直至 1948 年底很少增殖，有的尚未停止下降。如以察哈尔盟③明安旗为例，1948 年马繁殖 328 匹，减少 1072 匹，相比减少 744 匹。牛繁殖 4235 头，减少 3324 头，相比增长 911 头。绵羊繁殖 15134 只，减少 1782 只，相比增长 13352 只。山羊繁殖 5998 只，减少 3285 只，相比增长 2713 只。④

王公、贵族、大牧主依靠政治上的特权与经济上的优势，强迫人民做无偿劳动等剥削压迫相当严重。例如，役使贫苦人民做饭、拾牛粪、放牧牲畜等差使，而且王公、贵族、大牧主大都蓄养家奴。大喇嘛在各种宗教形式掩盖下索取牲畜以及钱财，过着寄生生活。这样，王公、贵族、大牧主、大喇嘛成为锡林郭勒盟地区社会封建势力，压迫剥削人民大众。这也

---

① 《中央人民政府政务院批转民族事务委员会第三次（扩大）会议关于内蒙古自治区及绥远、青海、新疆等若干牧业区畜牧业生产的基本经验》（1953 年 6 月 15 日），载内蒙古自治区党委政策研究室、内蒙古自治区农业委员会编印《内蒙古畜牧业文献资料选编》第一卷，呼和浩特，1987 年，第 7—8 页。

② 《略谈牧业地区工作中的几个问题》（1949 年 5 月 1 日），《内蒙古日报》1949 年 5 月 1 日。

③ 1936 年设立，1958 年撤销，辖区划归锡林郭勒盟。

④ 《略谈牧业地区工作中的几个问题》（1949 年 5 月 1 日），《内蒙古日报》1949 年 5 月 1 日。

是人民大众贫困的社会根源。所以，广大牧民迫切要求政治上、经济上的翻身，解决生活上的困难。

（三）内蒙古牧区畜牧业经济的特点和牧主经济的特殊性

作为自然经济的畜牧业经济较之农业经济具有更大散漫性、不稳定性和脆弱性。畜牧业经济在很大程度上依赖于自然条件及生态变化，基础不稳固，经受不住自然灾害的袭击，容易受到人为的破坏。牧业生产又有自己的特点——牲畜群既不能过于分散，也不宜过分集中，要保持其稳定的畜群结构。畜牧业经济一旦受到破坏，恢复也比较困难，因为要靠牲畜自身繁殖。根据呼伦贝尔盟东新巴尔虎旗新保利格苏木的调查，在通常情况下，羊的繁殖率为44.47%，牛的为20.16%，马的为18.51%；羊的成长率（繁殖后成活率）为82.6%，牛的为93.2%，马的为92.08%；羊的实际繁殖率为35.57%，牛的为18.9%，马的为18.04%。①

牲畜常因不可抗拒的自然灾害，如暴风、暴雨、大雪、畜疫、狼害，使牲畜的所有者在朝夕之间失去自己的财富。如1947年冬锡林郭勒盟遭受大雪灾，牲畜冻死、走失的损失是惊人的，很多牧户损失了1/3的牲畜，严重者损失大半。据呼伦贝尔盟东新巴尔虎、西新巴尔虎、索伦三旗的初步调查，1948年，狼害损失的牲畜达9843头，约占全部牲畜的1/40。②从这两个例子，也可以看出自然灾害对繁殖牲畜影响的严重性。

另外，牧主的剥削，有别于封建特权、寺庙和商业的重利盘剥。牧主是发展生产的，其剥削手段、剥削量远没有像王公、寺庙、旅蒙商那样类全、量大、面广；牧主不是牧民贫困化的主要根源，而是受其剥削的一些牧民难以脱贫的重要原因（这部分人不占多数）。在剥削阶级中王公是牧区所有剥削阶级的总代表。

王公利用封建特权的残酷剥削，引起人民的强烈不满和反抗，民谚"念故土不舍离弃，虑诺彦（官）无意留恋"，"遭灾狗肥，遇难官胖"，③反映了对王公制的愤慨，"独贵龙"运动就是对王公黑暗统治的直接反抗。无论从政治、经济哪个方面讲，利用封建特权的超经济剥削是束缚生产力

---

① 《略谈牧业地区工作中的几个问题》（1949年5月1日），《内蒙古日报》1949年5月1日。

② 同上。

③ 赵真北：《总结内蒙古牧区民主改革的经验》，载内蒙古自治区政协文史资料委员会《"三不两利"与"稳宽长"回忆与思考》（内蒙古文史资料第59辑），呼和浩特，2006年，第96页。

的桎梏。

牧区除王公、宗教上层等黑（俗）黄（僧）封建阶级外，在平民中有巴音（富人）、雅杜（穷人）和中间阶层。劳动牧民受王公、商人、宗教势力的剥削是无法逃避的。所谓牧主是从地主一词套过来的名称，名称的套用带来政策的照搬。实际上所说的牧主正是指巴音（牲畜的富有者），而巴音却类似富农，与地主在实质上有很大的不同。例如，牧主及其所占有的牲畜比重不大，被牧主剥削的牧民所占比重也同样不大。以锡林郭勒盟东阿巴嘎旗北半部（今阿巴嘎旗东北部）1948 年划分的阶级为例：牧主 28 户，占 2.6%，占有牲畜（以羊为单位，下同）比例为 17.6%，户均 969 只；富牧 27 户，占 2.5%，占有牲畜比例为 9.9%，户均 567 只；中牧 268 户，占 24.9%，占有牲畜比例为 34%，户均 216 只；贫牧 658 户，占 60.9%，占有牲畜比例为 21.1%，户均 50 只。①

这完全是套用农村阶级、阶层划分的，牧主、富牧合计占总户数的 5.1%，同农村地主、富农所占的比例大体相当，而占有牲畜比例仅为 27.5%，大大低于地主、富农占农村土地 70%—80% 的比例。②

牧主的剥削方式主要靠雇工，也放"苏鲁克"。大多数牧主同牧工的关系为自愿的雇佣关系。有些牧主对牧工歧视、虐待、刁难、不给或克扣工资，或以养子、义弟（妹）为名终身奴役。

牧主除雇工、放"苏鲁克"外，自己也参加劳动。他们有足够的生产工具，适应游牧的能力高于牧民，但毕竟处在很低的生产力水平，不可能有效地抵御自然灾害；他们的规模经济适度，经济效益高，但由于是游牧方式的生产，自营的规模不大（一般是马、牛，或许有骆驼和羊各一群），也一般不托人分设营地经营，而对扩大规模经营的牲畜采用"苏鲁克"方式，又是一种倒退；他们由于处在封建社会，势力不强大，政治上向封建王公靠近，但又受他们的剥削压迫，同时牧主不可能超脱封建制度对其社会"普照的光"，对牧民的剥削带有一定程度的封建性。牧主本来在发展生产中可采取较进步的经营方式，但由于上述原因和旅蒙商、宗教上层从他们的剥削中再分配，其生产的扩大有限，未能在牧业区占到统治地位，

① 赵真北：《总结内蒙古牧区民主改革的经验》，载内蒙古自治区政协文史资料委员会《"三不两利"与"稳宽长"回忆与思考》（内蒙古文史资料第 59 辑），呼和浩特，2006 年，第 101 页。
② 同上。

如果牧主经济占了统治地位，牧业区的生产力定有相当发展。

从上述特点，说明牧主经济其经营方式是雇佣劳动，带有资本主义性质，也有一定封建性的剥削。所以不应改变其所有制，只能改革其剥削方式。其理由有如下两个方面：

其一，民主革命的任务是反对封建制和封建剥削，而不是反对资本主义式的剥削。我们经过废除封建特权，实行自由放牧，保障了牧民对草原的使用权，为各阶层人民发展畜牧业提供了最基本的物质保障。牧民获得生产、劳动的自由，牧业区的生产力基本得到解放。封建主对牧民的剥削只是为了生活享受，而不是为了创造财富，剥削来的牲畜也大部分被消耗，没有聚集多少生产资料，无牛羊可"还家"。即便是对王公等封建上层的一些牲畜，也只能变牧民的无偿劳动为有偿劳动，而不宜没收，否则不利于对他们的团结，还会引起社会动荡。

其二，牧主经济带有资本主义的性质，封建剥削废除后，他们的牲畜和生产工具作为资本投入，保留其"正当"剥削，同雇工构成劳资关系。这是符合当时生产力水平的，对发展畜牧业是大有好处的。把牧主当成地主改变其所有制，没收其牲畜分给牧民，不是民主革命的任务，因为：（1）以牧主占有比重不大的牲畜满足多层剥削造成的60%—70%的贫困牧民的要求是不可能的。在贫困地区是这样，在牲畜较多的区也是这样。如果按牧主占1%左右，并给牧主留下合理数量的牲畜计，贫困牧民就分不到多少牲畜。（2）庙仓经营的"苏鲁克"是来自牧民的献仪，又让牧民放牧的牲畜。将迷信的供物没收，再分给群众，显然与宗教政策相抵触，而且脱离群众，它虽是剥削，也不宜没收分配。（3）牧主怕分斗，有意放松管理，造成损失和大量消耗或人为地控制牲畜增加；分到牲畜的牧民特别是赤贫户要杀卖一些牲畜维持生活，加上怕牧主反攻倒算，有些人抓紧消耗；一般牧民怕成为牧主被分斗，不敢多发展牲畜或也扩大消耗。①

对牧主的分斗政策，不仅剥夺了牧主剥削贫困牧民的手段，而且使一部分贫困牧民失去了劳动对象。如果损失的仅仅是牧主占有10%多一点的

---

① 赵真北：《总结内蒙古牧区民主改革的经验》，载内蒙古自治区政协文史资料委员会《"三不两利"与"稳宽长"回忆与思考》（内蒙古文史资料第59辑），呼和浩特，2006年，第103—104页。

牲畜那也好办，有一两年就能够恢复；严重的是影响到广大牧民发展生产的积极性，无法使本已遭到破坏的畜牧业尽快恢复和发展。①

第二节　内蒙古牧区民主改革方针、政策的形成及其完善

一　内蒙古牧区民主改革的基本任务和基本政策

1947年10月《中国土地法大纲》公布后，确定了在内蒙古农业区彻底消灭封建剥削，平分土地的方针，由过去削弱封建转到消灭封建。内蒙古消灭封建剥削的基本内容有如下几点：

（1）内蒙古境内土地为蒙古民族所公有；

（2）废除内蒙古封建的土地占有制度；

（3）废除一切封建阶级及寺院占有土地所有权；

（4）废除封建阶级的一切特权（政治特权、不负担公民义务、强迫征役、无偿劳动等）；

（5）蒙古族人民信教自由，喇嘛不许有公民以外的特权；

（6）废除奴隶制度，一切奴隶均宣告完全解放，永远脱离与奴隶主的一切关系，享有完全平等的公民权；

（7）废除一切乡村中土改前的债务，但贫雇中农与商业买卖间的债务不在废除之列；

（8）牧区实行放牧自由，按照盟旗行政区划，草原牧场一切牧民放牧自由；

（9）农业区实行耕者有其田，原来一切封建地主占有土地收归公有，然后与乡村其他土地统一平均，按人口分配给全体人民。凡分得土地即归个人所有，并承认其自由经营与特定条件下出租的权利，但仍保留蒙古民族土地

---

① 赵真北：《总结内蒙古牧区民主改革的经验》，载内蒙古自治区政协文史资料委员会《"三不两利"与"稳宽长"回忆与思考》（内蒙古文史资料第59辑），呼和浩特，2006年，第104页。

公有权（中农保留原有土地、决不平分，但可补进土地）；

（10）一切乡村中的蒙汉及其他民族人民分得同等土地，均有土地所有权，并保留蒙古民族的土地公有权。土改后其他民族所有一律不纳蒙租①，但自治政府应与蒙古族人有同等公平负担及公民义务。②

根据上述原则，在内蒙古农业区实行了土地改革，使得农村中无地少地的农民都得到了土地、牲畜、房屋、农具等，实现了耕者有其田，农民成为农村中的主人。以兴安盟、纳文慕仁盟的 9 个旗为例，土改中群众得到的果实有：土地 296715.57 垧（缺 2 个旗）；房 65272 间（缺 2 个旗）；牲畜 156156 头（缺 1 个旗）；车 11184 辆（缺 2 个旗）；粮 119363 石（缺 4 个旗）；农具 15152 件（缺 2 个旗）；银圆 176645 元（缺 3 个旗）；衣 271783 件（缺 2 个旗）；金 461.572 两（缺 3 个旗）；银 438 斤（缺 3 个旗）；现款 93162645 万元（缺 4 个旗）。③

同时，打垮了封建制度，消除了地主在农村的统治，贫雇农真正当权；蒙汉民族人民不仅在自治运动与解放战争中亲密团结、并肩作战，并且蒙汉劳动人民的民族关系在土改中进一步改善；内蒙古经过自治运动、解放战争和土改运动之后，蒙汉民族关系起了变化，经济、政治上获得分配土地、参加政权等方面的平等权利，开始了新民族关系。

1947 年 11 月，内蒙古自治区党委和内蒙古自治政府决定在牧区进行民主改革，并制定了牧区民主改革的基本政策：

（1）承认内蒙古的牧场为蒙古民族所公有，废除封建的牧场所有制；

（2）废除封建阶级的一切特权，废除奴隶制度；

（3）牧区实行保护牧民群众，保护牧场，放牧自由，在牧民与牧主两利的前提下，有步骤地改善牧民的经济生活，发展畜牧业。④

同时，内蒙古自治区党委和内蒙古自治政府，根据牧区的阶级结构和畜牧业经济特点，确定了内蒙古牧区民主改革的总方针是："依靠劳动牧

---

① 蒙租：解放前，内蒙古地区民族佃农向蒙古族封建主、小土地出租户交纳的少量地租，以及封建王公、总管拓垦蒙地机关领取的押荒银和租银的统称。

② 《云泽在内蒙古干部会议上的总结报告提纲》（1948 年 7 月 30 日），载内蒙古自治区档案馆编《中国第一个民族自治区诞生档案史料选编》，远方出版社 1997 年版，第 113—114 页。

③ 同上。

④ 《东北局书记高岗在内蒙古干部会议上的讲话》（1948 年 8 月 3 日），载内蒙古自治区档案馆编《中国第一个民族自治区诞生档案史料选编》，远方出版社 1997 年版，第 133 页。

民，团结一切可能团结的力量，从上而下地进行和平改造和从下而上地放手发动群众，废除封建特权，发展包括牧主经济在内的畜牧业生产。"①

这里所指的依靠劳动牧民，主要是贫困的和不富裕的牧民，但劳动牧民是包括富裕牧民在内的。之所以这样，有以下三方面原因。

第一，富裕牧民占人口的 20% 左右并占有牲畜的 30% —40%，是一个不可忽视的部分。他们不论在劳动力方面，或在占有的牲畜方面，都在牧区畜牧业生产中占有很重要的地位，他们的牲畜，主要是他们自己劳动的成果。

第二，他们中的大多数在解放初期还是不富裕的牧民和贫困牧民（据锡林郭勒盟的调查统计，1955 年有富裕牧民 2846 户，其中的 1510 户，即 53.1% 是在 1951 年还都是不富裕的牧民和贫困牧民），他们中有很多人是解放后翻身的牧民，响应了党的号召，在国家的扶助下，辛勤劳动富裕起来的，他们中的多数是拥护社会主义的。

第三，提出"依靠劳动牧民"，比之"依靠贫困牧民"的提法，可以避免发生错觉，否则有人会认为"穷光荣"而不积极发展生产。②

上述政策构成牧区民主改革基本任务的完整内容，是一个彻底废除牧区封建特权、完成民主改革的革命纲领。1947 年 11 月，内蒙古共产党工作委员会在兴安盟召开群众工作会议，专门研究农村土地改革和牧区民主改革问题，确定了工作任务，部署了大政方针，安排了方法步骤。

二　乌兰毛都努图克民主改革试点和牧区民主改革初期问题

1947 年 11 月，内蒙古共产党工作委员会召开群众工作会议后，牧区的民主改革运动在兴安盟、呼伦贝尔盟、锡林郭勒盟和察哈尔盟等地区广泛展开。

---

① 内蒙古自治区畜牧业厅修志编史委员会编著：《内蒙古畜牧业发展史》，内蒙古人民出版社 2000 年版，第 66 页。
② 《关于内蒙古畜牧业生产与社会主义改造若干政策问题——王铎同志在西北地区民族工作会议上的汇报》（1961 年 7 月 24 日），载内蒙古自治区党委政策研究室、内蒙古自治区农业委员会编印《内蒙古畜牧业文献资料选集》第二卷（下册），内部资料，呼和浩特，1987 年，第 23—24 页。

兴安盟科右前旗（以下简称科右前旗）乌兰毛都努图克①是内蒙古牧区最早进行民主改革的地区之一。兴安盟科右前旗（当时称西科前旗）共辖11个努图克，大部分是农区，少部分是半农半牧区，纯牧区只有乌兰毛都努图克。该努图克牧区是科尔沁右翼前旗唯一以牧业为主的地区，蒙古族占90%以上，主要从事畜牧业生产。

　　1947年末，科右前旗人民政府旗长杰尔格勒遵照内蒙古自治区人民政府主席、土改工作委员会主任乌兰夫同志的指示，率领土地改革工作组来到乌兰毛都努图克，开始了牧区民主改革试点工作。杰尔格勒兼任团长的由60名干部组成的土改工作团到达乌兰毛都，首先在满族屯图布台扎拉嘎开展了"牧区土改"试点工作。满族屯工作队由时任乌兰毛都努图克党支部副书记的额尔敦达赉担任队长，成员由都日波、道布勤舍楞、官其格、巴特尔等7人组成；勿布林扎拉嘎工作队由白音满都呼担任队长，成员由石乌力吉、博彦和什克等组成；合力木工作队由巴音都楞担任队长，成员由毕力格巴图、僧格嘎日布等组成。②

　　满族屯工作队成员住在满族屯一带"三大巴音"之一的道德宝家中。道德宝拥有上千匹马和成群牲畜，是当时满族屯最大的牧主，在牧民中有

---

① 1946年3月，乌兰毛都努图克公所成立，建立了新生的革命政权。1947年7月1日，乌兰毛都努图克公所改称乌兰毛都努图克政府，辖15个嘎查，55个自然屯，包括今大石寨、阿力得尔、苏木大部和乌兰毛都牧区4个苏木、乡。其中，乌兰毛都嘎查辖白音花、敖包、白音居日和、套海、努图克屯、前巴日嘎森、后巴日嘎森、白音扎拉嘎8个自然屯；勿布林嘎查辖达布胡尔、敖力斯台、西勿布林、沙布台、东勿布林、高林艾里、阿日扎拉嘎7个自然屯；满族屯嘎查辖塔林白辛、希日根、昂础鲁、阿其郎图、哈日岗干、满族屯6个自然屯；阿林一合嘎查辖套海、新屯、景阳、兴隆、宝河、五家子、德伯斯站、阿日林一合8个自然屯；翁胡拉嘎查辖小海力森、双恩、大海力森3个自然屯；好田嘎查辖好田、好田阿木斯尔（沟口）、白音敖包、白音海力森、哈滨苏5个自然屯；都沁套海嘎查辖都沁套海、双哈达、呼和哈达、协林、沙纳营子5个自然屯；阿林扎拉嘎辖勿布林扎拉嘎西、佟包家屯、贺斯格沙日嘎、王家屯、宝日毕力策尔、赖家屯、沃很础鲁、础胡日森、中勿布林扎拉嘎、勿布林扎拉嘎大屯10个自然屯；要得力嘎查辖要得力、少仍、查干毕力其尔3个自然屯；合力木嘎查辖合力木、哈木甲2个自然屯。1956年3月，从乌兰毛都努图克划出忙罕、大石寨、都沁套海、阿林扎拉嘎等嘎查建立忙罕努图克。1958年9月，撤销忙罕努图克，建立东方红公社，1959年改称大石寨人民公社。1958年12月，将阿力得尔、树木沟并入乌兰毛都努图克，成立乌兰毛都人民公社。1984年3月，科尔沁右翼前旗对人民公社进行体制改革，乌兰毛都公社改称乌兰毛都苏木。由于乌兰毛都公社面积过大，村屯分散、生产点多、交通不便等客观因素，经自治区人民政府批准，将乌兰毛都苏木改为努图克（相当于区），并划分为乌兰毛都苏木、勿布林苏木、桃合木苏木、满族屯满族乡4个苏木和一个种畜场。

② 图雅主编：《科尔沁文化的摇篮乌兰毛都草原》，远方出版社2011年版，第30页。

较高的威望。因小时在索伦私塾读过书，加之在工作队成员官其格的影响下拥护共产党的主张，比较开明。虽然还没有具体的"牧区土改"政策，工作队来到满族屯后宣传党的土改政策，发动群众，首先劝说群众将在日伪时期得到的猎枪和弹药上缴政府。但是，因乌兰毛都努图克靠近边疆，交通不便，当土地改革的热潮席卷而来时，伪满时期为日寇卖命的特务、警察和反动喇嘛等旧势力残余开始坐立不安，逃到人烟稀少、偏僻闭塞的乌兰毛都避风，这场重大的改革面临着非常复杂的斗争局面。相继发生了妄图颠覆新生革命政权的"土匪前德门叛乱阴谋"和"满族屯叛乱"。

（1）土匪前德门叛乱阴谋。1948 年 2 月 2 日，乌兰毛都努图克保卫大队破获了以前德门为首的叛乱分子准备阴谋叛乱的计划。按照他们的计划，叛乱时间定在 1948 年 2 月 9 日（大年三十）；参加暴乱人数为 40 人，首领为前德门；暴乱的行动计划：首先由布日古德带头，把努图克武器弹药库打开，干掉保管人员哈斯额尔顿，把武器分给暴乱的参加者，然后包围努图克政府，杀掉阿木尔门都、巴干那二人；暴乱成功后，与土匪图鲁格其会合，攻打八路军、共产党。①

2 月 2 日晚，努图克政府立即逮捕了前德门。根据前德门交代的 40 名参加暴乱人员的名单，2 月 3—4 日，乌兰毛都努图克基干队战士们分头行动，逮捕了企图参与暴乱的 40 人，经审讯后召开了全努图克群众大会，批斗了阴谋暴乱分子，对前德门、贾金柱、布日古德等 6 名罪大恶极分子判处死刑。其余从犯根据轻重分别处理，对上当受骗的群众，进行说服教育后放回原地。这次镇叛斗争极大地鼓舞了牧民群众，有力地打击了一小撮反动分子，为牧区民主改革的深入进行打开了新局面。②

（2）满族屯叛乱。1948 年初，在乌兰毛都努图克的满族屯，在一些逃亡地主、当地牧主和以其格瞎子、鲁江葛根、查干巴拉等为首的反动分子的欺骗、裹胁下，发生了 200 多人的外逃事件。事件发生后，在内蒙古共产党工委和自治政府的领导下，科右前旗工委和旗政府立即组成了以杰尔格勒为总指挥的平叛队伍，经过布格勒古围歼战、喇嘛乡战斗、胡斯图岭激战、胡硕头激战、高特的战斗，彻底平复了满族屯叛乱。③

①　阿木尔门都：《乌兰毛都满洲屯平叛始末》，《兴安党史通讯》1983 年第 1 期。

②　同上。

③　详情参见阿木尔门都《乌兰毛都满洲屯平叛始末》，《兴安党史通讯》1983 年第 1 期。

满族屯事件发生后，乌兰毛都牧区一度处于混乱状态。在平息事件中争取来的160多人及其家属在思想上还存在顾虑，对牧区民主改革采取观望态度。这个时候如果照搬农区的土地改革政策，势必造成更大的混乱。乌兰毛都牧区民主改革这一推翻封建统治特权的重大改革，面临着复杂斗争局面：

（1）牧区民主改革尚未有可以借鉴的经验，处于摸索试点阶段。

（2）就当时科右前旗及邻近旗局势来说，已相继发生了妄图颠覆新生革命政权的"巴拉格歹惨案"①和"索伦惨案"。②

（3）科右前旗及邻旗农区土地改革中由于工作过激，有些地方偏离了党的政策，出现了扩大化等"左"的现象。

在这样的背景下，反动旧势力煽动蛊惑了200多人参加外逃事件。因此这一事件的发生给当时的牧区民主改革工作以深刻的教训。为了使乌兰毛都恢复和发展生产，处理满族屯事件的善后问题，上级决定派杰尔格勒在乌兰毛都蹲点，开始新的牧区改革试点。在工作中，杰尔格勒注重调查研究，密切联系人民群众，在乌兰毛都满族屯嘎查，他挨家挨户地访问牧民，也到牧主家了解情况，认真听取群众对牧区民主改革有什么意见和要求，有什么疑虑，富裕牧户和牧主是怎么看牧改的，各界人士有哪些议论，有什么动态，等等。群众都能说出自己的想法和他们所知道的情况，经过一段时间的调查摸底，他了解了有关牧区民主改革的情况和问题。

在此基础上，杰尔格勒从有利于人民群众的根本利益、有利于发展生产的要求的实际出发，创造性地提出了以下的思路和做法。

第一，乌兰毛都努图克牧区民主改革不能套搬农村土改的做法，要一切从牧区和畜牧业生产的实际出发。牧区民主改革要实行"不斗牧主，不分牲畜"的不同于农村土改的做法，有利于发展牧区畜牧业生产，有利于改善牧民的生活。他提出，乌兰毛都努图克人口5000多人，牲畜有2万

① 1946年9月23日和11月25日，在科右前旗巴拉格歹努图克政府所在地——兴安镇发生了两起地主分子勾结土匪、袭击努图克政府的反革命流血事件。减租减息工作团和努图克的5名干部、战士惨遭杀害，5人负伤，新生的革命力量遭到严重破坏。这两起事件，被称为"巴拉格歹惨案"。
② 1946年10月7日，索伦（当时的喜扎嘎尔旗）也发生了"索伦惨案"，旗长兼自卫军教导团团长唐家作、旗公安局局长鲍永吉等7名军政干部牺牲。

多头（只），如果按人口平均分畜每人只有4.5头（只），吃都不够吃，谈不上发展牧区畜牧业生产。结果只能是分光吃净，牧区畜牧业生产将遭受不应有的损失，牧民群众生活得不到改善。

第二，畜牧业是脆弱的经济，经不起自然灾害和人为的折腾。在牧区的一切政策措施，都应当适应畜牧业经济的发展规律，而不应违背经济规律。牧主掌握的一定畜牧业生产劳动技能和丰富的抗灾保畜的经验，是发展畜牧业生产的宝贵财富，可以利用。斗牧主、分牲畜的做法是不符合畜牧业生产经济规律的。

第三，提高牧工劳动报酬。旧"苏鲁克"制度中的牧工报酬，一般是1个牧工1年只有1头牛、5只羊。他提出要废除旧"苏鲁克"制，实行新"苏鲁克"制，要提高牧工报酬，改善牧民生活。工作组研究提出的牧工报酬是：1个牧工1年要得到5头牛、25只羊的报酬，牧工与牧主之间羊羔按"四六"分成。这种办法，既使牧工增加收入，改善了生活，又有利于畜牧业生产的发展。

第四，牧区民主改革改中可以划定一些牧主，但内部掌握，不予公布，一律不分、不斗。工作中拟出划定牧主的标准是：拥有牲畜2000头（只）以上，剥削率在70%以上。乌兰毛都努图克内部划了17户牧主，并动员这些牧主实行新"苏鲁克"制度，帮助贫困牧民发展生产，使牧民得到实惠，牧主也愿意接受这种办法。①

上述杰尔格勒的思路，是牧区民主改革中的一大创举，为其后的推行"不分、不斗、不划阶级，牧工牧主两利"政策奠定了基础。杰尔格勒把自己的牧区民主改革想法和时任科右前旗工委书记宋振鼎交换了意见，未能取得一致。杰尔格勒向乌兰夫做了汇报，乌兰夫仔细听取了汇报，并表示个人同意他的意见，但内蒙古工委还要做认真研究。

1948年3月，内蒙古工委在乌兰浩特召开兴安盟地区群众工作团团长会议。会议由乌兰夫主持，王铎、奎壁、哈丰阿、特木尔巴根等领导参加了会议，昭乌达盟的有关负责人也应邀出席了会议。杰尔格勒在会上介绍了乌兰毛都努图克进行民主改革试点工作情况。乌兰夫在会议上明确指示，牧区民主改革要从稳定牧区形势，恢复与发展畜牧业生产出

---

① 门德：《忆杰尔格勒光辉业绩片段》，《科尔沁右翼前旗文史资料》第三辑，中国炎黄文化出版社2010年版，第7—9页。

发，不能采取农区的做法，对牧主不斗不分，采取适当措施，提高牧工工资。[①]

会后，牧区的民主改革运动在呼伦贝尔盟、锡林郭勒盟和察哈尔盟等地区广泛展开。但是，内蒙古牧业区的民主改革开始以后，由于一些地区对牧区的实际情况研究不够，没有从牧区的经济特点和阶级关系的特点出发，而是照搬农业区土地改革的做法，错误地提出"牧者有其畜"等口号，进行划阶级、斗牧主、平分牲畜。

例如，1948年6月，锡林郭勒盟苏尼特左旗等六个旗，在民主改革过程中，提出"有怨报怨，有仇报仇"和"牧者有其畜"等口号，公开划阶级、斗牧主，没收牧主财富；哲里木盟提出"彻底消灭封建，打垮地主与牧主，评分土地与牲畜"的口号；昭乌达盟的一些旗县，大张旗鼓地在牧业区划阶级、斗牧主，平分牲畜。[②]

再如，察哈尔盟提出"牧主的牲畜一律没收""清算与没收庙产"的口号，在划分阶级时执行了以政治条件为主，连续三年担任佐级以上官吏者，按当时的阶级提高一级；以牲畜数为标准，拥有5头牛者一般都是中农，雇用一个人者即是富牧等错误政策。其结果，扩大了打击面，正白旗、厢白旗、明安旗、正蓝旗被划为牧主、富牧者，分别占总户数的21.2%、14.8%、15.8%、19.5%，分别占总人口的25.2%、15.5%、20.6%、21.7%。[③]

上述执行政策上出现的这些"左"的偏差，给内蒙古牧区带来了极大的影响。

其一，在政治上造成了消极后果。即贫困农牧民孤军奋斗，并造成思想上的混乱，将一部分基层群众也划到了封建营垒去，基层群众对党和自治政府产生怀疑，不敢接近革命干部，给革命工作的开展造成困难。封建势力乘机造谣惑众，使民主改革遇到了很大的阻力。

其二，平分牲畜在经济生活和畜牧业生产方面造成了严重损失。牧

---

① 孙家珍：《"三不两利"政策的制定与实施》，中共兴安盟党史办公室编《兴安党史文集》1，1993年，第262—263页。

② 内蒙古自治区畜牧业厅修志编史委员会编著：《内蒙古畜牧业发展史》，内蒙古人民出版社2000年版，第68页；郝维民主编：《内蒙古自治区史》，内蒙古大学出版社1991年版，第40页。

③ 浩帆主编：《内蒙古蒙古民族的社会主义过渡》，内蒙古人民出版社1987年版，第122页。

主、富牧大量宰杀牲畜，一般牧民不精心饲养牲畜，使牲畜损失很大；人们怕牲畜多了再平分，抱着满足现状的态度，不很好地经营牲畜，任其死亡丢失；有的牧民怕牲畜再平分，就将牲畜卖掉买回不需要的东西，直接影响牲畜的繁殖。[1] 例如，1947 年 7 月至 1948 年 11 月，察哈尔盟的牛、马、羊、骆驼，分别减少了 37.8%、26.1%、40.5%、13.7%（见表1—3）。

表1—3　　　　1947 年 7 月至 1948 年 11 月察哈尔盟牲畜减少情况　　　　单位：%

旗	牛	马	羊	骆驼
正蓝旗	36.2	44.4	42.4	15.3
正白旗	43.2	16.9	36.2	11.5
明安旗	23.6	23.5	25.6	16.0
厢白旗	34.0	19.9	35.5	12.0
镶黄旗	52.1	—	63.1	—
平均	37.8	26.1	40.5	13.7

资料来源：浩帆主编《内蒙古蒙古民族的社会主义过渡》，内蒙古人民出版社 1987 年版，第 123 页。

再如，昭乌达盟在 1946 年有牲畜 143 万头（只），到 1948 年减少到 93 万头（只），损失了 50 多万头（只），占原有牲畜的 1/3。[2] 在兴安盟科右前旗和昭乌达盟牧改试点中，出现了斗封建上层、牧主和乱打滥杀等"左"的错误。[3]

鉴于上述问题，1948 年 5 月至 6 月初，中共呼伦贝尔盟工作委员会组织了牧区社会阶级结构的调查组，进入新巴尔虎左旗嘎拉布尔苏木进行全面调查。该苏木有 57 户，308 人，牲畜 60000 余头（只）。其中，富裕牧民 7 户，58 人，牲畜 18200 头（只），占全苏木牲畜总头数的 30% 多，雇用牧工 23 人；中等牧民 24 户，116 人，平均每户 6 人，占

① 浩帆主编：《内蒙古蒙古民族的社会主义过渡》，内蒙古人民出版社 1987 年版，第 123 页。

② 郝维民主编：《内蒙古自治区史》，内蒙古大学出版社 1991 年版，第 40 页。

③ 赵真北：《总结内蒙古牧区民主改革的经验》，载内蒙古自治区政协文史资料委员会《"三不两利"与"稳宽长"回忆与思考》（内蒙古文史资料第 59 辑），呼和浩特，2006 年，第 96—97 页。

有牲畜 9800 头（只），占苏木牲畜总头数的 16.33%，平均每户 400 余头（只），春季雇临时工 1—2 人；贫困牧民 19 户，95 人，占有牲畜 7000 余头（只），每户平均占有 30 头（只），占有的牲畜少，需要向牧主、富牧出卖劳动力，生活贫困；雇牧 5 户，28 人，常年当牧工；牧主 2 户，平均占有牲畜 11510 头（只），占苏木牲畜总数的 38.4%，平均雇用牧工 23 人。① 可以看出，阶级结构中，中牧、富牧的比例大，牧主和贫牧的比例小。

三　牧区民主改革"三不两利"政策创造及其完善

经过上述 1948 年 5 月至 6 月初的调查之后，1948 年 7 月 23 日至 8 月 3 日，内蒙古自治区党委和内蒙古自治政府在哈尔滨召开内蒙古干部会议。

第一，会议明确了内蒙古消灭封建剥削的基本内容：内蒙古境内土地为蒙古民族所公有；废除内蒙古封建的土地占有制度；废除一切封建阶级及寺院占有土地所有权；废除封建阶级的一切特权（政治特权、不负担公民义务、强迫征役、无偿劳动等）；蒙古族人民信教自由，喇嘛不许有公民以外的特权；废除奴隶制度，一切奴隶均宣告完全解放，永远脱离与奴隶主的一切关系，享有完全平等的公民权；废除一切乡村中土改前的债务，但贫、雇、中农与商业买卖间的债务不在废除之例；畜牧区内实行放牧自由，按照盟旗行政区划，该区内草原牧场一切牧民放牧自由；农业区实行耕者有其田，原来一切封建地主占有土地收归公有，然后与乡村其他土地统一平均，按人口分配给全体人民。凡分得土地即归个人所有，并承认其自由经营与特定条件下出租的权利，但仍保留蒙古民族土地公有权（中农保留原有土地、决不平分，但可补进土地）；一切乡村中的蒙汉及其他民族人民分得同等土地，均有土地所有权，并保留蒙古民族的土地公有权。土改后其他民族所有土地一律不纳蒙租，但对自治政府应与蒙古族人有同等公平负担及公民义务。②

---

① 呼伦贝尔盟史志编辑办公室编：《呼伦贝尔盟牧区民主改革》，内蒙古文化出版社 1994 年版，第 168—169 页。

② 《乌兰夫同志在内蒙古干部会议上总结报告提纲》（1948 年 7 月 30 日），载内蒙古自治区档案馆编《中国第一个民族自治区诞生档案史料选编》，远方出版社 1997 年版，第 112—113 页。

第二，会议指出：没有清楚地认识到游牧区经济的特殊性、落后性与游牧区群众觉悟性差，游牧区提出1948年也要消灭封建的方针是错误的，这助长了下面工作中"左"的倾向，至于有些有牧区实行平分牲畜的结果，乃至破坏游牧区经济基础更是不对的。①

第三，会议进一步明确了其后牧区民主改革的政策：（1）废除封建特权，适当提高牧工工资，改善放牧制度；（2）除罪大恶极的蒙奸恶霸经盟级以上政府批准可以没收其牲畜财产由政府处理，一般大牧主一律不分、不斗；（3）实行民主改革，有步骤地建立民主政权，发展游牧区经济。②

第四，关于上述偏向与错误的原因，会议指出：（1）对土改工作准备不够，没有根据我们主观力量，即没有根据干部的条件及群众觉悟，采取稳重有步骤的工作，土改开始后没有下乡，没有和干部研究材料，深入了解情况不够，没有规定适合内蒙古情况的具体政策，缺少预见，没有防止偏向，及时纠正偏向。（2）没有很好地研究东北地区的经验，内蒙古地区的经验也未总结，因此缺少方法来指导运动前进，而是乱搬乱套，没有掌握这一运动，使各地运动跟着其他地方运动走。（3）各地党组织是慢慢地统一在内蒙古自治区党委领导下，干部思想作风的统一与步调一致，需要一个过程，因此在土改工作上也表现了各地步调之不一致，党委掌握缩短这个过程是不够的。但应指出，领导上开始多注意上层斗争，少注意各地工作也是原因。各地向党委报告少，未能使各地实况经常反映上来也是缺点。（4）内蒙古地区干部少，老干部共240人，一般的经验少，很多同志急于把工作做好，在工作中不从具体情况出发，有时主观地搬别处的一套，新干部则是跟着走，有时自搞一套，对党在内蒙古工作的慎重缓进的方针体会不够，在平分土地期间"左"的情绪很高。

第五，会议总结：在领导作风、干部思想作风上，存在着深入了解情况不够与粗枝大叶的严重的主观主义作风，以及工作中的盲目性、急性病、自发性、迎合性等缺点。许多缺点并不只是存在于平分土地运动中，

---

① 《乌兰夫同志在内蒙古干部会议上总结报告提纲》（1948年7月30日），载内蒙古自治区档案馆编《中国第一个民族自治区诞生档案史料选编》，远方出版社1997年版，第115页。
② 同上。

而且在其他时候、其他工作中也存在。①

1950 年 1 月召开了锡林郭勒盟、察哈尔盟工作会议。乌兰夫在会议上，关于内蒙古牧区工作再次指出："基本的中心任务是发展畜牧业，改善人民生活，任何一项工作离开这一中心就是错误。经济繁荣了，才能改善人民生活。"②

在其后的实践中逐步加以完善，形成了"放牧自由"，"不斗、不分、不划阶级，牧工牧主两利"的牧业区民主改革的基本政策，纠正了"左"的偏差，保证了牧业区民主改革沿着正确的方向发展。

"自由放牧"是内蒙古自治政府成立之后党在内蒙古牧区的基本社会政策之一。其目的是废除封建特权，解放封建制度束缚下的生产力，发展畜牧生产。其内容如下：

（1）废除王公、贵族、封建主对牧场的割据霸占，承认内蒙古境内牧场为内蒙古民族所公有，按照盟、旗行政区划，该区内草原牧场一切牧人放牧自由；废除奴隶制度，一切奴隶宣告解放，享有完全平等的公民权利，使他们有人身的自由与劳动的自由。

（2）当前畜牧业经济因其分散性与落后性，必须由领导逐步总结群众固有经验，改进牧区放牧方法，才能提高生产，改善人民生活。但鉴于牧区长期残酷的封建统治所形成的强迫命令的实际情况，必须根据各地不同的生产条件、民族特点与群众觉悟水平，以典型示范，按照群众的自愿来推行，使群众有按照自己的意愿来选择放牧方式（不论分群、合群、轮放、专放、游牧、定居）的自由。③

可见，"自由放牧"政策是反对牧区封建特权与反对强迫命令的政策，是有计划、有领导地发展畜牧业生产的政策。

保存牧主经济，"不斗、不分、不划阶级"的政策，是根据牧区的经济性质、生产特点、民族特点等实际情况制定的。其理由可归纳如下：

---

① 《乌兰夫同志在内蒙古干部会议上总结报告提纲》（1948 年 7 月 30 日），载内蒙古自治区档案馆编《中国第一个民族自治区诞生档案史料选编》，远方出版社 1997 年版，第 117 页。

② 《云主席在锡察工作会议上的讲话摘要》（1950 年 1 月 24 日），内蒙古档案馆藏，资料号：11—4—7。

③ 《蒙绥牧区进一步发展畜牧业经济的几个政策问题——高增培同志在第一次牧区工作会议上的报告》（1953 年 12 月 20 日），载内蒙古自治区党委政策研究室、内蒙古自治区农业委员会编印《内蒙古畜牧业文献资料选集》第二卷（上册），呼和浩特，1987 年，第 84—85 页。

第一，牧主经济过去有两方面的性质，即就其政治上残酷压榨牧民看是封建的；就其经营方法看，主要靠雇佣劳动，是带资本主义性质的。解放以来，我们在牧区实行"自由放牧"政策，已基本上取消了牧主阶级的封建特权。虽然封建残余在有些地方还是存在的，但基本上是废除了。因此，蒙绥地区的牧主经济基本上是资本主义性质的。因而它是中国新民主主义经济的一个组成部分，它的发展，对整个新民主主义经济来说，将不是有害而是有利的。

第二，畜牧业经济基础极不稳固，在牲畜的生长主要依靠自然草原、牲畜的繁殖主要依靠自然繁殖的落后的生产条件下，牲畜饲养本身就需要群放，分散牲畜就将使畜牧生产遭受破坏。

第三，牧区阶级关系由于曾遭受残酷的民族压迫以及经济文化落后等原因，阶级分化不明显，牧区生产也是长期处在衰败状态。一般牧民生产是遭受破坏的，牧主生产也是有损失的。这种情况也必须加以考虑，进行一切改革，都是为了解放生产力、发展生产力。保存牧主经济，不分、不斗，既适合于牧区实际情况也有利于畜牧业生产，是党在牧区的正确政策。①

"不划阶级"，不是牧区没有阶级。之所以不划分阶级，是因为不利于生产，不需要在群众中像农业区那样进行；但在党内则是需要经常研究阶级关系的变化的。因为不了解阶级状况，就难于决定政策。当时，牧区的阶级，一般划为牧主阶级与牧民阶级。但在具体研究牧区发展趋势时，也可把牧民区别为富裕的、中等的、贫苦的和雇工等。② 这样具体区分，便利于了解牧区生产发展中的阶级分化状态，也便于我们决定对哪些阶级采取哪些政策；但这仅是为了研究便利，由党内掌握分析，不得公开乱划。

在贯彻"不分、不斗"政策后，对于牧区的贫困牧民困难问题的解决，采取了社会政策，使贫困牧民能从发展生产中逐步由穷困走向富裕。具体社会政策是：（1）适当调整牧工工资；（2）组织牧民互助；（3）发

---

① 《蒙绥牧区进一步发展畜牧业经济的几个政策问题——高增培同志在第一次牧区工作会议上的报告》（1953年12月20日），载内蒙古自治区党委政策研究室、内蒙古自治区农业委员会编印《内蒙古畜牧业文献资料选集》第二卷（上册），呼和浩特，1987年，第85—86页。

② 同上书，第86—87页。

放畜牧业贷款和救济款，组织牧区信贷合作；（4）鼓励社会互济。①

实行"不分、不斗、不划阶级"的政策，牧主经济得到发展。在畜牧业经济落后的情况下，牧主经济的发展对发展牧区生产、繁荣经济是有利的。因为，牧区经济结构中，除了牧主经济外，还有社会主义国营经济，个体牧民经济以及由个体牧民逐步组织起来的互助经济（包括供销合作社及互助合作社）。由于国家的扶助，这些经济成分的发展速度大大超过牧主经济。牧主经济虽然在数量上有增加，但在整个牧区经济比重上则减少。

"牧工牧主两利"政策中，内蒙古牧区牧工、牧主关系的形式，一般有两种：一种是采取工资的形式；另一种是采取"苏鲁克"的形式。工资和"苏鲁克"制度的执行，在1953年有五种办法：

第一种，由牧工牧主自行议定。乌兰察布盟、伊克昭盟及察哈尔盟、昭乌达盟大多数地区都实行这种办法。

第二种，由牧工牧主双方协商，政府派人参加，加以领导或实行仲裁。锡林郭勒盟有的地区及兴安盟乌兰毛都牧区曾实行这种办法。

第三种，由牧工牧主代表集会协商规定出一个生产条件相同的小范围的统一标准。兴安盟乌兰毛都牧区1950年以后采取这种办法。

第四种，由人民政府发布命令，规定统一标准，呼伦贝尔盟（时称，呼纳盟②）1948—1953年实行这种办法。

第五种，由人民代表会议通过决议再执行，锡林郭勒盟1950年开始实行这种办法。③

这五种办法中，第一种办法在工作基础不好的地区，常常不能做到"两利"，牧工吃亏的多。第二、第三种办法比较合理，但也需要有组织领

---

① 《蒙绥牧区进一步发展畜牧业经济的几个政策问题——高增培同志在第一次牧区工作会议上的报告》（1953年12月20日），载内蒙古自治区党委政策研究室、内蒙古自治区农业委员会编印《内蒙古畜牧业文献资料选集》第二卷（上册），呼和浩特，1987年，第84—85页。

② 呼纳盟，即呼伦贝尔纳文慕仁盟的简称。纳文慕仁，蒙古语音译，意为"嫩江"。原称西布特哈地区，即清末所设的西路布特哈总管衙门所辖区域。1946年3月成立纳文慕仁省，6月改称纳文慕仁省盟。1949年与呼伦贝尔盟合并为呼伦贝尔纳文慕仁盟，改称呼伦贝尔盟。为了避免混淆行政概念，本书将呼纳盟统一为呼伦贝尔盟。

③ 《蒙绥牧区进一步发展畜牧业经济的几个政策问题——高增培同志在第一次牧区工作会议上的报告》（1953年12月20日），载内蒙古自治区党委政策研究室、内蒙古自治区农业委员会编印《内蒙古畜牧业文献资料选集》第二卷（上册），呼和浩特，1987年，第87—88页。

导工作才能贯彻。第四种办法与第五种办法同样有两个缺点：一个是统一的硬性规定，过多地干涉了牧工、牧主之间的自愿和"两利"的关系，容易犯主观主义和强迫命令；另一个是全盟范围太大，生产情况等条件都不同，不容易执行通。

工资政策在执行过程中，曾产生过强迫命令与放任自流的偏向。具体存在三种情况：

（1）在大范围内硬性规定统一的工资标准与"苏鲁克"的分配标准。因不符合若干地区生产发展的实际情况，规定之后牧主不愿执行，就产生了干部强迫算账与牧工斗争牧主，甚至不准牧主动用牲畜的偏向（如锡林郭勒盟部分地区曾经产生过的），因而引起牧主的不满与顾虑。同时有的牧工，也因惧怕失业等顾虑而与牧主暗自另定较低的工资。有些地区把劳动牧民之间的雇佣关系甚至互助关系也按牧主牧工关系来处理。

（2）工资仍然停留在很低的水平，支付工资的牲畜以次充好，以小顶大，甚至有干涉牧工政治权利与侮辱牧工人格的现象。这种情况各牧区虽程度不同，但都存在。

（3）工资的规定是经过双方协商或经政府仲裁的，一般看比较合理，是自愿和"两利"的。这在各盟也有相当数量。[①]

根据上述三种情况各牧区都交错存在的情况，内蒙古自治区党委对牧区"牧工牧主两利"政策的原则和具体问题，做了如下规定，使"不分、不斗，牧工牧主两利"政策得到了完善。

（1）"牧工牧主两利"政策的基本原则，就是既保障牧工的放牧劳动获得适当的、合理的报酬，又承认牧主的牲畜及其他财产的私有权。按照"两利"原则，经过双方协商议定出适合于当地生产情况的工资标准与放牧要求。牧主不得无故解雇与随意夺回畜群；牧工亦必须好好放牧，履行协议条件，以达到"劳资"两利与发展生产、繁荣经济的目的。

（2）工资标准与"苏鲁克"分配标准，原则上是在既有的基础上调整，过低者适当逐渐提高。根据生产水平的不同与牧工技术高低和社会劳

① 《蒙绥牧区进一步发展畜牧业经济的几个政策问题——高增培同志在第一次牧区工作会议上的报告》（1953 年 12 月 20 日），载内蒙古自治区党委政策研究室、内蒙古自治区农业委员会编印《内蒙古畜牧业文献资料选集》第二卷（上册），呼和浩特，1987 年，第 89 页。

动条件，各地区之间的工资与"苏鲁克"分红标准允许有所不同。即在一个苏木、一个嘎查之内，也允许有所差别，既反对不顾生产发展条件及社会生活水平规定过高的工资的偏向，也反对不根据生产发展与社会生活水平地提高牧工工资的偏向。

（3）牧工、牧主之间的关系，原则上由双方或集体协商议定，发生争执任何一方都可向政府申请，由政府仲裁。党应加强对牧工、牧主"两利"关系的仲裁工作领导。

（4）劳动牧民之间的雇佣关系与"苏鲁克"关系，由双方自行议定，政府不加干涉。

（5）提倡在规定工资与"苏鲁克"分红标准时，在双方自感的基础上，双方协商签订合同的制度。这种合同应明确规定双方的权利、义务、待遇，双方共同遵守。

（6）双方进行教育。教育牧主执行共同纲领，适当改善牧工生活；教育牧工把长远利益与眼前利益结合起来，在保障自己正当利益的条件下积极放牧，以促进整个社会经济的发展。①

通过上述的措施，使"不分、不斗，牧工牧主两利"政策得到了完善。内蒙古各地实行改造旧的"苏鲁克"制度为新的"苏鲁克"制度，使得牧民的牲畜得到发展，牧主的牲畜也同样得到发展。

第三节　内蒙古牧区民主改革的成功实现及其意义与经验

一　内蒙古牧区民主建政和"三不两利"政策的推行

（一）内蒙古牧区民主建政

内蒙古牧区民主改革的目的是废除封建统治阶级政治与经济上的一切

---

① 《蒙绥牧区进一步发展畜牧业经济的几个政策问题——高增培同志在第一次牧区工作会议上的报告》（1953 年 12 月 20 日），载内蒙古自治区党委政策研究室、内蒙古自治区农业委员会编印《内蒙古畜牧业文献资料选集》第二卷（上册），呼和浩特，1987 年，第 89—90 页。

特权，包括民主建政和进行经济上的改革。内蒙古牧区民主改革的推行，首先是从民主建政开始的。以呼伦贝尔盟牧区四旗为实例，具体考察内蒙古牧区民主建政的具体过程。

内蒙古自治区牧区中，呼伦贝尔盟牧区四旗是具有代表性的纯牧业地区，从事畜牧业生产的牧民占总户数的绝大多数（见表1—4）。呼伦贝尔盟牧区包括四个纯牧业旗：新巴尔虎右旗、新巴尔虎左旗、陈巴尔虎旗、鄂温克族自治旗。总面积80700万平方千米，约占呼伦贝尔盟总面积的33%，其中草原面积占70%。1949年，呼伦贝尔盟牧区总人口26700人，其中绝大部分是蒙古族，还有达斡尔族、鄂温克族、汉族等民族。

表1—4　　　　　1946—1953年呼伦贝尔盟牧业四旗户数统计　　　　单位：户

年份	鄂温克族自治旗	陈巴尔虎旗	新巴尔虎右旗	新巴尔虎左旗	合计
1946	1426(1357)	1124(959)	1918(1801)	1413(1297)	5881(5414)
1947	1947(1410)	1160(1021)	1947(1829)	1433(1339)	6111(5599)
1948	1517(1445)	1197(1053)	2145(2192)	1453(1381)	6312(6072)
1949	1556(1492)	1136(1087)	2342(2187)	1533(1425)	6576(6191)
1950	1549(1539)	1275(1162)	2279(2210)	1571(1522)	6674(6433)
1951	1518(1514)	1293(1506)	2255(2242)	1522(1439)	6588(6701)
1952	1515(1483)	1323(1272)	2314(2288)	1670(1510)	6822(6553)
1953	1616(1440)	1432(1299)	2723(2281)	1668(1555)	7439(6575)

注：括号外数据为总户数，括号内数据为其中牧业户户数。

资料来源：呼伦贝尔盟统计局《国民经济统计资料（1946—1975）》，内部资料，第157页。

1948年9月3日，在呼伦贝尔盟新巴尔虎左旗甘珠尔庙举行的首届那达慕大会上，吉雅泰（时任中共呼伦贝尔盟工委书记）正式宣布对呼伦贝尔盟牧区进行民主改革。会后，呼伦贝尔盟牧区四旗通过各种形式进行广泛宣传，并推动群众的实际行动，民主改革全面展开。从1948年初开始，呼伦贝尔盟牧区四旗展开了民主建政工作。

首先，由上级委派新旗长。1948年4月，任命朋斯克达喜为新巴尔虎左旗旗长；5月，任命孟和那苏为鄂温克族自治旗旗长；8月，任命都嘎尔扎布为新巴尔虎右旗旗长；陈巴尔虎旗旗长仍由民族上层人士甫尔恪腾担任（1949年初任命甫日布为旗长）。此后，又相继派阿拉塔、卓仁仓、阿木古郎、阿拉达尔图、珠儒木图等外来的党员干部到牧区，与他们团结合作，共同抓建政建党工作。到 1948 年 8 月末，牧业四旗的民主建政工作基本结束。

1953 年，呼伦贝尔盟牧区开展了第一次全民选举活动，选举产生旗政府领导。历时半年时间的选举，朋斯克达喜当选为新巴尔虎左旗旗长，阿木古楞当选为新巴尔虎右旗旗长，孟和那顺当选为鄂温克族自治旗旗长，甫日布当选为陈巴尔虎旗旗长。通过选举，彻底废除了旧统治，建立了由人民群众选出的新政权，从而促进了民主改革和各项事业的发展。

其次，1948 年初，呼伦贝尔盟工委在海拉尔召开"章盖"① 会议，宣布对牧区进行民主改革，废除民族上层及牧主特权，建立民主政权，实行苏木达制。会后，呼伦贝尔盟政府下派各苏木的苏木达，筹建苏木新政权。例如，陈巴尔虎旗呼和淖尔苏木辖八个巴嘎，② 民主改革时的总户数为 290 户，是纯牧业区。第一任苏木达是贺喜格苏荣，苏木政府设有民政助理、牧业助理、公安助理和秘书，另有一名勤杂员。苏木干部工资实行供给制，每月按等级供给一定数量的小米，苏木达每月得小米 250 斤，这种供给制一直持续到 1951 年。③

民主建政建立的新的旗政权对苏木建制做了调整，共建 24 个苏木（其中，新巴尔虎左旗 7 个、新巴尔虎右旗 5 个、鄂温克族自治旗 5 个、陈巴尔虎旗 7 个）。旗、苏木两级新政权的建立健全，为全面开展民主改革运动，奠定了基础。1948 年 8 月，旗、苏木两级新政权已建成，从而废除了封建上层、牧主及寺庙享有的特权，广大人民群众在政治上得到了解放。

（二）"三不两利"政策的实施

在民主建政基础上，1948 年 9 月开始重点贯彻党的"三不两利"政策，对内蒙古牧区社会经济进行全面改革。

首先，对牧主采取"不分、不斗、不划阶级"政策的前提下，重点贯彻"牧工牧主两利"政策。具体内容是实行新的工资条例和新的"苏鲁

---

① "章盖"，清朝时期蒙古官职名，掌管苏木的军政事务，由旗札萨克在蒙古族贵族中保举。
② 巴嘎，蒙古语的音译，意为"队"。清代蒙古旗下的基层组织，也称"什户"。民主改革后的巴嘎，相当于自然村，为苏木人民委员会的基层组织。
③ 《呼和淖尔苏木民主改革》，载呼伦贝尔盟史志编辑办公室编《呼伦贝尔盟牧区民主改革》，内蒙古文化出版社 1994 年版，第 33 页。

克"制度。

　　在牧区增加牲畜头数，不仅是政府的主要政策，同时也是改善贫困牧民生活的主要工作。此外，民主改革前各旗的传统工资情况各不一致，多数偏低，有个别的还偏高。因此，为了雇用和被雇用双方都能得到好处，既对增加牲畜头数起到促进作用，又使广大贫困牧民生活能够得到改善，作为初步条件制定了牧工工资条例。

　　以呼伦贝尔盟牧业四旗为例，1948 年 8 月下旬，经呼伦贝尔盟政府第二次全体会议讨论通过《呼伦贝尔盟牧工工资条例》（以下简称《条例》），并颁布实施。《条例》主要内容如下：

　　（1）《条例》按照牲畜的种类、畜群的数量、工作的性质及季节的不同，规定了各种不同的报酬标准。工资报酬以羊为单位计算，一个牧工放 1500 只羊，月报酬 4 只中等母羊，比过去提高了几倍（见表 1—5）。

表 1—5　　　　　　　　　　1948 年呼伦贝尔盟牧工工资

工种	季节	畜群数	月报酬（绵羊）
放牛	暖季、寒季		3 只
放骆驼	暖季、寒季	50 峰	5 只
铲雪工	寒季		4 只
伙夫	暖季		4 只
杂工	暖季		3 只
更夫	暖季		3 只
放羊	暖季、寒季	500 只	2 只
放羊	暖季、寒季	1000 只	3 只
放羊	暖季、寒季	1500 只	4 只
放羊	暖季、寒季	2000 只	5 只
合伙放马	暖季	250 匹	3 只
马群更夫	寒季	250 匹	4 只
马群更夫	暖季	250 匹	5 只

　　资料来源：《呼伦贝尔盟牧工工资条例》，载呼伦贝尔盟史志编辑办公室编《呼伦贝尔盟牧区民主改革》，内蒙古文化出版社 1994 年版，第 246 页。

　　（2）规定了实施办法。该《条例》从农历 1949 年九月初一开始实行；

暖季为农历四月初一至九月末；寒季为十月至次年三月末。雇工报酬，以中等母羊为基础，经双方协商，并按当时物价指数，可折核大畜或物资；将少量牲畜委托他人看管，要按群众习惯，双方协商确定报酬问题。

（3）人雇工挤奶吃奶、使用役牛等，不计报酬，按传统习惯执行；《条例》规定不适用于蒙古牧民给其他人或商业部门看管牲畜等。[①]

一方面，牧区广大牧工非常拥护这一条例，调动了他们从事畜牧业生产的积极性。对牧主来说虽然其剥削率有所下降，但牧工有了积极性，加强饲养管理，牲畜也能够得到发展，因此，牧主也认为有利可图，表示拥护。

另一方面，在实行《条例》过程中，也出现过一些问题。例如，有些干部因对执行《条例》的重要性缺乏认识，检查与监督不够，曾出现放任自流现象；有的牧主不按时付工资或变相压低工资，使牧工减少收入。呼伦贝尔盟政府通过调查研究，及时解决了上述问题。同时，对《条例》进行了两次修改，使其更加完善，提高了牧工的工资待遇，从而极大地调动了广大牧民的生产积极性。据不完全统计，当时给牧主当雇工的牧民有900多人，占牧区劳动力的15%左右，经过几年的劳动，他们摆脱了贫困，改善了生活。其中有的从贫困户上升到中牧。富牧中有极个别的达到牧主水平，成为"新牧主"。

民主改革以前，呼伦贝尔盟牧区曾有过旧"苏鲁克"制，即牧主和寺庙将一部分转拨给牧民放养，牧民仅得到羊毛或牛奶，报酬很低。实行民主改革后，从1948年开始实行自由放牧政策，废除牧主对草牧场享有的特权，进行有组织的放牧。此外，由于旧"苏鲁克"制对牧民的剥削量大，牧民没有积极性，牧主牲畜也得不到发展。因此，为了兼顾牧工牧主双方利益，合理调剂草场，促进畜牧业的发展，1952年废除旧"苏鲁克"制，公布实行新"苏鲁克"制。

新"苏鲁克"制规定，拥有牲畜2000头（只）以上户（牧主）发放新"苏鲁克"。有劳动力而无牲畜或少畜户接受"苏鲁克"，并且大力提倡和奖励以互助形势接受"苏鲁克"，"苏鲁克"一般以羊200—300只、牛马100—150（头）匹为单位，时间为2—3年，分红比例为四六开（接

① 《呼伦贝尔盟牧工工资条例》，载呼伦贝尔盟史志编辑办公室编《呼伦贝尔盟牧区民主改革》，内蒙古文化出版社1994年版，第245—246页。

户四、放户六）或对半分红。①

新"苏鲁克"制调动了牧工牧主的生产积极性，接、放新"苏鲁克"户逐渐增多。据统计，当时呼伦贝尔盟牧区放新"苏鲁克"户有86户，接"苏鲁克"户有303户，"苏鲁克"牲畜共有70080头（只），占牧区牲畜的4.8%，占牧主牲畜的15.35%。②

将旧"苏鲁克"制改造为新"苏鲁克"制，有一个不断完善的过程。各地在贯彻"三不两利"政策中，认真总结经验，不断完善新"苏鲁克"制，制定颁布了"苏鲁克"条例，有的盟执行暂行办法，当事者双方议定合同或公约。以锡林郭勒盟为例，制定了"苏鲁克"公约，其主要内容有以下几个方面：

（1）"苏鲁克"分配方法。羊群：收工应分得健康羊羔的1/4，两季的奶酪及羊毛。同时根据过去的习惯分得双羔中的一只。牧主对所放"苏鲁克"的弱畜要及时进行处理，牧主与收工双方研究预计一冬所需用的草料，分别准备，羊群所食的青草由牧工负责。

牛群：收工应分得自己牧养的牛犊的1/4，如低于3头则不分配。按1/4比例分配后，如有剩余牛犊，每头折款8元，牧工按1/4得2元钱。此外，奶酪、黄油归牧工所有。10头牛配1头公牛的，牛犊同除乳牛之外的母牛，每月按0.25元计算；如果没有公牛，牛犊和除乳牛之外的其他母牛每月按0.45元计算。不允许放10头牛以上，4头牛以下的"苏鲁克"。喂牲畜的草料由牧主供应，收工应做准备工作。

（2）双方应遵守的原则。在牧主与牧工自愿的基础上接放"苏鲁克"，放"苏鲁克"或归还"苏鲁克"应经过苏木审定，牧主不应该随便变动"苏鲁克"数目，如需要变动应征得牧工同意并经苏木审定方可；坚决贯彻按"牧工牧主两利"政策规定的"苏鲁克"条例，防止变相压低工钱及非法交换牲畜以及不精心饲养牲畜等事发生；放"苏鲁克"者应改善放牧方法，减少或杜绝非正常损失，注意提高牲畜配种率，保护好母畜，提高牲畜繁殖率；年底牧主在统计牲畜总数时即应分红，不得推迟挪后；每年的羔畜在分红后归入牲畜总数；牧主要将"苏鲁克"畜群的特征明确，牧

---

① 呼伦贝尔盟史志编辑办公室编：《呼伦贝尔盟牧区民主改革》，内蒙古文化出版社1994年版，第16页。

② 同上。

工应将死亡牲畜的皮交归牧主；牧工要改善牲畜的经营管理，减少或消灭牲畜的各种损失。例如，由于自然灾害（白灾）而损失的牧工不予赔偿，非特殊情况造成牲畜损失，双方协商解决。

（3）双方的权利和义务。牧主和牧工在政治上有平等权利。劳动者有劳动的权利，牧主有占有牲畜的权利，并应遵守国家法律，给劳动者以应得的收入；牧工必须积极劳动，提高放牧技术，减少或消灭牲畜损失，努力发展畜牧业生产，在贯彻"牧工牧主两利"政策中发挥主力军的作用。如有一方不遵守公约，另一方则应提意见加以帮助，如果无效，可向政府控告。①

在新"苏鲁克"制度实行过程中，一度出现了混乱现象。例如，个别牧主轻信谣言，积极性不高，甚至有的牧主将"苏鲁克"收回；有些贫困户由于缺少生产工具，加上遇到自然灾害等原因，接受新"苏鲁克"后，不但没有得到实际利益，反而赔钱。针对这种情况，呼伦贝尔盟党委和政府通过召开接、放"苏鲁克"户座谈会，总结经验，及时解决了出现的问题，扭转了混乱局面，使新"苏鲁克"制度顺利推进。

在实行新工资条例和"苏鲁克"制度的同时，党和政府为扶持贫困牧民发展生产，改善生活，也采取了很多具体措施：

第一，组织牧民开展搭棚盖圈、打储草、打井、打狼、畜群病防治等生产建设活动，大大提高了牲畜抗灾保畜能力。同时，大力提倡并组织牧民定居游牧使"逐水草而牧"状况有了很大转变。

第二，组织牧民大搞副业生产，增加收入，改善生活。

第三，实行轻税政策，对占有少量牲畜的贫困户实行免税，对富裕户也适当减税，用以鼓励发展畜牧业生产。

第四，向贫困户发放牧贷羊和牧业贷款。例如，1950年，呼伦贝尔盟政府给陈巴尔虎旗牧民发放牧贷羊（母羊）6000只，五年还本加年利息10%，即贷给100只母羊，五年后还政府150只羊，其余繁殖的羊和羊毛都归牧户；1951年，呼伦贝尔盟政府又下拨5亿元（旧币）牧贷款，发给贫困牧民发展生产，三年还期，1.8%利息；1952年，呼伦贝尔盟政府

---

① 浩帆主编：《内蒙古蒙古民族的社会主义过渡》，内蒙古人民出版社1987年版，第136—137页。

又贷给打草、搂草等机器。①

东部区四盟牧区以及半农半牧区由于地区不同，经济发展情况不同，因而各地所实行的工资标准也不同。呼伦贝尔盟牧业四旗所实行的工资标准系呼伦贝尔盟政府统一规定、执行的；兴安盟科右前旗乌兰毛都努图克牧区所实行的工资标准则是通过嘎查人民代表会议规定、执行的；哲里木盟、昭乌达盟则一般是根据旧习惯略做改进。所以，各旗、各努图克之间也有差异。

据 1952 年调查，呼伦贝尔盟纯牧区牧工工资情况如下：

（1）马倌工资：暖季放马 50 匹左右月薪为 1.5 只羊，放马 100 匹月薪为 2 只羊，放马 150 匹月薪为 2.5 只羊，放马 200 匹月薪为 3 只羊，放马 250 匹月薪为 3.5 只羊，放马 300 匹月薪为 4.5 只羊。如果再多，双方协商规定。寒季工资稍低于暖季，放马 50 匹左右月薪为 1 只羊，每增 50 匹马则月薪增加半只羊，以此类推。放马到 300 匹为止，300 匹以上也由双方协商规定。马倌夜班工资也依暖、寒两季而有区别，暖季的夜班与寒季的白天班相等，寒季的夜班则与暖季的白天班相等。

（2）羊倌工资：放 500 只羊月薪为 2.5 只羊，放 1000 只羊月薪为 3 只羊，放 1500 只羊月薪为 3.5 只羊，放 2000 只羊月薪为 4.5 只羊，放 3000 只羊月薪为 5.5 只羊，放 3500 只以上月薪为 6 只羊。

（3）驼倌工资：放 50 峰骆驼月薪为 5.5 只羊，放 100 峰以内骆驼月薪为 6 只羊，放 100 峰以上骆驼月薪为 7.5 只羊。

（4）牛倌工资：不论放多少（一般在 300 头左右）月薪均为 4 只羊，并要做扫雪工作。

（5）伙夫工资：除做饭外还要挤牛奶，暖季挤牛奶 50 头以内的月薪为 3.5 只羊，50 头以上的月薪为 4 只羊，寒季月薪则为 3—3.5 只羊。如有单给牧工做饭的则月薪为 3 只羊。

（6）扫雪工作：如扫 500 只羊卧地的雪月薪为 2.5 只羊，扫 800 只左右羊卧地的则月薪为 3 只羊。②

半农半牧区兴安盟乌兰毛都努图克牧工工资情况：放一群羊（数量不

① 呼伦贝尔盟史志编辑办公室编：《呼伦贝尔盟牧区民主改革》，内蒙古文化出版社 1994 年版，第 17 页。
② 《东部区牧业及半农半牧区牧工工资情况——东部区牧业生产座谈会议参考资料（二）》（1952 年 9 月 15 日），内蒙古档案馆藏，资料号：11—6—92。

详）年薪 18 只羊，上工当时就给 10 只受胎母羊，年末给 5 只羊和 3 只羯羊。除此之外，每年牧主管饭，并给皮衣、皮裤各 1 件，棉袍 1 件，布衫 1 件，衬衣 2 件，靴子 2 双。如果将当年 10 只受胎母羊的繁殖也加在一起，将所有衣物合成羊的话，每年可得 45 只羊左右。①

半农半牧区昭乌达盟的一般标准是：牛倌，吃穿由牧户管，每放一头牛的月薪为 0.15 万元，一般放 200—300 头牛，折合款 30 万—45 万元（旧币，以下同。1955 年 3 月 1 日，中国人民银行开始发行第二套人民币，即新币。新币与旧币兑换比率为 1∶10000）。如果吃穿个人负责，牧工每放一头牛的月薪为 0.2 万元，折合款 40 万—60 万元。马倌，每放一匹马的月薪为 4—6 斤小米，一般放 200 匹马，月薪为 800—1200 斤小米。羊倌，放 300 只的一群羊，年薪 12 只羊。②

半农半牧区哲里木盟扎鲁特旗：牛倌，一年放三季（春、夏、秋），每放一头牛的月薪为 8 升至 1 斗粮和 1 升小米。冬季则减半。一个牧工一般可放 100—200 头牛，每年可得 15—30 石粮和 1 石 5 斗小米。马倌，放每匹马的工资是放每头牛的工资的 1.5 倍。羊倌：羊一般按 3—4 只折 1 头牛计算。③

（三）牧区民主改革具体事例

1. 呼和淖尔苏木民主改革事例

陈巴尔虎旗呼和淖尔苏木辖 8 个巴嘎，290 户，1319 人，是拥有大小牲畜 5854 头（只）的纯牧业苏木。贯彻"三不两利"政策，实行民主改革的主要内容有以下三个方面。

第一，对牧主采取团结、利用和改造的办法。该苏木有 5 户大牧主（吉格迪、宝音嘎、玛格迪、朋斯克、达尔扎），根据"三不两利"政策，对牧主的剥削做了适当的限制。但是，没有剥夺牧主对其牲畜的自主权和经营权，对发展畜牧业经济仍有一定的积极性。与此同时，苏木通过互助合作的方式，改造了牧主。到 1953 年，全苏木的牧主、富牧以及上层人士，都积极参加了互助组，使互助组的生产工具、牲畜头数等方面得到了很大的补充。

---

① 《东部区牧业及半农半牧区牧工工资情况——东部区牧业生产座谈会议参考资料（二）》（1952 年 9 月 15 日），内蒙古档案馆藏，资料号：11—6—92。

② 同上。

③ 同上。

第二，提高了牧工的劳动报酬。在贯彻《呼伦贝尔盟牧工工资条例》和新"苏鲁克"制度前，牧民在经济上受层层剥削，勉强维持生活。实行《呼伦贝尔盟牧工工资条例》后，牧民的月报酬由原来的1只羊，增加到4只羊。此类调动了牧民的积极性，接受"苏鲁克"的牧民增多。呼和淖尔苏木的巴嘎，由3—5人组成"贫协"，其职责：一是负责落实和监督执行《呼伦贝尔盟牧工工资条例》；二是负责组织牧工当雇工和接受"苏鲁克"。据统计，1949年该苏木黄花淖尔巴嘎，先后有20名牧民当雇工，占总数的40%。

第三，组织牧民大搞副业生产。民主改革前，呼和淖尔苏木牧民占有牲畜少，人均不到4头（只），生活困难。民主改革后，利用苏木的丰富资源，为使资源优势转为经济优势，组织牧户从事副业生产。例如，哈顿胡硕巴嘎牧民呼和勒泰，从1947—1949年，三年间副业生产所得收入达3000万元，不仅改善了生活，而且用副业购买牲畜，发展了畜牧业生产。[①]

2. 伊敏苏木民主改革事例

鄂温克旗伊敏苏木成立于1948年，248户牧民，1020人，共有6000多头（只）牲畜。其中，5户富裕牧民拥有3600多头（只）牲畜，占全苏木牲畜的50%以上，拥有最多牲畜的是毕鲁图巴嘎牧民阿优喜和阿贵图巴嘎牧民达喜，分别拥有1300头（只）和1000头（只）；225户贫困牧民，平均每户不足3头（只）；其余为中等牧民。[②]

移民苏木认真贯彻、执行"三不两利"政策。首先，组建苏木、巴嘎两级牧工工资委员会，仲裁和调节贫困户与富裕户有关报酬的问题，以确保维护双方的正当利益和保证贫困户获得合理的报酬。其次，苏木、巴嘎两级牧工工资委员会结合本地实际，负责组织实施。最后，苏木、巴嘎两级牧工工资委员会还将多余的劳动力介绍到其他地方放牧，有效地改善了贫困户生活。

（四）牧工牧主情况的变化——以察哈尔盟为例

察哈尔盟[③]在解放前雇工放牧形式有三种：牧主的羊、马全部雇工放

---

① 呼伦贝尔盟史志编辑办公室编：《呼伦贝尔盟牧区民主改革》，内蒙古文化出版社1994年版，第36—37页。

② 同上书，第51页。

③ 旧盟名，位于内蒙古自治区中部地区，1936年2月设立百灵庙蒙政会，1946年7月由内蒙古自治运动联合会领导，1947年5月归内蒙古自治政府管辖，下设正蓝、正白、镶白、镶黄、明安、商都、太仆寺左、太仆寺右8旗。1958年9月撤销察哈尔盟，归锡林郭勒盟。

牧;中等牧民多数是合群雇工,少数是自己放牧(所谓雇工只是羊群雇工,其他牲畜自牧多是散牧不管);喇嘛庙的牲畜及少数牧主牲畜放旧"苏鲁克"。

工资有如下几种:放羊200只以上者每月1只羊,牧主管饭,夏季给"少部农"(毡斗篷)1件,冬季给"塔哈"(2张山羊皮斗篷)1件;放马300匹以上者每年1头3—4岁牛;中等牧民合群雇工的工资,放羊300只以上者每月1只羊或2只小羊,毡皮、斗篷各1件。但牧工放牧中丢失或狼害牲畜由工资赔偿。在政治上牧主对牧工的压迫也是很残酷的。例如,随便打骂、扣留工资、开除等。①

放"苏鲁克"每年得30%—50%羊毛、奶食,每年定量地向牧主交黄油和奶食,每户牧主住地有2户以上的贫雇牧民给牧主无偿劳役,男子放牧,女子给牧主做针线、挤奶、伺候牧主等。②

1949年察哈尔盟解放后,经过几年的社会民主改革,封建特权已经废除。同时,大力贯彻了"自由放牧,增畜保畜"和"三不两利"政策,保护了牧工利益,提高了牧工待遇,改善了牧民生活,取得了一定成就,但是工资仍然很低,需要有计划、有步骤地提高牧工工资。牧民的生活日益提高,中等牧民占据多数,随之雇工也增多了。1953年,雇工形式有牧主单独雇工、一般牧户合群雇工(占多数)、互助组内少数的雇工三种形式。工资数额很不平衡,各地不一致,随季度升降不一,综合起来大致有以下三种。

第一种,正白旗及其他大部分地区,放牧羊200只以上的牧工每月工资为1.5只2岁绵羊(折合款15万元),牧工饮食由牧主负担;放牧羊300—500只的每月工资为2只2岁或3岁绵羊(折合款20万元)。实际上放牧200只以上的牧工工资,除牧工本身日常消耗54万元外剩余125万元,能够养活1人;放牧300只羊以上者,除牧工日常消耗外实得年工资185万元,能够养活2人。③

放牧牛在牧区多是冬、春两季,放牧120头以下者每头每月莜面1斤(每斤莜面折合款800元),牧工饮食由牧主负担,年计实际工资除牧工本人日常消耗54万元外,剩余约62万元,能够养活0.5—1人;有的牧主负

---

① 中国共产党锡林郭勒盟盟委会:《察哈尔盟牧工牧主两利政策资料》(1953年8月5日),内蒙古档案馆藏,资料号:11—7—67。

② 同上。

③ 同上。

担吃穿，牧工每年实际得到1头3岁牛（折合款70万元）。放牧150—200匹马，用牧工2人，每人每年工资为2匹骒马（每匹价值220万元），除牧工本人日常消耗外，剩余约86万元，能够养活1人。①

第二种，放牧马200—300匹，用牧工2人，吃住自己负责，每人每年工资为大小马各1匹（折合款300万元），除牧工日常消耗136万元外实得工资166万元；放牧120头牛，牧主负担牧工吃穿，工资为每头牛每月1.5斤莜面，年计得莜面2160斤。②

第三种，放牧100头以上牛，吃穿牧主负担，牧工每年实际工资为1头3—4岁牛（折合款70万元）；只放牧冬春两季，负责200—300只羊，吃穿由牧主负担，牧工每年工资为12只2岁羊（折合款约100万元）。这类在富牧中较多，但在整个牧区中占少数。③

（五）"牧工、牧主两利"政策执行情况——以锡林郭勒盟为例

锡林郭勒盟根据"结合反官僚主义斗争检查社会政策的指示"及干部训练班讨论牧区生产政策反映的材料，"牧工牧主两利"政策执行情况如下。

1. 各旗牧工工资标准

（1）苏尼特右旗

放牧羊工资：200—300只，每月工资25万元；300—800只，每增加100只增加工资5万元；800—1000只，每增加100只增加工资6万元；1000—1200只，每增加100只增加7万元。牧工的饮食、乘马、鞍具、雨衣等由牧主提供。

放牧马工资：100—200匹，每月每匹白天放牧2100元，夜间放牧2300元；201—450匹，每月每匹白天放牧2100元，夜间放牧2500元；451—600匹，每月每匹白天放牧2000元，夜间放牧2300元。牧工的饮食、乘马、鞍具、雨衣等由牧主提供。

放牧牛工资：50—80头，每月每头4500元；81—100头，每月每头4000元；101头以上，每月每头3500元。

放牧骆驼工资：40峰以下，每月每峰7000元；41—60峰，每月每峰

---

① 中国共产党锡林郭勒盟盟委会：《察哈尔盟牧工牧主两利政策资料》（1953年8月5日），内蒙古档案馆藏，资料号：11—7—67。

② 同上。

③ 同上。

6500 元；61 峰以上每月每峰 6000 元。牧工的饮食、乘马等由牧主提供。①

（2）苏尼特左旗

放牧马工资：200—249 匹，每匹每月 4000 元；250—299 匹，每匹每月 3400 元；300—349 匹，每匹每月 3000 元；350—399 匹，每匹每月 2900 元；400—499 匹，每匹每月 2700 元；450—499 匹，每匹每月 2500 元；500 匹以上，每匹每月 2300 元；200 匹以下，双方自愿规定。牧工饮食等由自己负责。

放牧羊工资：200 只，每月工资 20 万元；200—550 只，每增 100 只增加工资 10 万元。牧工饮食、乘马由牧主供给。

放牧骆驼工资：40 峰以下，双方自愿规定；40 峰以上，每头每月 6000 元。牧工饮食自理，乘马由牧主提供。

放牧牛工资：每头每月 3500 元，牧工饮食自理，乘马由牧主提供。②

（3）西部联合旗（今阿巴嘎旗）

放牧羊工资：200 只每月 30 万元，每增加 100 只增加工资 5 万元，每增加 1 只 500 元。牧工饮食、乘马、雨衣等由牧主供给。

放牧马工资：100 匹每月 80 万元（2 人），白天 35 万元，夜间 45 万元，每增加 100 匹增加工资 15 万元，每增加 1 匹 1000 元。牧工饮食、马鞍等自备，乘马、雨衣、皮衣由牧主提供。

放牧牛工资：50 头每月 25 万元，每增加 1 头增加 1000 元。牧工饮食、乘马由牧主提供。

放牧骆驼工资：每峰每月 1 万元。牧工饮食自理，乘马由牧主提供，不提供乘马每峰增加 3000 元。③

（4）东部联合旗（今东乌珠穆沁旗和西乌珠穆沁旗）

放牧羊工资：以 6 个月计算，500 只以下工资为大绵羊 6 只；500—1000 只，工资为大绵羊 6 只、2 岁羊 6 只；1500 只，工资为大绵羊 12 只。羊群计算方法：200 只以上按 500 只计算，500 只以上按 1000 只计算，1000 只以上按 1500 只计算。

放牧马工资：和放羊工资同。计算方法是 150 匹以下按 500 只羊的工

---

① 《锡林郭勒盟执行牧主牧工两利政策的情况及今后意见的报告》（1953 年），内蒙古档案馆藏，资料号：11—7—67。

② 同上。

③ 同上。

资计算；150—300 匹按 1000 只羊的工作计算；300—500 匹按 1500 只羊计算。牧工的饮食、乘马、雨衣、达哈等由牧主提供。

杂工工资：每月 25 万—30 万元，饮食由牧主供给。各旗接羔工资：西部联合旗，杂工为牧主接羔 30 只，每天 7000 元工资和 30 只母羊及羊羔的春毛；东部联合旗，杂工在 1500 只羊群里保育 70 只仔畜，工资为 15 只羊的春毛；杂工在 1000 只羊群里保育 12 只仔畜，工资为 30 只羊的春毛。①

2. 锡林郭勒盟各旗牧工工资执行情况

各旗规定的牧工工资标准一般偏高，从 1952 年下半年之后各旗又以"政府规定，人代会通过"的方式，将偏高、烦琐的牧工工资标准，作为法令硬性贯彻，并采取一些措施。例如，苏尼特右旗清算以往未付工资，东部联合旗部分苏木、巴嘎组织牧工会和干部帮助算账。因此，在执行"牧工牧主两利"政策方面造成了比较严重的偏差和混乱：牧主不愿雇工，或采取各种方法克扣牧工工资，随意解雇牧工；因牧工工资标准烦琐，中等牧户、无劳动力或劳动力不足以及合群轮放、雇人放牧的牧户都对工资不满。②

造成上述情况的主要原因之一，是锡林郭勒盟及各旗领导对正确贯彻"牧工牧主两利"政策以利于发展牧业生产的重要性认识不足，在干部中进行政策教育不够。因而，干部普遍存在所谓"阶级观点"，在牧工很快有牲畜"发财"的思想支配下，造成了政策上的偏差。主要原因之二，是对"牧工牧主两利"的社会政策没有认真研究与请示，只以"政府规定，人代会通过"的简单方式作为法令硬性贯彻，很少要求和考虑牧主方面的意见，牧主有意见也没有提出的机会，造成牧主对政策不满。再加上对政策交代不清，控制不严，工资标准又不具体，涉及很多牧户。③

3. "牧工牧主两利"政策执行问题的纠正

正确贯彻"牧工牧主两利"政策的前提必须是有利于牧区增产保畜、发展牧业经济的总方针，即一方面必须适合于牧区"不分、不斗、不划阶级"，允许牧主经济存在和发展的政策，纠正偏高工资标准；另一方面又必须反对无偿劳役制度及牧主采取各种方式克扣工资，随意解雇以及在精

---

① 《锡林郭勒盟执行牧主牧工两利政策的情况及今后意见的报告》（1953 年），内蒙古档案馆藏，
　　资料号：11—7—67。
② 同上。
③ 同上。

神和生活上虐待牧工的现象。具体做法如下：

（1）从盟、旗党政领导上加强对干部和群众进行"牧工牧主两利"政策的宣传教育，经常在执行此政策方面进行调查研究。

（2）政府不统一规定牧工工资标准，根据地区不同，劳动力不同，劳动强度不同，各旗工资标准由牧工、牧主自行商定，一般以苏木为单位，由牧工、牧主代表协商工资标准，政府派人参加进行政策领导，确定后监督执行。个别或特殊情况下牧工和牧主自行协商订立合同。

（3）发生工资纠纷及违法侵犯人权财产行为，由政府出面仲裁、调节并酌情处理，个别恶霸牧主依法予以惩办。

（4）牧区原有互助互济关系不作劳资关系处理。在执行办法上，首先在盟集调旗、苏木干部进行政策教育，深刻说明"牧工牧主两利"政策对发展牧业生产的重要意义。其次结合基层选举中苏木召开的人民代表大会，明确交代政策。最后各旗注意加强领导，吸取经验，加强调查研究，定期检查此项政策的执行情况。①

二 民主改革期间内蒙古牧区畜牧业的发展

（一）牧区民主改革期间的发展畜牧业生产的各项措施

1947—1952 年，贯彻"依靠劳动牧民，团结牧民各阶层，发展生产增加牲畜头数，提高牲畜质量，逐步改进牧民物质文化生活，增加人口"的方针，执行"不分、不斗、不划阶级"，"牧工牧主两利"，"自由放牧"，"增畜保畜"，"保护牧场，禁止开垦"等各项政策。同时采取诸多措施，在思想、组织、防灾等方面取得了显著效果。

第一，通过召开会议、进行宣传等，解决了领导和干部在发展畜牧业方针与发展畜牧业方面的思想问题。

通过党代会、人代会等各种会议，使领导和干部明确、正确地认识"在一切牧区发展畜牧业"的方针与在内蒙古发展畜牧业的重要性及其前途问题，改变了轻视畜牧业的思想，纠正了认为畜牧业落后、畜牧业没有前途的错误认识。

---

① 《锡林郭勒盟执行牧主牧工两利政策的情况及今后意见的报告》（1953 年），内蒙古档案馆藏，资料号：11—7—67。

例如，兴安盟科右前旗乌兰毛都努图克通过做好思想工作，动员牧主自觉为政府做贡献。工作团对牧主进行宣传教育工作，动员他们把剥削来的东西还给劳动者。牧主们很乐意接受这种形式，主动拿出奶牛、乘马、肉用羊分给自家牧工，把蒙古包、炕毡等物品以及积攒多年的金银财宝交给工作团处理。工作团和努图克干部将这些物品分给贫困牧民，并将银圆拿到王爷庙兑换成现金从乌兰浩特购入粮食分给贫困牧户，解决了当地群众缺粮问题。①

第二，进行了如下的抗灾、牲畜预防和防灾互助工作，减少了牲畜损失。

（1）打狼是牧区防狼害重要措施。例如，据呼伦贝尔盟牧区四旗统计，1949—1952 年共打狼 7279 只。1949 年因狼害损失 11561 头（只）牲畜，1952 年减少到 6874 头（只）。② 再如，兴安盟科右前旗乌兰毛都努图克，1950 年春季至 1952 夏季期间的打狼运动中共消灭 659 只狼，基本上实现了消灭狼的计划，大大减少了狼害。1949 年前 1000—2000 只羊的牧群每年因狼害至少损失 30—50 只羊。通过打狼运动，不仅基本上消除了狼害，而且纠正了过去的明知狼是有害的动物，但认为其是"天狗"而不进行打狼，受到狼害则认为是"破财"的迷信思想，打狼成为牧民群众的经常性工作之一。③

（2）积极地进行了牲畜防疫注射。例如，呼伦贝尔盟牧业四旗从 1948 年开始进行了牲畜防疫注射，至 1952 年共注射了 4196819 头（只）牲畜。据新巴尔虎左旗统计，1948 年牲畜死亡 21289 头（只），占牲畜总数的 6.92%；到 1952 年牲畜死亡数减少到 15380 头（只），占牲畜总数的 2.64%。④ 再如，科右前旗乌兰毛都努图克 1949—1952 年进行了 4 次牛疫注射，90% 以上的牲畜得到了防疫注射，并对 80% 的牲畜做了 1 次牛蹄疫注射，大大减少了牲畜畜疫死亡率。1951 年秋季在牧场曾发生过 4 次炭

---

① 孙家珍：《"三不两利"政策的制定与实施》，载中共兴安盟党史办公室编《兴安党史文集》1，1993 年，第 264 页。

② 内蒙古东部区党委：《内蒙古东部区 1950 年畜牧业生产初步总结》（1951 年 1 月 10 日），内蒙古档案馆藏，资料号：11—4—19。

③ 乌兰毛都努图克公所：《科右前旗几年来的牧业生产发展情况》（1952 年），科右前旗档案馆藏，资料号：67—8—4。

④ 内蒙古东部区党委：《内蒙古东部区 1950 年畜牧业生产初步总结》（1951 年 1 月 10 日），内蒙古档案馆藏，资料号：11—4—19。

疽，因采取了及时报告、封锁、隔离、注射等措施，当即消除，没有蔓延，三个嘎查只损失 16 只羊、25 头牛、2 匹马。同时，通过防疫措施提高了对牲畜防疫的认识。在实施防疫措施之前，发生牛疫时，牧民群众认为是不可抗拒的天灾，不懂得或不会预防和治疗，认为"剩多少，算多少"。①

（3）防灾互助不仅是避免风雪灾害的好办法，而且是组织个体牧民逐渐走向集体化的低级形式和良好基础。例如，新巴尔虎右旗在组织防灾互助之前的 1949 年 9 月 12 日，仅 24 小时的风雪中就损失了 12000 多头（只）牲畜。从 1950 年冬季开始组织防灾互助到 1951 年春季发生的大小10 次暴风雪中，仅损失了 700 多头（只）牲畜。②

（4）改善、提高了饲养管理办法。分群放牧，是发展牲畜、保护仔畜的一项重要措施，不但能提高成活率，同时对解决牧民生活上的困难也起了很大作用。分群放牧之前，牧民虽然做过分群接羔，但不普遍，工资也不合理（放羊 100 只，只能得到 5 只羊的毛），因此，仍不能避免缺乏劳动力和受灾的现象。自 1950 年开始号召以劳资两利分群接羔以来，牧民普遍认识到了它的优越性。例如，新巴尔虎右旗 1951 年分群的母羊共有43000 只，成活率为 91%；1952 年分群的母羊增到 57321 只，成活率为93%。再如，新巴尔虎左旗新保力格苏木第七巴嘎统计，由于普遍分群放牧，1951 年羊群繁殖了 2350 只，成活率为 93.5%；1952 年羊群繁殖了2770 只，成活率为 96.3%。可知，分群放牧是提高成活率的重要方法。③

（5）内蒙古牧区各地因地制宜地制定了放牧制度。以兴安盟科右前旗乌兰毛都努图克为例，制定实施了如下的放牧制度：定居放牧大部分是小牧民，牲畜不多，劳动力不足，由于没有"套包"或"蒙古包"、车辆等原因，不能出场放牧经营；中等以上的牧民都能游牧，牲畜多的可以分为2—3 个"套包"；互助合作，即中小牧民将自己的牲畜集中到一起，抽出一定的畜力和物力组织出场；雇工放牧，即大多数的大户、中户牧民除自己参加劳动外，因人力不足而雇工经营；有的小户牧民将自己的牲畜放到

① 乌兰毛都努图克公所：《科右前旗几年来的牧业生产发展情况》（1952 年），科右前旗档案馆藏，资料号：67—8—4。
② 内蒙古东部区党委：《内蒙古东部区 1950 年畜牧业生产初步总结》（1951 年 1 月 10 日），内蒙古档案馆藏，资料号：11—4—19。
③ 同上。

大中户牧民的牧群中，每逢忙季时以打圈、接羔、拉打羊草等方式帮忙，不讲工资；有的中小牧户把牲畜放到大牧户牧群中合牧经营，但因牲畜少可得半工资，吃穿均由大牧户供应 50%；有 3—5 户牧民组织出场经营，每户抽出 1 名劳动力经常劳动于"套包"。[①]

（6）调剂牧场。贯彻"自由放牧"政策后，打消了群众的保守封建思想和干部的本位主义思想，克服了旗与旗、苏木与苏木间的封建界限，由盟、旗领导下统一勘察与计划牧场等有组织地以畜类和季节分配牧场，基本上纠正了过去争夺牧场、乱放牧恶习，并开始利用过去未利用的牧场。

例如，陈巴尔虎旗的"阿日"牧场自解放后未利用的牧场，从 1951 年开始利用，解决了 20 万头（只）牲畜的冬季、春季牧场问题。[②]

再如，兴安盟科右前旗乌兰毛都努图克调剂了牧场、草场等。夏初牧场为：乌兰毛都—希然达坝以东，要得力—西日根沟口以东，满族屯—查干达坝以北，阿其郎图沟、勿布林—乌兰河防火站以南至沙仁台沟，翁胡拉、合力木—桃合木沟；接羔点为：乌兰毛都—雅满础鲁图，要得力—乌申一合沟，满族屯—乌申一合、塔日布嘎、特门沟，合力木—阿义根宝力格、桃合木沟；翁胡拉—桃合木沟，勿布林—乌兰河；草场为：乌兰毛静—雅满础鲁图，要得力—要得力沟，满族屯—塔日布嘎、乌布尔巴日、特门沟，勿布林—乌兰河、沙仁台沟，翁胡拉—桃合木沟；冬季草场为：视各嘎查情况，到好仁、居力特（今归流河镇）、义勒力特、察尔森、巴拉格歹、哈拉黑、宝门、阿力得尔努图克和扎旗呼尔勒、宝力根花。[③]

（7）抓好秋膘。抓好秋膘（"敖特尔"）是安全过冬的一项重要工作。过去牧民虽然抓过秋膘，但没有计划，互相争夺牧场，结果造成浪费。呼伦贝尔盟牧业四旗，自 1950 年开始有领导、有组织、有计划地进行放"敖特尔"，战胜了几年的灾害。特别是新巴尔虎右旗 1950 年秋膘抓得好，

① 乌兰毛都努图克公所：《科右前旗几年来的牧业生产发展情况》（1952 年），科右前旗档案馆藏，资料号：67—8—4。
② 内蒙古东部区党委：《内蒙古东部区 1950 年畜牧业生产初步总结》（1951 年 1 月 10 日），内蒙古档案馆藏，资料号：11—4—19。
③ 图雅主编：《科尔沁文化的摇篮乌兰毛都草原》，远方出版社 2012 年版，第 58 页。

因此，在1951年春季多次暴风雪中仅损失700多头（只）牲畜。[①]

（8）1950年，呼伦贝尔盟、兴安盟、哲盟、昭乌达盟共进行了1040629头牛和21995匹马的预防注射，打狼5117只，打草2136571503斤，打井413眼。[②]

第三，积极组织了各类互助组。

蒙古族牧民在历史上有互助的习惯。如呼伦贝尔盟牧区四旗牧民组织的"胡尔其"（即防灾互助组）、"浩特"等均带有一定互助内容，其旧形式是一同放牧，遇到风雪灾害互相帮助。陈巴尔虎旗在过冬时除组织防灾互助组外，在接羔、剪羊毛、砍车辆木材、打羊草、打狼等各种生产环节上也进行临时互助。昭乌达盟在过去也有过这样的互助习惯。但是，过去的互助，除了贫困牧民间互助外，有的则被牧主以互助为名义，对贫困牧民和牧工进行剥削，甚至将牧工家属的劳动力也无报酬地欺骗使用。

解放后，取消封建特权，贯彻自由放牧、劳资"两利"等政策，稳定各阶层情绪，牧民的生产积极性空前提高，促使畜牧业生产迅速恢复和发展。发展快的地区接近历史最高水平。1949年，为了发展畜牧业生产，牧民提出组织合群放牧。随着生产的发展，牧民在原有的互助习惯上，组织起各种类型的互助组。所以，互助组有了新的发展，并在牧民中造成了极大的影响，对畜牧业的发展起到了重大作用，已形成牧业生产的一种新的方向。

各地牧区普遍组织防灾互助组。新巴尔虎右旗，1951年冬季组织37个防灾互助组，户数比1950年增加了20%，1952年互助组增至414个，户数比1951年增加了62%，个别苏木参加互助组的户数达到97.1%；昭乌达盟组织合群放牧的牲畜有1460群，占牲畜群的52.8%，另有1200多个接羔小组；兴安盟科右前旗乌兰毛都努图克4个半农半牧区嘎查，共组织了25个互助组；内蒙古东部地区共有2000多个各种类型的牧业互助组。[③]

---

① 中共呼纳盟地委会：《呼纳盟几年来牧业生产总结和今后意见》（1952年8月29日），内蒙古档案馆藏，资料号：11—6—96。

② 内蒙古东部区党委：《内蒙古东部区1950年畜牧业生产初步总结》（1951年1月10日），内蒙古档案馆藏，资料号：11—4—19。

③ 《东部区牧业生产互助合作情况——东部区牧业生产座谈会议参考资料（一）》（1952年9月15日），内蒙古档案馆藏，资料号：11—6—92。

互助组的主要类型有以下三种：

（1）季节性的防灾、接羔组。呼伦贝尔盟牧民根据牧场、水源以及生产的需要，增减户数或缩小和扩大互助范围。例如，冬季雪多，饮水不困难，户数由3户增到7户左右；春季干旱，缺乏水源，户数就减少，以便于分散游动，解决牲畜的饮水问题。接羔时期则根据羊数、劳动力数、工具的多寡进行组织。

（2）合群放牧。这类互助以昭乌达盟为主，并且适合于该盟牲畜少、劳动力多的情况，便于分工分业。居住相近的几户或十几户，根据牲畜的多寡，或按日数轮流放牧，抽出劳动力搞副业或经营部分农业；或有指定专人放牧，其余的劳动力在较长时期内可从事别的生产。

（3）常年组。例如，昭乌达盟巴林右旗查干乌苏嘎查德热申爱里互助组，共12户，其特点是组内按技术分工，生产有计划，结合副业，有民主管理制度，开展竞赛运动等。科右前旗乌兰毛都努图克额尔顿喜尔互助组，共5户，组内分工，指定专人放牧，抽出劳动力搞副业。常年互助组①中出现了较高级形式的类似合作社的呼伦贝尔盟陈巴尔虎旗呼和勒岱互助组，该互助组共8户。1950年政府贷给400只母羊，当时该互助组有4户，他们实行了共同经营，按劳分红，用剩余时间搞副业，支援牧业。组员个人的牲畜由看管牲畜的代管，由个人付工资。1952年又给牧主放"苏鲁克"羊320只，吸收4户牧民。1952年买进1台打草机，作为互助组的公共财产。该互助组有了公共的羊群和打草机，在公共财产收益的分配上，基本实行按劳分红的原则。②

这些互助组对畜牧业生产起到了重要的作用，可归纳为如下几点：

第一，战胜了自然灾害。呼伦贝尔盟新巴尔虎右旗1950年组织防灾组建防风墙，抵制风雪灾害，保护了牲畜，减低了牲畜的损失。在六次风雪灾害中，只损失了全旗牲畜的0.8%。因而，提高了牧民对互助组作用的认识。

第二，组织人力、物力解决用具和劳动力不足的困难。牧区的一般人

---

① 常年互助组：主要是常年换工互助，实行劳动互助和提高技术相结合；有的互助组有简单的生产计划，有某些技术分工；有的还逐步积累了一些公有牲畜和少量的公有生产资料，这些互助组已有社会主义因素的萌芽。

② 《东部区牧业生产互助合作情况——东部区牧业生产座谈会议参考资料（一）》（1952年9月15日），内蒙古档案馆藏，资料号：11—6—92。

家车辆、圈毡等用具较少，仅供自己使用，一但遇风雪灾害，用具不足就无法防御灾害以招致牲畜的损失。只有组织起来，才能抽出一部分车辆、圈毡等用具，做好防风墙，抵制灾害。尤其是在接羔时期，有工具的缺乏劳动力，有劳动力的缺少工具，常常影响接羔工作。因此，就需要组织起来互助。1950 年春，新巴尔虎右旗的博格得敖拉苏木的沙金嘎等 3 户牧民，组织互助，将车辆、毡子等用具合并在一起，做了防风墙，大风雪中牲畜丝毫未受到损失。

第三，有计划地合理使用牧场，减少牧场的浪费。牧民组织起来后能做到根据不同的季节、牧场大小，分散或集中，灵活、有计划地合理使用牧场。因而，既能防止无计划地使用致使浪费牧场的现象，也解决了互相争夺牧场，发生纠纷的现象。

第四，实行合理分工，发挥劳动效率。互助组组织起来后，不但解决了人力、物力不足的困难，而且能做到合理分工，发挥劳动效率，按每个人的特长，可分为看畜群、拴牛、圈羊、制作防风墙、照顾幼畜、选择牧场、打狼、砍木材等工作，使每个人都能发挥特长。

第五，结合副业，增加收入。昭乌达盟，半农半牧地区占多数，纯游牧较少，又兼牲畜不多，劳动力过剩。实行合群放牧，轮流看管后，抽出劳动力去运咸盐、种漫撒子地等增加收入，支援牧业。例如，巴林左旗敖力甚努图克1952 年接羔时期，共组织了 77 个接羔互助组，并抽出劳动力搞副业，其收入达 13700 万元。

第六，研究放牧技术，学习政治、文化。组成互助组之后，移动、起居比较集中，也有机会互相研究生产中发生的问题，研究放牧技术，改进饲养管理办法。还有时间学习政治和文化知识。例如，呼和勒岱互助组内担当识字运动的教员有 3 人，读报的有 4 人。[①]

另外，内蒙古牧区各地在组织各类互助过程积累了不少有益的经验。

第一，组织互助合作，必须贯彻自愿两利原则，才能使互助合作巩固和发展。1950 年呼伦贝尔盟曾强调集体游牧，昭乌达盟曾以强迫命令的方式实行合作放牧，结果，有许多互助组由于非自愿被迫组成，意见不合，常有纠纷，中途散组。强迫合群的结果是牧民对政策产生怀疑，积极性不

---

① 《东部区牧业生产互助合作情况——东部区牧业生产座谈会议参考资料（一）》（1952 年 9 月 15 日），内蒙古档案馆藏，资料号：11—6—92。

高，影响了生产。经过纠正和批判，贯彻了自愿和互利的原则，根据牧民自愿与生产需要自找互助对象组合起来，互助组才有了发展，合群放牧的数目也有所增加。

第二，搞好互助合作的关键在于领导的重视。各盟出现了各种类型的互助组，互助组的发展形势需要加强领导。但是，有些地方对互助合作运动的重要性认识模糊，不帮助各类互助组解决困难，也不能很好地总结经验，也没有明确指出其后的方向，致使许多互助组停留在低级阶段而没有得到提高和巩固。呼伦贝尔盟新巴尔虎右旗领导对这方面比较重视，贯彻政策，纠正偏向，以实际例子教育牧民，提高牧民对互助合作的认识。因而，该旗互助组较多，一部分苏木组织起来的牧户，占总户数的97.1%。其他各游牧区则较差，形成鲜明的对比。

第三，互助合作与供销结合，合作社通过合同形式，供给互助组饲料、生产资料与生活用品，收购互助组的畜产品，组织剩余劳动力搞运输，解决剩余劳动力的出路，使生产与供销结合，互相交流，使双方得到发展。

第四，国家财政的帮助。银行通过合作社，贷给互助组母畜、打草机、猎枪、水车、饲料等，不仅解决了互助组生产上的困难，而且能积累公共财产，促进互助组的巩固和提高。[①]

第五，在解决无牲畜和牲畜少的牧民生活方面也采取了具体措施。以呼伦贝尔盟牧区四旗为例，在劳资关系上主要是工资的调整，它是在自愿两利发展生产的基础上提高工资，改善牧工生活。1948年提高工资对牧民生活的改善起了很大作用。但提得突然而且太快太高，牧主不满意。同时，在执行中也发生了一些问题，主要是因为领导对下级交代得不清楚。苏木干部特别是巴嘎干部在执行工资问题时，单纯地只从救济贫穷牧民观点出发，没有很好地从自愿两利发展生产的劳动态度去处理。不采取牧主的意见，就按富牧的牲畜头数来强迫分配牧工。富牧雇人必须经过巴嘎干部的分配，有的地方无原则地强调工作分工，强迫增加工资，对牧主、富牧给予了打击，使其感到无权支配自己的生产等，生产积极性不高。后来得到了纠正。另一方面，1950年开始由中央、内蒙古政府和盟财政委员会

---

① 《东部区牧业生产互助合作情况——东部区牧业生产座谈会议参考资料（一）》（1952年9月15日），内蒙古档案馆藏，资料号：11—6—92。

发放牧业贷款，解决了全盟牧区 244 户贫困牧民的生活资料，贷给豆饼、种畜、机器等，改善了牧业生产。①

上述各项"增畜保畜"的实施，取得了显著的效果。据东部区各盟报告材料统计，呼伦贝尔盟、兴安盟、哲里木盟牲畜增加的数目（除去出卖、纳税、肉用以及各种灾害的损失），共增牲畜 153800 头（只），增长 8.2%；昭乌达盟也实现了"停止下降并争取增加"的目标，1950 年牧区共繁殖牲畜 18803 头（只），繁殖率为 80.3%，占牲畜总数 273451 头（只）的 37.7%。②

特别是呼伦贝尔盟牧区四旗，正确地贯彻执行了党对牧区的"人畜两旺""不分、不斗""自由放牧""劳资两利"政策，通过各种会议打消了牧主"怕斗、怕分"的顾虑，纠正了大量宰杀、卖掉牲畜的现象；消除了干部"重农轻牧"的错误观点以及牧民的懒汉思想；禁止开垦牧场，消除了割据牧场的封建特权制度，打开了旗与旗之间的隔阂，实行了"积极保护与奖励发展牲畜"的方针。同时，在发展牲畜的基础上提倡劳资两利，采取调剂牧场、打井、储草、修盖畜棚、牲畜防疫、消除狼害、保育幼畜、选留种畜、选择冬场、组织防灾互助组、发放牧业贷款、扶助生产等一系列有效措施，战胜了自然灾害，1952 年幼畜成活率平均已达到 95%，牲畜受灾损失比 1949 年平均减少了 53%。③

内蒙古西部地区察哈尔盟在牧区贯彻执行"不斗不分"政策，谁劳动归谁，坚决保护私有财产制；在牧区不划分阶级成分，过去划过的阶级成分今后一律取消；在自愿的条件下，任意雇用牧工，畜主与雇工双方在自由自愿的原则下合理解决雇工工资；坚决保护牧场，草地内禁止开荒，任何人不得破坏草场；提倡在自由、自愿、两利的原则下组织劳动生产互助组，任何人不得强迫编制牧群与强迫编制劳动组织；提倡奖励劳动模范与生产英雄；对破坏生产者，政府应依法处理等政策。同时，做好了在牲畜繁殖时期，组织群众保护幼畜，减少死亡；掌握好牲

---

① 中共呼纳盟地委会：《呼纳盟几年来牧业生产总结和今后意见》（1952 年 8 月 29 日），内蒙古档案馆藏，资料号：11—6—96。
② 《东部区牧业生产互助合作情况——东部区牧业生产座谈会议参考资料（一）》（1952 年 9 月 15 日），内蒙古档案馆藏，资料号：11—6—92。
③ 中共呼纳盟地委会：《呼纳盟几年来牧业生产总结和今后意见》（1952 年 8 月 29 日），内蒙古档案馆藏，资料号：11—6—96。

畜的交配时间，在交配时期不使任何牲畜失配；彻底消灭牲畜的病害，进行防疫注射；消灭狼害，保护牲畜；打草储备平均每头（只）牲畜50斤等具体工作。[①]

（二）民主改革期间内蒙古牧区畜牧业生产的发展

随着内蒙古牧区民主改革的胜利完成以及发展畜牧业生产的各项措施的实施，畜牧业生产有了很快的恢复和发展，内蒙古牧区牲畜数量有了明显的增长。

首先，从内蒙古全区来看，牧区牲畜由1947年的400万头（只），发展到1952年的835万头（只），增长了一倍多；全区牲畜由1946年的750万头（只），发展到1952年的1500万头（只），增长了一倍多。[②]

其次，以盟、旗单位来看，呼伦贝尔盟牧业四旗牲畜由1946年的645955头（只），增长到1953年的1272572头（只）。其中，鄂温克旗牲畜由1946年的37612头（只），增长到1953年的143937头（只）；陈巴尔虎旗牲畜由1946年的19729头（只），增长到1953年的161091头（只）；新巴尔虎左旗牲畜由1946年的376605（只），增长到1953年的711039头（只）；新巴尔虎右旗牲畜由1946年的212009（只），增长到1953年的602197头（只）。内蒙古东部区四盟，1948—1952年牲畜头数增加了110.35%，其中，纯牧区的锡林郭勒盟牲畜头数增加了120.90%（见表1—6）。

表1—6　　　　1946—1953年呼伦贝尔盟牧业四旗牲畜头数统计

单位：头（只）

年份	鄂温克旗	陈巴尔虎旗	新巴尔虎左旗	新巴尔虎右旗	合计
1946	37612	19729	376605	212009	645955
1947	46562	23896	368913	267234	706605
1948	61827	29582	401547	324892	817848

① 察盟工委：《关于察盟发展生产等政策在盟各界人代会上的报告》（1950年7月18日），内蒙古档案馆藏，资料号：11—4—27。

② 《关于内蒙古畜牧业生产与社会主义改造若干政策问题——王铎同志在西北民族工作会议上的汇报》（1961年7月24日），载内蒙古自治区党委政策研究室、内蒙古自治区农业委员会编印《内蒙古畜牧业文献资料选编》第二卷（下册），呼和浩特，1987年，第14—15页。

续表

年份	鄂温克旗	陈巴尔虎旗	新巴尔虎左旗	新巴尔虎右旗	合计
1949	66061	40950	493827	388522	989360
1950	75007	51017	496817	421655	1044496
1951	94833	105558	581627	490554	1272572
1952	113464	124601	680444	566593	1385102
1953	143937	161091	711039	602197	1418264

资料来源：呼伦贝尔盟统计局《国民经济统计资料（1946—1975）》，内部资料，第 268 页；乌兰夫《内蒙古自治区畜牧业的恢复发展经验》，《内蒙古日报》1953 年 1 月 1 日。

随着牲畜头数的增加，牧民平均每人拥有牲畜的数量也增加了。据 1952 年 6 月统计，呼伦贝尔盟牧区有马 74956 匹，牛 185848 头，骆驼 5978 峰，绵羊 1140166 只，山羊 110738 只，总共有牲畜 1517686 头（只），牧民平均每人有 60 头（只）牲畜（额尔古纳旗不算在内）。其中，新巴尔虎右旗全旗平均每人有牲畜 93.9 头（只），牧民平均每人 108 头（只）。据调查，新巴尔虎右旗达来诺尔一个苏木在 1945 年平均每人有大小牲畜 53 头（只），1948 年增到 65.7 头（只），1950 年增到 103 头（只），1952 年增到 149 头（只），比 1945 年增加了 173.6%。陈巴尔虎旗全旗，平均每人有牲畜 19 头（只），牧民平均每人 22.5 头（只）；新巴尔虎左旗全旗，平均每人有牲畜 73 头（只），牧民平均每人 88 头（只）；鄂温克族自治旗全旗，平均每人有牲畜 16 头（只），牧民平均每人 20 头（只）。鄂温克族自治旗锡尼河苏木在 1947 年仅有牲畜 17673 头（只），1952 年已增加到 67893 头（只），增加了 3.5 倍。[①]

再次，以苏木（努图克）为单位来看，例如，新巴尔虎左旗塔日根诺尔苏木是由 8 个巴嘎组成的以畜牧业为主的苏木，经过民主改革，该苏木的牲畜由 1945 年的 63297 头（只），发展到 1953 年的 106833 头（只）。其中，牛、马、骆驼、绵羊、山羊分别由 1945 年的 8365 头、2100 匹、119 峰、47322 只、5391 只，发展到 1953 年的 11282 头、3894 匹、420 峰、84590 只、6645 只（见表 1—7）。

---

① 中共呼纳盟地委会：《呼纳盟几年来牧业生产总结和今后意见》（1952 年 8 月 29 日），内蒙古档案馆藏，资料号：11—6—96。

表1—7　　　　　　　　　塔日根诺尔苏木牲畜情况统计　　　　　单位：头（只）

年份	总数	牛	马	骆驼	绵羊	山羊
1945	63297	8365	2100	119	47322	5391
1946	47583	6555	1994	132	36254	2648
1947	45957	6298	2092	168	34808	2591
1948	76124	8474	2840	225	61326	1361
1949	74369	7968	2787	250	58921	4443
1950	77687	9295	2769	271	60240	5114
1951	87178	9483	3104	307	68929	5355
1952	10255	10520	3567	374	80708	6086
1953	106833	11282	3894	420	84590	6645

资料来源：《塔日根诺尔苏木民主改革始末》，载呼伦贝尔盟史志编辑办公室编《呼伦贝尔盟牧区民主改革》，内蒙古文化出版社1994年版，第49页。

再如，乌兰察布盟达茂联合旗第三努图克是一个历史悠久的纯牧区，1949年解放后，达茂旗人民在党的领导下成立了人民政府，废除了封建王公的特权，贯彻了"自由放牧""不分、不斗、不划阶级""牧工牧主两利""生产扶持"的政策，并采取了梅毒防疫、发展合作社等措施，生产力大有发展，畜疾人病减少，人民的物质生活和文化生活有了显著的改善。据1953年调查，该努图克有208户牧民，674人，有马1153匹，骆驼485峰，牛6634头，绵羊4209只，山羊19821只，骡子15头，大小牲畜共70147头（只），平均每人有104头（只）。1949—1953年畜牧业的发展和恢复很快，牲畜一般增加了50%—100%，有少数牧户发展得更快。例如，该努图克牧民吉木亚，1949年有山羊90只，绵羊75只，牛26头。1953年则有山羊550只，比解放前增加了511%；牛70头，比解放前增加了169%。该努图克牧民宁计，解放前有羊250只，1953年增加到800只，比解放前增加了220%。①

据1953年7月统计，呼伦贝尔盟新巴尔虎左旗四个苏木（区）羔羊的成活率平均达98%；兴安盟乌兰毛都牧区大小牲畜的成活率平均达

① 《达茂联合旗第三努图克（即原茂明安旗）牧民生活情况调查报告》（1953年9月10日），内蒙古档案馆藏，资料号：11—7—70。

95%，该区因改善饲养管理，绵羊生双羔的占 10%，山羊生双羔的占 6%，为往年所未有。锡林郭勒盟、乌兰察布盟和察哈尔盟，因牛羊较壮，繁殖很顺利，无大损失。乌兰察布盟乌拉特前旗幼畜增殖数达牲畜总数的 29.7%，乌兰察布盟四子王旗牲畜的增殖数为牲畜总数的 31.8%，伊克昭盟杭锦旗牲畜增殖数占牲畜总数的 31%，乌拉特中后联合旗牛、马成活率为 94%。[1]

还有，据统计，1948 年伊敏苏木成立时，仅有 6000 头（只）牲畜，到 1953 年增加到 19000 头（只），是 1948 年的 3 倍多。全村的贫困户也由 1948 年的 225 户减少到 1955 年的 28 户。[2]

最后，以巴嘎为单位来看，据 1952 年 1 月中旬的调查，新巴尔虎右旗达来诺尔苏木第三巴嘎共有 44 户，182 人，拥有牲畜 18868 头（只）（马 709 匹，牛 2132 头，羊 15971 只，骆驼 56 峰）。与 1945 年的 10254 头（只）相比，增长了 8614 头（只）。[3]

再如，陈巴尔虎旗巴莎哈达苏木哈顿和硕巴嘎，共有中等牧户和贫困牧户 45 户，219 人。1948 年共有牲畜 1217 头，每人平均 5.6 头，到 1952 年，四年中牲畜已发展到 4935 头，增加了 3 倍多，每人平均有牲畜 22.5 头。在牧民牲畜发展的同时，牧主的牲畜也得到了发展，如新巴尔虎左旗牧主毛拉玛，1945 年有各种牲畜近 700 头，到 1952 年已发展到 2100 头。[4]伊克昭盟鄂托克前旗报乐浩晓苏木巴彦补拉、乌兰才登两个巴嘎，据对 56 户牧户的调查，1955 年 6 月有大小牲畜 13629 头（只），比 1949 年的 8288 头（只）增加了 64%。[5]

---

[1] 蒙绥分局农村牧区工作部：《关于牧业生产情况的报告》（1953 年 7 月 12 日），载内蒙古自治区党委政策研究室、内蒙古自治区农业委员会编印《内蒙古畜牧业文献资料选编》第二卷（上册），呼和浩特，1987 年，第 79 页。

[2] 呼伦贝尔盟史志编辑办公室编：《呼伦贝尔盟牧区民主改革》，内蒙古文化出版社 1994 年版，第 52 页。

[3] 《新巴尔虎右旗达来诺尔苏木第三巴嘎经济情况典型调查报告》（1952 年 1 月 13—17 日），载呼伦贝尔盟史志编辑办公室编《呼伦贝尔盟牧区民主改革》，内蒙古文化出版社 1994 年版，第 261—263 页。

[4] 浩帆主编：《内蒙古蒙古民族的社会主义过渡》，内蒙古人民出版社 1987 年版，第 137—139 页。

[5] 中共伊克昭盟委牧区调查工作组：《鄂托克旗报乐浩晓苏木巴彦补拉、乌兰才登巴嘎畜牧业生产发展情况的调查报告》（1955 年 6 月 6 日），内蒙古档案馆藏，资料号：11—9—89。

三　内蒙古牧区牧民生活水平的提高和改善

从具体事例以及全区牧民生活概况可知，随着畜牧业的恢复和发展，牧区人民的收入也大有增加，人民生活普遍得到改善，根本改变了牧区的贫困面貌。

1. 乌兰察布盟达茂联合旗第三努图克事例

乌兰察布盟达茂联合旗第三努图克，1953 年共有绵羊、山羊 61860 只。剪毛时期，合作社剪了羊毛 26566.8 斤，价值 288912750 元；山羊绒 8487 斤，价值 344795900 元。仅羊毛收入平均每人达 616799 元，牧民的实际收入大为增加。该努图克 10 名放羊牧工的月薪有 15 万元到 34 万元不等，一般在 20 万元左右。除各项费用外，每月能净余 15 万—20 万元。牧工工资的多少，要以羊数的多少，技术的好坏，畜主是否管饭、供给多少衣服、靴子等为条件，由畜主和牧工双方议定。①

随着畜牧业的恢复与发展，牧区人民生活得到改善，政治觉悟得到提高，牧区人民学文化的积极性和参与政治的积极性也提高了。该努图克在国民党统治时期，没有什么文化教育设施。虽有 1 所小学，但一个学生都没有，有名无实。1950 年达茂旗人民政府成立后，4 月 28 日建立了 1 所小学，当年有学生 26 人；在校学生数，1951 年增至 46 人，1952 年增至 50 人，1953 年增至 56 人。一般牧民也可以参加各种组织学习文化，该努图克各个读报组内有 27 名民兵。②

2. 呼伦贝尔盟牧区四旗事例

首先，牧民的购买能力得到了提高。呼伦贝尔盟牧区四旗，随着牲畜的增加，牧民的生活水平也在不断地提高和改善，牧区牧民一年中平均每人可食用 4.4 头牲畜，并能卖出 3.2 头以上牲畜来购买生活必需品。③据新巴尔虎左旗的统计，1950 年全旗人民由合作社购买的粮食达 440060 斤，平均每人 47 斤多；1951 年全旗购买粮食 604399 斤，

① 《达茂联合旗第三努图克（即原茂明安旗）牧民生活情况调查报告》（1953 年 9 月 10 日），内蒙古档案馆藏，资料号：11—7—70。
② 同上。
③ 中共呼纳盟地委会：《呼纳盟几年来牧业生产总结和今后意见》（1952 年 8 月 29 日），内蒙古档案馆藏，资料号：11—6—96。

平均每人 65 斤多，增加 37％。① 1950 年全旗购买布类 109685 尺，平均每人 11.99 尺；1951 年全旗购买布类 157197 尺，平均每人 17 尺多，增加 33％。②

其次，贫困牧民生活水平普遍提高，中等牧民迅速增加，富裕牧民和牧主的经济也有相当大的发展。例如，据新巴尔虎右翼旗的调查，在 1948—1952 年的四年间，没有牲畜的赤贫户由占人口的 0.21％ 减少到 0.07％，占有 210 头牲畜以下的贫困牧户，由占人口的 42.91％ 减少到 23.88％；占有 2100 头牲畜以下的中等牧户，由占人口的 54.00％ 上升到 67.08％；占有 2100 头以上牲畜的富裕牧户和牧主，由占人口的 2.87％ 上升到 8.97％。③

呼伦贝尔盟牧业四旗，1949 年牲畜纯增率仅 1.4％，1950 年增至 7.7％，1951 年已达 17.7％，比 1948 年增加了 28.5％。1949 年牛、马、羊以及皮毛出售总额为 15188 万元，1950 年出售总额增至 431918 万元，1951 年总出售额提高到 927946 万元。④

牲畜数量的增加和质量的提高，使内蒙古畜牧业产值逐年上升，1952 年比 1947 年增加一倍。同时，畜牧业的发展，给国家和自治区的工业、农业以及其他各项社会主义建设事业，提供了大量的牲畜和畜产品。仅据第一个五年计划期间的统计，全区卖给国家的牲畜达 857 万头（只），各种绒毛 80455 万斤，各种皮张 1500 多万张；乳制品工业的产量增加了 57 倍。⑤

畜牧业经济的发展和社会主义改造的胜利进行，使畜牧业经济的面貌发生了巨大而深刻的变化。过去封建落后的个体畜牧业已经为社会主义畜牧业所代替，在全区畜牧业经济成分中，社会主义国营的畜牧业经济占 6.3％；社会主义的集体所有的经济成分占 84.2％；属于个人所有的（自留畜）占 9.5％。畜牧业经济中的社会主义成分已占绝对优势。这就为进

---

① 中共呼纳盟地委会：《呼纳盟几年来牧业生产总结和今后意见》（1952 年 8 月 29 日），内蒙古档案馆藏，资料号：11—6—96。
② 乌兰夫：《内蒙古自治区畜牧业的恢复发展经验》，《内蒙古日报》1953 年 1 月 1 日。
③ 同上。
④ 陈炳宇：《迈向"人畜两旺"的呼纳盟牧业区》，《内蒙古日报》1952 年 5 月 6 日。
⑤ 《关于内蒙古畜牧业生产与社会主义改造若干政策问题——王铎同志在西北民族工作会议上的汇报》（1961 年 7 月 24 日），载内蒙古自治区党委政策研究室、内蒙古自治区农业委员会编印《内蒙古畜牧业文献资料选编》第二卷（下册），呼和浩特，1987 年，第 16 页。

一步发展社会主义现代化的畜牧业，根本上改变畜牧业的落后面貌，打下了牢固的基础。

呼伦贝尔盟牧区经过牧区民主改革，人畜两旺，社会安定，人民生活普遍提高。呼伦贝尔盟牧区民主改革所取得的成就，得到全国各族牧民的关注，1952—1953 年中共中央民族事务委员会先后组织全国各族牧区参观团、学习团等 21 个团队到呼伦贝尔盟参观、访问。人们称这一时期为呼盟畜牧业生产的"黄金时代"。[①]

3. 昭乌达盟翁牛特旗事例

据 1952 年统计，昭乌达盟翁牛特旗牲畜总头数已经达到 147656 头（只），超过历史上最高水平（1943 年）的 7.4%。其中，牛超过 58.4%，羊接近历史最高水平。随着畜牧亚的发展，人民收入大为增加。到 1952 年，人民平均购买力已经达到 25.7 万元。随着畜牧业的发展，改变着牧民的生活习惯，逐步定居，适当集中居住。例如，该旗七努图克召克图嘎查，1952 年有平房 170 间，比 1947 年增加了一半。[②]

在牲畜的饲养管理方面，也有很大的提高，因而增加了繁殖率，降低了死亡率。根据三个牧区的统计：1952 年牛繁殖率达到 92%，比 1951 年提高 10.2%。二努图克应当配种母牛 5476 头，配了 5361 头，占 97.9%。从死亡和被狼吃等损失来看，1947 年曾损失马 333 匹，牛 3497 头，羊 7441 只。1951 年损失马 98 匹，牛 1057 头，羊 2031 只，比 1947 年少损失 8085 头（只）。特别值得注意的是在牧业经营当中，出现了一批打狼组、合伙放牧、互助合作放牧等初级合作形式，都比散放、自放减少了损失，增加了繁殖率，已经成为牧民所欢迎的形式。[③]

牧区在经过 1949 年、1950 年和 1951 年几个年头的丰收以后，阶级情况已经发生了很大变化。根据七努图克召克图嘎查调查，土地改革以前，全村 74 户中，有牧工 3 户，贫困牧民 37 户，中等牧民 29 户，富裕牧民 1 户，牧主 3 户，地主 1 户。贫困牧民或者还不富裕的牧民占 93.4%，富裕牧民占 1.3%，牧主和地主占 5.3%。到 1952 年全嘎查有 72 户生活水平提

① 崔贵文等主编：《呼伦贝尔盟畜牧业》，内蒙古文化出版社 1992 年版，第 12 页。
② 《翁牛特旗建立十二个畜牧业生产使牲畜大为发展起来》（1955 年 9 月 20 日），载内蒙古自治区党委政策研究室、内蒙古自治区农业委员会编印《内蒙古畜牧业文献资料选编》第二卷（上册），呼和浩特，1987 年，第 157 页。
③ 同上。

高，生活比较困难的减少 22 户，富裕牧民增加到 33 户。这时，贫困牧民一般有 2 头牛，加上农业和副业一般都能维持生活。中等牧民一般有 3—4 头牛，每人平均收入原粮 840—1000 斤，有的除掉吃穿还有剩余。富裕牧民一般每人平均有牛 6 头以上，每人每年平均收入原粮 1080 斤以上，生活富裕，个别的还有雇工。①

4. 内蒙古全区牧民生活概况

内蒙古中东部地区大牲畜和羊从 1947 年的 3605000 头（只），1952 年发展到 7913200 头（只），六年增长了 1.2 倍，平均年增长 14%。内蒙古西部地区绥远省的大牲畜和羊从 1949 年的 4761700 头（只），1952 年发展到 7538300 头（只），三年增长 58.31%，平均年增长 16.5%。阿拉善和额济纳旗 1949 年有大牲畜和羊 356700 头（只），三年增长 59.09%，平均年增长 16.7%。1952 年内蒙古全区共有大牲畜和羊 16019000 头（只），比 1949 年增长了 62.9%。② 从 1953 年的社会购买力看，牧区平均每人 312 万元，比上年上升 47%；城市平均每人 220 万元，比上年上升 22.2%，农村平均每人 102 万元，比上年上升 50.5%。③

由于经济的发展，人民物质生活的提高，文化教育事业也有了很大的发展。1954 年呼伦贝尔盟全盟有中学 12 所，比 1949 年增加了 2 倍，在校学生数 5600 多人，比 1949 年增加了 7 倍。几年来，创建了 2 所完全用蒙语授课的民族中学。小学有 1335 所（其中，鄂伦春族小学 1 所，鄂温克族小学 1 所，纯蒙语小学 425 所，朝鲜族小学 13 所），在校学生数有 114500 多人，比 1949 年增加了一倍多（其中，蒙古族学生 34000 多人，鄂伦春族学生 91 人，鄂温克族学生 28 人，朝鲜族学生 715 人，回族学生 836 人）。据兴安盟统计，至 1953 年就学儿童已占学龄儿童的 73.4%。④

同时，为人民解放战争提供了物资供应。据不完全统计，1948 年和

---

① 《翁牛特旗建立十二个畜牧业生产使牲畜大为发展起来》（1955 年 9 月 20 日），载内蒙古自治区党委政策研究室、内蒙古自治区农业委员会编印《内蒙古畜牧业文献资料选编》第二卷（上册），呼和浩特，1987 年，第 158 页。

② 内蒙古自治区畜牧业厅修志编史委员会编著：《内蒙古畜牧业发展史》，内蒙古人民出版社 2000 年版，第 95 页。

③ 《呼伦贝尔盟人民政府四年来各项基本总结和 1954 年施政方针任务的报告》（1954 年），内蒙古档案馆藏，资料号：11—8—166。

④ 同上。

1949 年，内蒙古自治区向东北解放区提供肉畜 182000 多头，鲜蛋 1800000 公斤，羊毛 1290000 公斤，皮张 390000 张。1950 年至 1952 年间，内蒙古自治区向国家提供各类牲畜 690000 头，鲜蛋 10000000 多公斤，毛绒 19700000 多公斤，皮张 1090000 张，支援了国家经济建设。①

四 内蒙古牧区民主改革经验

在内蒙古牧区改革中，依据内蒙古牧区的民族特征、历史特征、地区特征与畜牧业经济的特殊性，对牧主阶级一般的经济剥削采取限制办法，实行"不分、不斗、不划阶级，牧工牧主两利"政策。对牧主畜群不采取斗分的办法，而采取"牧主牧工两利"政策，就是说既对牧主的经济剥削加以限制，又对牧主经济采取保护和发展的政策，同时使牧工的生活得到改善。"牧工牧主两利"政策的具体执行办法是在当地政府的领导和监督下，双方议定工资合同和"苏鲁克"合同。牧工的工资和"苏鲁克"分红，开始不能太高，高了牧主接受不了或解雇牧工，对牧工不利，对畜牧业生产发展也不利，应当根据生产发展而逐步提高，要使牧主看到经营畜牧业有利可图，但也不能提得过高。对一般贫困牧民采取了国家发放贷款、贷畜的办法，扶助他们发展生产。

这些政策，是根据牧区当时的社会经济情况和阶级关系，并吸取个别地区发生了对牧主分斗而破坏了畜牧生产的经验与教训制定的。这是因为：第一，包括牧主经济在内的落后的畜牧业经济，必须使其得到恢复与发展。第二，发展生产必须改变生产关系、解放生产力，当时束缚生产力发展的主要是封建特权、超经济剥削制度，所以必须先废除封建特权。第三，王公、贵族因长期的封建统治，在群众中还有一定的影响，所以民主改革只能先废除封建的政治制度和超经济的剥削，建立起人民政权和人民民主的法制，但不是消灭牧主的一般剥削。对牧主除反革命分子外，也不剥夺其公民权，并对封建上层人物在政治待遇上做了适当安排，以利争取和团结改造。第四，对牧主的经济剥削，只能采用限制的政策，不是剥夺

---

① 内蒙古自治区畜牧业厅修志编史委员会编著：《内蒙古畜牧业发展史》，内蒙古人民出版社 2000 年版，第 96 页。

它的政策。①

值得一提的是，为什么对牧主的经济剥削，只能采用限制的政策，不是剥夺它的政策？其原因可归纳为以下几点：（1）反封建的民主改革主要任务是废除封建特权、超经济的剥削，不是反对一般的剥削；（2）畜牧业经济有极大的脆弱性，分斗牧主，牲畜必然要使生产遭受破坏，在个别地区发生分斗，严重破坏生产的教训，充分说明了这一点；（3）牧主占有的牲畜不十分多，不集中，单用分配牧主牲畜的办法不能满足贫困牧民的要求；（4）牧主经济在当时还有一定的积极性，保护和发展它，在民主革命时期不是有害而是有利；（5）牧主经济的经营方式是雇佣劳动，剥削牧工的剩余劳动，带有一定的资本主义性质，能够通过提高牧工工资（"苏鲁克"分红）的办法，利用牲畜可以繁殖增加的特点，还可以从牧主经济的发展中取得牲畜，改善牧工生活和为牧工建立发展生产的条件；（6）国家有力量帮助贫困牧民发展生产，用贷款、贷畜的办法使一部分贫困牧民有了牲畜，1949—1954年对牧区的贷款达750万元，其中母畜、种畜贷款占55%，使12700多户牧民得到383000多只母畜。②

内蒙古牧区民主改革的结果，解放了牧区生产力，调动了牧区各阶层人民的积极性，使生产迅速得到恢复和发展。最值得借鉴的经验和启示：

第一，内蒙古牧区民主改革，必须从内蒙古牧区和畜牧业生产的实际出发，落实党的路线和方针、政策。

第二，极为重要的是，必须同内蒙古牧区独特的、固有的地区特点、民族特点和经济特点与发展规律以及实际情况结合起来，必须因地制宜地开创新路，其他地区经验应该注意吸取，但不能照搬，不能生搬硬套。

第三，适合内蒙古牧区实情的方针、政策，能够调动农牧民群众的生产积极性，能够促进生产的发展；反之，就会束缚牧民生产积极性的发挥，阻碍畜牧业生产的发展。

第四，畜牧业是牧区人民赖以生存和发展的核心、根本产业。所以，必须始终把畜牧业摆在牧区经济中的首要位置，消除"重农轻牧"思想及其影响。

---

① 《关于内蒙古畜牧业生产与社会主义改造若干政策问题——王铎同志在西北地区民族工作会议上的汇报》（1961年7月24日），载内蒙古自治区党委政策研究室、内蒙古自治区农业委员会编印《内蒙古畜牧业文献资料选集》第二卷（下册），呼和浩特，1987年，第20页。

② 同上。

小　结

民主改革前的内蒙古牧区有其独特的社会特征、地区特征和民族特征，牧区的阶级状况以及剥削形式也和其他的一般地区不同，牧区畜牧业经济和牧主经济也有其特点与特殊性。

根据上述背景，内蒙古党委和政府制定、实施了"承认内蒙古的牧场为蒙古民族所公有，废除封建的牧场所有制；废除封建阶级的一切特权，废除奴隶制度；牧区实行保护牧民群众，保护牧场，放牧自由，在牧民与牧主两利的前提下，有步骤地改善牧民的经济生活，发展畜牧业"的牧区民主改革的基本政策。同时，执行了"依靠劳动牧民，团结一切可能团结的力量，从上而下地进行和平改造和从下而上地放手发动群众，废除封建特权，发展包括牧主经济在内的畜牧业生产"的牧区民主改革的总方针。

在牧区民主改革过程中，总结了由于一些地区对牧区的实际情况研究不够，没有从牧区的经济特点和阶级关系的特点出发，而是照搬农业区土地改革的做法，错误地提出"牧者有其畜""牧主的牲畜一律没收""清算与没收庙产"等口号，进行划阶级、斗牧主、平分牲畜的"左"的错误及其影响与教训。在此基础上，开创性地制定、实施了使牧工的生活得到改善保存牧主经济"不斗、不分、不划阶级，牧工牧主两利"的牧业区民主改革的政策，顺利地实现了牧区民主改革。同时，采取了发展畜牧业的各种措施。

民主改革的结果，不仅使牧民发挥了发展牲畜的积极性，而且也使牧主发挥了发展畜牧业的积极性，使内蒙古牧区畜牧业生产得到了稳步的发展。不仅使内蒙古的畜牧业生产有了很快的恢复和发展，而且牧区牧民生活水平得到提高和改善，同时也支援了解放战争和国家经济建设。更为重要的是，为新疆、西藏等其他少数民族地区的社会改革提供了宝贵的经验和借鉴。例如，"三不两利"政策，经中央人民政府批准后，向全国其他少数民族地区广泛推行，使全国少数民族地区成功地实现了民主改革。

第二章 内蒙古牧区社会主义改造与畜牧业生产的持续发展

　　1953 年我国社会主义建设迈上了新的台阶，掀起了对农业、手工业、资本主义工商业的社会主义改造运动。农业社会主义改造至 1956 年基本结束，而少数民族地区牧区畜牧业社会主义改造到 1958 年末基本结束（除西藏）。社会主义改造建立起来的农牧业生产合作社①为其后的人民公社提供了前提，奠定了基础。内蒙古牧区社会主义改造同农业地区同步，少数民族牧区当中率先始于 1953 年。②

　　内蒙古牧区社会主义改造进程中，内蒙古自治区党委和政府根据内蒙古牧区的历史特征、民族特征，在继续执行"三不两利"政策的同时，又一次创造性地制定实施了"稳、宽、长"原则。同时，依据内蒙古牧区阶级状况及其变化和畜牧业生产的特殊性以及牧主经营的重要性，制定与实施了对牧主进行社会主义改造的方针政策：一方面，对牧区、牧主进行阶级划分是以党内掌握形式进行的；另一方面，对牧主经营进行类似对国家资本主义的改造方法，改变为国家所有制，组织牧主加入公私合营牧场，对牧主加入公私合营牧场的牲畜价款每年支付定息。这些方针、政策与原则的实施，不仅平稳地完成了内蒙古牧区社会主义改造，而且发挥了广大牧民以及牧主发展畜牧业生产的积极性，促

---

① 农牧业生产合作社：生产工具集体所有，报酬与收益按出资和劳动进行分配的组织。根据其实施方法和收益分配方法，牧业生产合作社分为初级合作社和高级合作社。初级合作社是半社会主义性质的集体经济组织，它仍然保留了社员生产资料私有制的因素，实行牲畜入社，统一经营，产品统一分配。社员除按劳动分工得到劳动报酬外，入股的牲畜也能得到一定的牲畜股报酬。高级合作社是完全按"按劳分配"原则的社会主义集体经营组织。

② 青海、新疆的畜牧业社会主义改造分别始于 1955 年、1956 年。

进了牧区畜牧业生产的发展，为内蒙古牧区社会的长期稳定与和谐奠定了坚实的基础。

第一节 内蒙古牧区社会主义改造的 社会历史背景

一 国际社会中社会主义阵营的地位和影响力

众所周知，1953 年到 1960 年是世界社会主义国家的势力不断壮大，在国际关系中社会主义国家的作用和影响力增强的时期。在这一时期，世界社会主义各国内部都普遍强有力地推行了社会主义改造。至 1958 年，除波兰外，其他社会主义国家都已经完成了社会主义改造。

二 中国社会主义建设进程和民族问题方面的总任务

首先，从中国社会主义建设的进程来看，1949—1952 年的三年是国民经济恢复时期。在此期间，除了新疆和西藏等少数民族地区外，全国的土地改革已基本完成；外国资本的特权已被废除；没收与国民党政权有关的官僚资本并将其国有化也已经完成。同时，成功地恢复了农牧业和工业生产，为国民经济的正常发展奠定了基础。国民经济恢复期结束的 1952 年末，我国的国民经济由国营经济、互助合作经济、个体经济、国家资本主义经济和私人资本主义经济五大类组成。① 因而，实施社会主义工业、农牧业、手工业和工商业等的以集体化和国有化为主要内容的社会主义改造，不仅已成为中国共产党过渡时期总路线和总任务的最重要方针，而且也成为从 1953 年开始的国民经济第一次五年计划的基本任务和内容。

① ［日］山内一男等：《中国经济の転換》，岩波书店 1989 年版，第 4—5 页。

1953 年开始实施并加速农业社会主义改造。其原因是一方面，土地改革结束时，农民的粮食卖出量急剧减少。另一方面，随着工业化进展而城市人口急剧增加，城市的商品化粮食需求量增大，并超过了政府所掌握的粮食总量。其结果，政府储存粮食量有减无增。为了克服这一状况，政府从 1953 年开始对农民实行义务上交粮食制度。然而，还是于 1954 年和 1956 年相继发生了农村粮食危机和城市粮食危机。政府为解决这一系列问题而加快了农业合作化进程。①

其次，过渡时期党在民族问题方面的总任务，是党在过渡时期总路线、总任务的一个组成部分。这个任务就是：巩固祖国的统一和各民族的团结，共同来建设伟大祖国的大家庭；在统一的祖国大家庭内，保障各民族在一切权利方面的平等，实行民族区域自治，在祖国共同事业的发展中，与祖国建设密切配合，逐渐发展各民族的政治、经济和文化，消灭历史上遗留下来的各民族间事实上的不平等，帮助落后的民族前进到先进民族的行列，共同过渡到社会主义。②

内蒙古自治区第一个五年计划中关于农牧业的基本任务，是大力发展以互助合作为中心的农牧业生产，支援国家社会主义工业化，大力支援国家重点建设。③《内蒙古党委关于第三次牧区工作会议向中央的报告》（1956 年 6 月 21 日）中指出，逐步实现畜牧业社会主义改造是过渡时期党在牧区的中心任务，也是实现过渡时期党在民族问题方面任务的根本工作。④

1953 年，内蒙古畜牧业生产的主要任务仍然是：坚决保护与发展包括牧主经济在内的畜牧业生产和副业生产，改善饲养管理，与自然灾害做斗

① 关于加速农业合作化原因，详细参见［日］小岛丽逸《中国经济と技术》，劲草书房 1975 年版，第 45—51 页。
② 《在过渡时期党的总路线总任务的照耀下为进一步发展牧区经济改善人民生活而奋斗——乌兰夫同志在第一次牧区工作会议上的讲话》（1953 年 12 月 28 日），载内蒙古自治区党委政策研究室、内蒙古自治区农业委员会编印《内蒙古畜牧业文献资料选集》第二卷（上册），呼和浩特，1987 年，第 109 页；《贯彻民族政策，批判大汉族主义》，《人民日报》1953 年 10 月 10 日。
③ 乌兰夫：《十年来的内蒙古》，《内蒙古自治区成立十周年纪念文集》，内蒙古人民出版社 1957 年版，第 9 页。
④ 《内蒙古党委关于第三次牧区工作会议向中央的报告》（1956 年 6 月 21 日），载内蒙古自治区党委政策研究室、内蒙古自治区农业委员会编印《内蒙古畜牧业文献资料选集》第二卷（上册），呼和浩特，1987 年，第 203 页。

争，以达到增加牲畜头数、提高质量、增加畜产品的目的。①

这是制定牧区一切政策，进行所有工作的基本出发点。因此，内蒙古自治区党委做出指示：仍须深入宣传与贯彻党和政府既定的牧区和半农半牧区的各项工作方针，消除群众顾虑，积极稳步推进，从群众中总结行之有效的各种先进经验和具体措施，积极开展爱国增产保畜竞赛，培养、评选、奖励增产保畜模范，提倡与实行定居游牧，在已定居下来的牧区提倡轮牧和选种牧草及蔬菜等，并且要适应牧区特点；对于牧民间的各种互助合作以及牧民牧主间的"苏鲁克"，必须积极提倡，稳步推行。对贫困牧民，基本上以奖励和扶助发展生产的办法来解决其困难。②

乌兰夫在庆祝"五一"暨内蒙古自治区成立六周年干部大会报告中指出：保证上述任务的关键是劳动问题。所以，各级领导必须结合中心工作，通过总结与检查工作，把反对官僚主义，反对命令主义，反对违法乱纪的斗争搞好。在此基础上做到：（1）组织全体干部努力学习苏联社会主义建设的理论和经验以及党的各项政策，特别是民族政策，切实研究并掌握自治区各项建设的特点，使中央的政策、方针更能适合内蒙古自治区的情况，使一切工作不走或少走弯路，使自治区的经济建设和各项工作得以顺利进行；（2）加强政治思想领导，强调集中统一和整体观念，反对分散主义；（3）检查工作是领导方法的重要内容之一，没有检查就没有领导，各级领导干部要经常下去检查工作，深入调查研究，确实掌握情况，反对高高在上，不了解下情的一般化领导；（4）纠正过去只工作而不总结经验的偏向，各级领导，尤其自治区人民政府各部门与各领导干部，要认真总结一下过去的工作，究竟有什么成功经验和失败教训，进一步提高领导水平；（5）自治区人民政府各部门，应该切实依据中央决定，积极地研究出与当前内蒙古新形势相适应的领导方法、工作制度以及与之相适应的组织机构，以胜利完成各项繁重的工作任务。③

① 《进一步建设内蒙古——乌兰夫主席在自治区成立六周年干部大会上的讲话》，《内蒙政报》1953 年第 5 期。
② 同上。
③ 同上。

三　内蒙古牧区畜牧业经营状况

如前所述，在进行社会主义改造以前，内蒙古畜牧业生产中已存在传统的防灾与接羔互助组、共同放牧互助组和常年互助组三种原始互助组。其中，防灾与接羔互助组在畜牧业地区广泛存在，并有季节性；共同放牧互助组则是拥有少数牲畜的牧民之间的组织，在畜牧业地区和半农半牧地区广泛存在；常年互助组是具有一定的分工和生产计划的比较高水平的互助组织，其数量很少。无论是哪一类型的互助组，都是由牧民自主、自愿组成的。

在进行社会主义改造之前，内蒙古畜牧业生产的经营形式主要有：牧民经济、牧主经济和寺庙经济三种经营形式。内蒙古畜牧业社会主义改造的主要内容是对牧民个体经济进行互助合作化。这是因为，当时占内蒙古牧区人口90%的劳动牧民（其中，6%是最穷困户，20%—30%是穷困户），拥有牧区牲畜总量的80%以上。[①] 这种状况，与同时期新疆的牧主和个体牧民所拥有牲畜数，即分别占80%和20%[②]的状况形成鲜明对比。还有，占人口1%左右和占牲畜不到10%的带有资本主义性质的牧主经济，就其人口看虽然只占人口的1%左右，但是他们在牧区群众中还有一定的影响，有一定数量的牧民群众和他们有联系。[③] 此外，寺庙经济的存在，也使得内蒙古畜牧业经济呈现出多样性与特殊性。

[①]　《在过渡时期党的总路线总任务的照耀下为进一步发展牧区经济改善人民生活而奋斗——乌兰夫同志在第一次牧区工作会议上的讲话》（1953年12月28日），载内蒙古自治区党委政策研究室、内蒙古自治区农业委员会编印《内蒙古畜牧业文献资料选集》第二卷（上册），呼和浩特，1987年，第115—116页。

[②]　中共内蒙古自治区委员会党史研究室：《中国共产党与少数民族地区的民主改革和社会主义改造》（下册），中共党史出版社2001年版，第546页。

[③]　《在过渡时期党的总路线总任务的照耀下为进一步发展牧区经济改善人民生活而奋斗——乌兰夫同志在第一次牧区工作会议上的讲话》（1953年12月28日），载内蒙古自治区党委政策研究室、内蒙古自治区农业委员会编印《内蒙古畜牧业文献资料选集》第二卷（上册），呼和浩特，1987年，第125页；《内蒙古党委农牧部对阶级情况的分析和划分阶级的参考意见》（1956年2月），载内蒙古自治区党委政策研究室、内蒙古自治区农业委员会编印《内蒙古畜牧业文献资料选集》第二卷（上册），呼和浩特，1987年，第176页。

第二节　内蒙古畜牧业社会主义改造的
方针政策

一　"三不两利"政策的继续贯彻

1951年12月15日发布的《中共中央关于农业生产互助合作的决议（草案）》中，规定了农业生产互助组的性质、形式、原则和发展方针。[①]经过一年多的实践，1953年2月15日，中共中央将《中共中央关于农业生产互助合作的决议（草案）》作为正式决议发布，并将"草案"二字删去。同年12月16日的《中国共产党中央委员会关于发展农业合作社的决议》中，规定了农业社会主义改造的道路是：互助组—初级合作社—高级合作社，从此开始了农业社会主义改造，其进展也是稳健的。

但是，1955年7月31日在毛泽东在全国省、市、自治区党委书记会议上做了题为"关于农业合作化问题"的报告之后，长期、渐进的"过渡时期总路线"转变为激进的方针，[②]迎来了全国农业合作社化运动的高潮。

内蒙古农业合作社化分如下三个阶段进行：（1）土地改革到1952年期间，组织了各种互助组，试办了保持生产资料私有、依据出资和劳动进行收益分配的初级互助组。（2）1953—1955年，组织和发展了初级互助组。（3）1955—1956年，继续积极组织初级合作社、试办高级合作社（生产资料集体所有，按劳分配；家庭菜园作为"自留地"保留），初级合作社转为高级合作社。

随着内蒙古农业合作社化的发展，内蒙古畜牧业的社会主义改造也被提上议事日程。1953年12月7—30日，召开了中共中央绥蒙分局牧区工作会议。会议的中心议题，是根据党在过渡时期的总路线和总任务，检查牧区过去的工作，讨论在牧区如何具体贯彻党在过渡时期的总路线，取得

---

① 《中共中央关于农业生产互助合作的决议（草案）》（1951年12月15日），载中共中央文献研究室编《建国以来重要文献选编》第二册，中央文献出版社1992年版，第510—522页。

② ［日］中岛嶺雄：《现代中国论：イデオロギーと政治の内的考察》，青木书店1964年版，第146—161页。

了哪些成就和存在哪些缺点与问题。

第一，会议对内蒙古畜牧业社会主义改造的方针、政策、方法展开了讨论。在讨论中，提出了三种看法：（1）"一化四改"，即认为"总路线"没有包括畜牧业在内，应在"总路线"中再加一项对畜牧业的社会主义改造；（2）"一改一善"，即认为牧区落后，光靠改造不够，还要再增加改善畜牧业生产技术的工作，因此在牧区的"总路线"应该是"一改一善"；（3）"先改后化"，即认为必须先进行改造才能发展生产积累资金，才能工业化，因此"总路线"应该是"先改后化"。①

这些可以说是强调民族地区特殊性的看法、见解，在当时受到批评："这些看法所以不妥当，其原因是对总路线的主体和两翼的关系不清楚，把地方和全国割裂。"其理由是："党在过渡时期的总路线和总任务，是根据全国的实际情况提出的，考察和认识问题，不能只从地方着眼，不能把地方与全国分割，否则就会产生片面性、局限性，妨碍对总路线的正确的理解，在工作上就容易犯地方主义、分裂主义的错误。"②

第二，会议关于畜牧业社会主义改造的必要性指出，逐步实现社会主义改造是包括牧区和畜牧业经济在内的，农业就包含有畜牧业。畜牧业和农业同样，均属于落后的、分散的、个体的经济范畴，故有其同一性，决定了它必须进行社会主义改造。③

第三，会议认为，牧区在民族特点、生产特点、工作基础等各方面区别于农业之处等的特殊性是畜牧业社会主义改造时，采取有别于农业的步骤、方法的依据。因此，对畜牧业经济的社会主义改造，采取迂回曲折，更为稳妥和更为温和的办法，④ 即会议确定了要对个体牧民和牧主经济进行社会主义改造的方针。

第四，会议指出了牧民个体经济过渡到社会主义主要是经过互助合作道路，执行保存牧主经济的"三不两利"政策，恰当地解决牧工、牧主关

① 《在过渡时期党的总路线总任务的照耀下为进一步发展牧区经济改善人民生活而奋斗——乌兰夫同志在第一次牧区工作会议上的讲话》（1953年12月28日），载内蒙古自治区党委政策研究室、内蒙古自治区农业委员会编印《内蒙古畜牧业文献资料选集》第二卷（上册），呼和浩特，1987年，第110页。
② 同上书，第110—111页。
③ 同上书，第111页。
④ 同上书，第111—112页。

系，采取改造旧"苏鲁克"的措施。①

第五，会议指出，在牧区实行社会主义改造应该贯彻首先着重发展畜牧业经济，改造其落后的经营方式，从发展过程中实行社会主义改造的精神，在改造的方法步骤上应该十分谨慎、稳步前进。会议进一步具体提出了内蒙古畜牧业社会主义改造的具体方法、方针。

（1）对个体牧民，进行互助合作。当时，蒙绥牧区经营个体畜牧业经济的牧民占牧区人口的 90% 以上，牲畜占牧区牲畜的 80% 左右。对于这个在人口与牲畜数目上都占很大比重的个体畜牧业经济，要经过一个相当长的时期，把它从个体的、游牧的、落后的畜牧业经济改造成为合作化的、现代化的、社会主义的畜牧业经济。即把牧区劳动人民的个人所有制改造为合作社社员的集体所有制。

（2）关于对牧主经济的改造问题，继续贯彻"不斗、不分、不划阶级，牧工牧主两利"政策，恰当地解决牧工、牧主关系，认真贯彻"两利"政策。注意牧主经营的积极性，选择采取类似国家资本主义改造的办法，将牧主经济改变为国家所有制或集体所有制，但允许多种多样的办法。即在保证牲畜不受损失并能得到发展的条件下，稳步地对牧主实行社会主义的改造。②

那么，为什么在社会主义改造时期，还要继续贯彻"不斗、不分、不划阶级，牧工牧主两利"政策呢？其要因可归纳为如下几点：

第一，内蒙古牧区的牧主虽然只占牧区人口的 1% 左右，但是占有的牲畜占牧区牲畜总数的 20% 左右，并且在牧区群众中还有一定的影响力，有一定数量的牧民群众和他们有联系。③

第二，民主改革之前的内蒙古牧区牧主经济有双重性质。即在政治上

① 《在过渡时期党的总路线总任务的照耀下为进一步发展牧区经济改善人民生活而奋斗——乌兰夫同志在第一次牧区工作会议上的讲话》（1953 年 12 月 28 日），载内蒙古自治区党委政策研究室、内蒙古自治区农业委员会编印《内蒙古畜牧业文献资料选集》第二卷（上册），呼和浩特，1987 年，第 115—113 页。

② 《中共中央绥蒙分局关于第一次牧区工作会议向华北局、党中央的报告》（1954 年 1 月 26 日），载内蒙古自治区党委政策研究室、内蒙古自治区农业委员会编印《内蒙古畜牧业文献资料选集》第二卷（上册），呼和浩特，1987 年，第 139—140 页。

③ 《在过渡时期党的总路线总任务的照耀下为进一步发展牧区经济改善人民生活而奋斗——乌兰夫同志在第一次牧区工作会议上的讲话》（1953 年 12 月 28 日），载内蒙古自治区党委政策研究室、内蒙古自治区农业委员会编印《内蒙古畜牧业文献资料选集》第二卷（上册），呼和浩特，1987 年，第 125 页。

对牧民进行封建压迫，在经济上主要靠雇工，具有资本主义性质。1947年内蒙古自治政府成立之后，在扫除牧区封建制度的民主改革中实施了"自由放牧"政策，基本上消除了封建特权。所以，牧主经济基本上属于资本主义性质，是中国新民主主义经济的组成部分。

第三，内蒙古牧区，因历史上民族压迫和经济文化的落后等原因，阶级分化不明显，畜牧业经济长期处于停滞状态，牧主经济也和一般牧民个体经济一样遭受破坏与损失。

第四，社会主义改造时，畜牧业经济的基础极不稳定。即当时的牲畜的成长靠天然草原，牲畜的繁殖也依靠自然繁殖，牲畜的饲养更需要群牧，分散放牧会给畜牧业生产带来破坏性的影响。

二 "稳、宽、长"原则的制定

在进行社会主义改造之前，内蒙古牧区的牧业生产中存在着在原始的、自愿的基础上组成的两种类型的互助组：一是防灾互助与接羔互助组，这是在牧区大量存在的组织，带有一定的季节性，故称为季节性互助组①；二是常年的、有一定分工和生产计划性较高的互助组，带有一定的社会主义性质，这种互助组，称为常年互助组。

1952年，内蒙古牧区有牧业生产互助组689个（以下同，关于牧业互助组的相关数据参见表2—1），加入互助组的牧户有4625户，占总户数的6.84%。其中，常年互助组10个，季节性互助组679个，参加的户数分别是78户和4547户。可知，季节性互助组及其参加的户数，在互助组中占绝大多数。一方面，这说明随季节变化而迎来牧业生产繁忙期或遇灾害时，季节性互助组的作用大于常年互助组。但是，另一方面，从整体来看参加互助组的牧民只占总户数的6.84%，也可以了解互助组的必要与否及其程度。

组织牧区劳动牧民的互助来发展生产是党在牧区的一项既定政策。由于内蒙古牧区地广人稀，常有风灾、雪灾、狼灾、疫病等灾害。同时，由于牧区劳动力缺乏，生产工具不足，牧区畜牧业生产特别是贫困牧民的畜

---

① 季节性互助组：一般由几户组成，牲畜和产品归各户私有，各户独立经营，自负盈亏，仅在大忙季节实行简单的换工互助，所以也叫季节性互助组。

牧业生产是存在许多困难的。克服这些困难的主要办法就是组织互助组，其益处有：可以战胜和减少自然灾害；解决劳动力和工具不足的困难；提高工作效率；培养牧民集体生产的习惯；有利于牧区生产技术、放牧方式的改进与物质文化生活的提高。①

表 2—1　　　　　1952—1958 年内蒙古牧区牧业生产互助组情况

单位：户，个，%

年份	牧业生产互助组数（参加牧户数）	其中，常年互助组数（参加牧户数）	其中，季节性互助组数（参加牧户数）	参加牧业生产互助组户数占总户数的比例
1952	689（4625）	10（78）	679（4547）	6.84
1953	1287（8568）	30（327）	1257（824）	11.28
1954	5151（3327）	252（2548）	4899（30723）	42.71
1955	5654（3265）	507（4852）	5147（27799）	40.94
1956	3499（37818）	2070（26287）	1427（1153）	47.17
1957	3442（46018）	2363（33817）	1079（1214）	57.50
1958	746（13656）	629（11507）	117（2149）	16.13

资料来源：内蒙古自治区统计局《内蒙古自治区国民经济资料（1947—1958）》，1959 年，第 24—25 页；内蒙古自治区统计局编《内蒙古自治区国民经济统计提要》，1958 年，第 127—128 页。

　　所以，组织起来是当时牧区劳动人民克服困难、发展生产、走向富裕的道路，是使生产落后的个体牧民逐步走向集体化的道路，是使牧区逐步过渡到社会主义的必经之路。因此，当时，互助合作运动成为牧区发展畜牧业生产工作的主要任务和中心工作。据 1953 年统计，内蒙古牧区、半农半牧区有牧业互助组与农牧互助组 3800 多个。因生产需要与具体条件不同，互助组的形式多种多样，概括来看主要有三种：（1）防灾、接羔、打草、打狼和副业生产互助小组，是临时季节性的互助组，这是牧区大量普遍存在的互助组；（2）合群放牧互助组，这是牲畜较少的牧民为了节省

---

① 《蒙绥牧区进一步发展畜牧业经济的几个政策问题——高增培同志在第一次牧区工作会议上的报告》（1953 年 12 月 20 日），载内蒙古自治区党委政策研究室、内蒙古自治区农业委员会编印《内蒙古畜牧业文献资料选集》第二卷（上册），呼和浩特，1987 年，第 90 页。

人力而组织起来互助组，这类互助组为数很多；（3）常年的有一定分工和生产计划的较高形式的互助组，这种互助组为数不多。在互助合作过程中，牧民间创造了许多互利办法。牧区互助组大约采取平均支付劳动力、找补工资、按件计工、按牲畜和劳动力比例入股等办法。[①]

但是，内蒙古牧区初期的互助组织中存在着很多问题。主要可归纳如下几点：

第一，等价互利不够，大体上看"兵对兵，将对将"的互助组很多，但悬殊的情况也不少，牲畜不分多少，劳动力不分强弱，都在一起干活，平均分配，结果牲畜多的占便宜、劳动力多的吃亏。再加上牧民爱面子，不愿意计较，不愿算细账，以致贯彻互利原则存在很多问题。

第二，强迫编组的现象比较普遍，因而有许多形式主义的互助组。例如，1953年，呼伦贝尔盟新巴尔虎右旗牧民总户数的79%已经被编入牧业生产互助组，虽然对生产起的作用很大，但其中有相当数量是强迫编入互助组的。同时也产生了个别不顾生产需要组织过大互助组的现象。如昭乌达盟翁牛特右旗朝克吉尔的互助组编入87户，全组纵横百余里，实际上对生产不利。

第三，牧主入互助组，变相剥削牧民。呼伦贝尔盟有牧主带雇工入组或者入组解雇雇工的。有的把贫困牧民因牲畜少，迫不得已把小量牲畜放进牧主群里，自己为牧主服一定劳役的，实际上是雇佣关系的放牧组织也叫作互助组。牧工、牧主关系与牧民间的互助关系划分不清，以致个别地区发生了牧主欢迎互助的现象。

第四，照搬农业区的一套到牧业区。牧业区互助组也用农业区的细致复杂的办法，不注意研究牧区的简单易行的办法和特殊规律。[②]

上述四点问题中，前两点比较普遍，后两点是个别的。针对这些问题，在1953年12月召开的内蒙古自治区党委第一次牧区工作会议上制定了具体的组织牧业合作社的原则和发展方针。

首先，会议规定了以下的组织牧业合作社的原则：

（1）必须根据牧业生产的具体条件及从牧民的生产需要出发，使互助

---

① 《蒙绥牧区进一步发展畜牧业经济的几个政策问题——高增培同志在第一次牧区工作会议上的报告》（1953年12月20日），载内蒙古自治区党委政策研究室、内蒙古自治区农业委员会编印《内蒙古畜牧业文献资料选集》第二卷（上册），呼和浩特，1987年，第91页。

② 同上书，第91—92页。

组建立在适合当地牧业生产发展的基础上。

（2）必须采取牧民所易于接受的、习惯的、简单的形式，在牧民旧有的互助习惯的基础上，加以领导逐渐提高改进，不要把农业区的一套经验照搬到牧业区去，必须照顾民族特点和群众的觉悟水平。

（3）必须绝对遵守自愿的原则和互利的原则。对互利问题，在牧区应根据各地的具体情况，在有利于增加生产并双方自愿的原则下自行议定，不必硬统一规定分红的标准。如东部区召开的牧区、半农半牧区互助组长会议提出一些互利办法，只要互助组内大家愿意，即便有些不合理的地方，也可在今后工作中慢慢改进，不要马上去硬性纠正。总结牧民中的互利经验并加以提高是必须的，但不可超过群众的觉悟办事，不可主观地用我们想象的办法去代替牧民的办法。否则，我们想的办法虽好，但因不适合于当地情况或群众觉悟水平，执行不通。

（4）必须采取积极领导、慎重稳进的方针。①

其次，会议制定了如下发展方针：

（1）目前的方针是着重发展各种类型的有利于牧业生产的临时的、季节的互助组，对较高级的互助组，由领导机关来直接掌握试办，已有的应很好地整顿与总结经验。

（2）在互助合作已有大量发展的地区，目前暂不着重发展，而着重整顿和总结经验，特别是如何贯彻自愿与互利问题。对于尚未大量发展的地区，则应典型试验，逐步推广。对于群众中固有的互助形式，应加强领导，以求得发展与提高。

（3）由于牧业生产特点，互助组在接羔剪毛等牧忙时，可以允许雇用技术工人。

（4）党和政府应继续给互助组以各方面援助。②

最后，会议指出，加强领导是牧区互助合作运动及其重要的问题，牧区有些干部还不大明了在牧区发展互助合作的原则、方针和办法；有些干部虽然懂得互助合作重要，但不懂得互助合作是使个体牧民过渡到社会主义的必经之路。并做出了如下的指示：

---

① 《蒙绥牧区进一步发展畜牧业经济的几个政策问题——高增培同志在第一次牧区工作会议上的报告》（1953年12月20日），载内蒙古自治区党委政策研究室、内蒙古自治区农业委员会编印《内蒙古畜牧业文献资料选集》第二卷（上册），呼和浩特，1987年，第92—93页。

② 同上书，第93页。

（1）党委定期讨论互助合作工作，旗一级应指定一名旗委委员专门掌管这一工作，经常注意克服互助合作运动中的强迫编组与放任自流的"左"、右倾偏向。

（2）训练互助合作骨干，首先是训练好苏木干部，使他们懂得互助合作原则、方法和办法，其次是训练互助组组长。

（3）开好互助组代表会议或互助组组长会议。

（4）重视培养典型，树立旗帜的领导方法，每一旗委可根据条件直接掌握1—3个互助组，以创造办法取得经验，再逐步推广。①

1955年1月，中共中央内蒙古分局书记乌兰夫在召开的全区第二次牧区工作会议上，关于内蒙古牧区社会主义改造，指出：稳步地有计划地对畜牧业实行社会主义改造，经过深入细致的工作，在一个相当长的时期内，把现在这个个体的、游牧的、落后的畜牧业，发展、改造成为合作化、现代化的社会主义畜牧业经济；必须明确牧区过渡到社会主义，有一个相当长的过渡时期，要有和缓的过渡形式；牧区社会主义改造，要用更多的时间和更和缓的方式逐步去实现。②

乌兰夫的指示，是适合党在牧区贯彻过渡时期总路线、社会政策的精神和内蒙古牧区实际情况的。在牧区贯彻总路线和各项社会政策的目的是发展畜牧业生产和改善人民生活。而发展畜牧业生产就是建设自治区，就是支援国家的社会主义工业化。

从内蒙古牧区实际情况看，当时，牧业互助合作还是处在重点示范，培养干部，取得经验，为逐步推广准备条件的阶段。至于牧业互助组、合作社内的社会主义因素的增加，也不能像农业那样快，与牧民协商，按照牧民自愿逐步建立。如果说当时农业的性质是半社会主义，那么牧业生产合作社的社会主义因素可以要求更低一些。因为牧业经济比农业经济更脆弱、更落后，牧民从个体到集体，从思想到实践中去的具体工作上，都需要更艰苦的、更长期的工作。同样，对待牧主经济问题，仍然执行保护与

---

① 《蒙绥牧区进一步发展畜牧业经济的几个政策问题——高增培同志在第一次牧区工作会议上的报告》（1953年12月20日），载内蒙古自治区党委政策研究室、内蒙古自治区农业委员会编印《内蒙古畜牧业文献资料选集》第二卷（上册），呼和浩特，1987年，第93—94页。

② 《乌兰夫同志在第二次牧区工作会议上的讲话》（1955年1月21日），载内蒙古自治区党委政策研究室、内蒙古自治区农业委员会编印《内蒙古畜牧业文献资料选集》第二卷（上册），呼和浩特，1987年，第150—151页。

发展包括牧主经济在内的畜牧业生产的方针，对于牧主仍然执行"三不两利"政策。之所以执行这一政策，是因为发挥牧区各种经济成分的积极性，稳定地发展畜牧业生产，有利于国家和人民。对待牧主的政策不同于城市资产阶级和农村富农的政策，执行"两利"政策有两个方面：一方面是允许牧主雇工，放"苏鲁克"，保护其牲畜和其他财产所有权，鼓励其发展生产的积极性；另一方面是适当地限制牧主的剥削。

1955年9月，内蒙古自治区党委发出《关于牧业生产合作社几个问题的指示》，要求各级党委按照"依靠劳动牧民，团结一切可以团结的力量，在稳步发展畜牧业的基础上，逐步实现对畜牧业的社会主义改造"的方针，进行建社和整顿工作，全力把牧业社办好。并且明确了以下几个问题：（1）收益分配问题是巩固合作社的关键问题之一，在分配中做到牲畜多、劳动力少或劳动力多、牲畜少的社员都能增加收入；（2）在1955年分配时认真总结办社工作，为1956年巩固发展打下基础；（3）对不适用的规章条文进行修订；（4）抓好牧业生产，继续贯彻"牧工牧主两利"政策，使牧区所有的人民都把生产搞好；（5）加强牧区党的领导和政治工作，建党工作要与合作化相适应，积极慎重地发展党员，使党支部成为合作社和牧民群众的领导核心。①

在贯彻这一方针的过程中，受农业合作社化速度加快的影响，牧业合作化也出现了要求过急、工作过粗、形式过于简单划一、所有制改变过快的问题。例如，不顾牧民生活需要，减少了自留畜，影响了牧民的生产积极性，出现畜牧业停滞甚至减产的问题。1947年到1952年，内蒙古牲畜增长率总数与上一年度相比逐年提高。但是，社会主义改造实施期间的1953年到1957年，内蒙古牲畜增长率是在逐年下降的。特别是1957年度内蒙古牲畜的总数，比上一年度减少1962658头，从中除去由于自然灾害减少约1200000头之外，比上一年度减少760000多头。②

---

① 《关于牧区社会主义改造问题》（1957年2月27日），载内蒙古自治区政协文史资料委员会《"三不两利"与"稳宽长"回忆与思考》（内蒙古文史资料第59辑），呼和浩特，2006年，第187—188页。

② 《关于畜牧业生产政策及社会主义改造规划的意见——高增培同志在内蒙古党委全体委员会（扩大）第四次会议上的报告》（1957年10月17日），载内蒙古自治区党委政策研究室、内蒙古自治区农业委员会编印《内蒙古畜牧业文献资料选集》第二卷（上册），呼和浩特，1987年，第344—345页。

在上述背景下，为正确领导牧区社会主义改造，1957年2月，内蒙古自治区党委召开全区旗县长会议，乌兰夫在总结报告中创造性地提出："畜牧业社会主义改造的基本方针，可归纳为三个字：'稳、宽、长'。"①并对其做了如下的说明。

"稳"就是在稳定发展生产的基础上，逐步实现畜牧业的社会主义改造，这是根据畜牧业经济的特点提出的。因为速度快了就要损失牲畜。牧区要死牲畜，农业区同样也要死牲畜，不仅在牧区脆弱性问题没有解决，同样在农业区也没有得到根本解决。1956年在农业区、半农半牧区强迫牲畜入社，出现了牲畜杀得多、卖得多的情况，使牧业经济遭受严重损失。牲畜既是生活资料，又是生产资料；既不同于工业经济，也不同于农业经济。牧主以牧业生产剥削牧民，但同时也要吃羊，因而不能和地主、资本家相比。进行畜牧业的社会主义改造，其基本目的有一条，就是既要实现社会主义改造，又要发展牲畜。如果说进行了社会主义改造，却把牲畜搞光了，那就违背了改造的目的。因为革命的目的是改变生产关系，解放生产力，发展生产。所以，畜牧业的社会主义改造，离开了增畜、保畜就是严重错误的。牲畜发展与否，是衡量社会主义改造工作健康与否的尺度。内蒙古地区是有经验教训的，在土改时，昭乌达盟提出过"耕者有其田，牧者有其畜"，结果牧民把牛、羊都杀光了，这些教训难道还不应吸取吗？因此，我们的步骤一定要稳。

"宽"就是对个体牧民和牧主政策要宽，要依照自愿原则，愿入社的就入，不愿入社就不入，不能强迫。对牧主也是如此，对不愿意入社或参加合营牧场，我们还是要帮助他们发展生产。

"长"就是要想实现"稳""宽"，就应采取较长的时间。不愿入社的就长期等待。强迫人家入社，不入的就开会来逼他，这是非常错误的。因此，我们制定的畜牧业社会主义改造的基本方针，概括地说，就是"依靠劳动牧民，团结一切可以团结的力量，在稳定发展生产的基础上，逐步实现对畜牧业经济的社会主义改造"。这一方针既适合于牧区，也适合于农

---

① 《关于牧区社会主义改造问题》（1957年2月27日），载内蒙古自治区政协文史资料委员会《"三不两利"与"稳宽长"文献与史料》（内蒙古文史资料第56辑），呼和浩特，2005年，第173页。

区。内蒙古在发展畜牧业经济上，没有好的经验，但有教训。牧业受到挫折，要恢复起来不是短时期的。我们一定要深入地体会牧业经济的脆弱性，这是制定一切政策的出发点。①

在"稳、宽、长"基本方针的指导下，全区牧区采取了自愿互利典型示范、国家扶助的办法和分期分批地逐步巩固、发展和扩大牧业生产合作社的步骤，发展一批，巩固一批，逐步扩大。并且，内蒙古自治区党委在调查研究、征求牧民意见的基础上，对建社的规模和速度、牲畜入社办法、收益分配办法、自留畜办法以及勤俭办社和民主办社原则等方面，都做出了具体规定。

第一，牧业生产合作社的规模不宜过大，以牧民居住情况、牲畜多少、便于管理和社员生活方便为根据，确定合作社的规模。游牧区的规模一般在10—20户，居住集中、水草比较好的地方可有30户，最多不超过40户。根据牧民觉悟程度和建社准备工作来决定建社与否。

第二，牲畜入社办法是办社的关键问题，一定要按群众意愿，确定入社办法。提出多种办法由群众选择：（1）母畜计头入社，劳动力、畜股按比例分配收益；或基础母畜入社，成活仔畜按比例分配。对母畜以外的役畜、散畜入社可采取代放、定租，也可以作价、作股入社，按畜种的不同产品比例分配收益。（2）牲畜评分或作价入社，付给固定利息，除利息外，按劳分配。（3）牲畜作价或评分折股入社，劳动力、牲畜按比例分配收益。（4）牲畜作价入社，付给固定利息。（5）牲畜作价归社，付给固定利息，分期偿还，按劳取酬。（6）牲畜作价，作为公有化股份基金，完全按劳分红。

第三，关于收益分配。在发展生产的基础上，必须使绝大多数社员增加收入，制定合理的劳畜分红比例，使劳动力多、牲畜少和牲畜多、劳动力少的牧户都能得到合理的收益。防止降低畜股进行平均分配或提高畜股降低劳动分工的办法。

第四，关于自留畜办法。为满足牧户家庭生活和生产的需要，必须解决好社员的自留畜问题，满足社员食用、役用、乘用、祭祀用牲畜的要

---

① 《关于牧区社会主义改造问题》（1957年2月27日），载内蒙古自治区政协文史资料委员会《"三不两利"与"稳宽长"文献与史料》（内蒙古文史资料第56辑），呼和浩特，2005年，第173—174页。

求。自留畜中要有一定比例的母畜，为牧户用于繁殖和经营。

第五，关于经济管理。坚持勤俭办社、民主办社的原则，实行财务公开，定期公布账目，制订生产计划，贯彻"以牧为主、多种经营"的方针，管好畜群，争取"百母百仔"，使合作社的牲畜逐年增加，牧民收入逐年提高。这些具体规定保证了畜牧业合作化基本做到积极有序、稳步建社、健康发展。①

1953年牧区互助合作化运动的推行，加速了互助组的发展，互助组急剧增加，1955年顶峰时的互助组数发展到5654个。此后，虽然互助组数由1955年的5654个，减少到1957年的3442个，但参加互助组的牧户由1955年的32651户，增加到1957年的46018户。即互助组数量减少的同时参加互助组的牧户却在增加，这说明互助组的规模、集体所有制的规模在扩大。

1958年以后，在"多快好省地建设社会主义"的社会主义总路线下，内蒙古牧区迎来了牧业合作社化的高潮。一方面，互助组的数量由1957年的3442个，减少到1958年的746个；参加互助组的牧户的比重也由1957年的56.50%（46018户），减少到1958年的16.13%（13656户）。②另一方面，合作社的数量由1957年的649个，增加到1958年的2292个；参加合作社牧户的比重由1957年的27.30%（22064户），增加到1958年的80.16%（67855户）（参见表2—2）。

表2—2　　　　1952—1958年内蒙古牧区牧业生产合作社情况

年份	牧业生产合作社数（个）	参加牧业生产合作社户数（户）	参加牧业生产合作社户数占总户数的比例（%）
1952	2	32	0.05
1953	2	32	0.04
1954	8	140	0.18
1955	20	341	0.43

① 钱占元：《内蒙古牧区实行"三不两利"政策和"稳宽长"方针的历程与经验》（1957年2月27日），载内蒙古自治区政协文史资料委员会《"三不两利"与"稳宽长"文献与史料》（内蒙古文史资料第59辑），呼和浩特，2005年，第188—189页。
② 内蒙古自治区统计局：《内蒙古自治区国民经济资料（1947—1958）》，1959年，第24—25页。

续表

年份	牧业生产合作社数（个）	参加牧业生产合作社户数（户）	参加牧业生产合作社户数占总户数的比例（%）
1956	450	15871	19.17
1957	649	22064	27.30
1958	2922	67855	80.16

资料来源：内蒙古自治区统计局《内蒙古自治区国民经济资料（1947—1958）》，1959 年，第 24—25 页；内蒙古自治区统计局编《内蒙古自治区国民经济统计提要》，1958 年，第 127—128 页。

由此可知，互助组在转向合作社。到 1958 年 7 月，加入牧业生产合作社和互助组的牧户已占总户数的 96.29%。[1] 牧民个体经济的社会主义改造基本完成。以昭乌达盟为实例，该盟牧区于 1958 年 6 月实现了合作社化，共建立 425 个牧业生产合作社，入社 18681 户，占总户数的 95%。[2] 再如，乌兰察布盟牧区，于 1958 年 7 月也实现了合作社化，98% 的牧户加入了牧业生产合作社。[3]

第三节　内蒙古畜牧业社会主义改造

一　牧民个体经济的社会主义改造

（一）牧民个体经济社会主义改造进展特征

内蒙古牧区社会主义改造，始于 1953 年，结束于 1958 年。1953 年，内蒙古牧区人口中有 90% 以上是劳动牧民，占有牧区 80% 以上的

---

[1]　郝维民主编：《内蒙古自治区史》，内蒙古大学出版社 1991 年版，第 124 页。
[2]　中共昭乌达盟盟委：《昭盟牧业生产和社会主义改造情况报告》（1958 年 6 月 28 日），内蒙古档案馆藏，资料号：11—12—394。
[3]　内蒙古总路线宣传工作检查团：《关于一个月的总路线宣传与工作检查报告》（1958 年 7 月 30 日），内蒙古档案馆藏，资料号：11—12—156。

牲畜，① 是内蒙古牧区的主体，也是牧区进行社会主义改造工作的重点。其改造的方法就是发展互助合作运动，就是经过互助合作把牧区分散的、个体的畜牧业经济，发展改造成为合作化的社会主义的畜牧业经济。

内蒙古牧区牧民个体经济的社会主义改造经历了三个阶段。

第一阶段（1953 年 12 月至 1955 年 9 月），主要是组织了季节性互助组和常年互助组，同时实验性地组织了牧业生产合作社。内蒙古牧区牧业生产互助组由 1952 年的 689 个（其中，常年互助组 10 个，季节互助组 679 个），增加到 1953 年的 1287 个（其中，常年互助组 30 个，季节互助组 1257 个），增加到 1954 年的 5151 个（其中，常年互助组 252 个，季节互助组 4899 个），增加到 1955 年的 5654 个（其中，常年互助组 507 个，季节互助组 5147 个）。参加互助组的牧户数由 1952 年的 4625 户（其中，参加常年互助组 78 户，参加季节互助组 4547 户），占牧户总数的 6.61%；增加到 1953 年的 8568 户（其中，参加常年互助组 327 户，参加季节互助组 8241 户），占总牧户数的 11.27%；增加到 1954 年的 33271 户（其中，参加常年互助组 2548 户，春季季节互助组 30723 户），占牧户总数的 40.09%；增加到 1955 年的 32651 户（其中，参加常年互助组 4852 户，参加季节互助组 27799 户），占牧户总户数的 39.82%。1955 年有牧业生产合作社 20 个，0.02% 的牧户加入了合作社。②

第二阶段（1955 年 10 月至 1957 年冬），组织了大量的合作社。至 1957 年 12 月，共办了 632 个牧业生产合作社，入社牧户 20877 户，占牧户总户数的 24.80%；牧业生产互助组已发展到 3114 个，入组牧户 48666 户，占牧户总牧户数的 60.00%。③

第三阶段（1957 年冬至 1958 年 8 月），积极地组织了合作社，特别是

---

① 《在过渡时期党的总路线总任务的照耀下为进一步发展牧区经济改善人民生活而努力——乌兰夫同志在第一次牧区工作会议上的讲话》（1953 年 12 月 28 日），载内蒙古自治区党委政策研究室、内蒙古自治区农业委员会编印《内蒙古畜牧业文献资料选集》第二卷（上册），呼和浩特，1987 年，第 115—116 页。

② 内蒙古自治区畜牧业厅修志编史委员会编著：《内蒙古畜牧业发展史》，内蒙古人民出版社 2000 年版，第 110—112 页。

③ 《内蒙古自治区第一个五年计划畜牧业生产执行情况和今后工作打算——程海洲同志在全国畜牧工作会议上的发言》（1957 年 12 月 20 日），载内蒙古自治区党委政策研究室、内蒙古自治区农业委员会编印《内蒙古畜牧业文献资料选集》第二卷（上册），呼和浩特，1987 年，第 379 页。

从1958年开始在建设社会主义总路线号召下，停止了组织互助组，进行了合作社化，掀起了内蒙古畜牧业社会主义改造的高潮，牧业生产合作社数迅速发展到2292个，入社牧户占总户数的70.68%。与此同时，互助组数急剧减少到746个，入组户数只占总户数的14.13%。① 1958年7月，加入畜牧业生产合作社和互助组的牧户已占总户数的96.29%，牧民个体经济的社会主义改造基本完成。②

由此可知，内蒙古畜牧业社会主义改造是由互助组发展到合作社的形式展开的，这一点与农业社会主义改造相似。而由于内蒙古牧区地域广阔，牧业互助合作化发展不平衡，因地区不同而其进展各异，可分为以下五种类别的地区：

第一类是农业区包围的牧区或者是靠近农业区的牧区。例如，昭乌达盟部分牧区、哲里木盟的扎鲁特旗牧区、呼伦贝尔盟的科右前旗乌兰毛都牧区、平地泉地区的察右中旗和察右后旗牧区、伊克昭盟郡王旗牧区等地。这类地区已经基本上实现了合作化。

第二类地区是合作社化已有一定发展，入社的牧民占总牧户的30%左右。如乌兰察布盟乌拉特前旗、呼伦贝尔盟的陈巴尔虎旗、索伦旗和伊克昭盟、察哈尔盟的部分地区。

第三类地区是工作有一定的基础，但合作社尚未试办或很少试办的地区。这类地区包括呼伦贝尔盟的新巴尔虎左旗和新巴尔虎右旗、察哈尔盟、锡林郭勒盟、乌兰察布盟、伊克昭盟的大部分牧区。

第四类地区是乌兰察布盟、锡林郭勒盟、伊克昭盟的部分边远地区。这些地方的工作基础薄弱，完全是游牧区，牧主较多。

第五类地区是额济纳旗、阿拉善旗。这类地区比较分散落后，虽然进行了一些工作，但困难很多。③

在这些地区当中，第四类和第五类地区的合作化是较为谨慎，且将要试行合作化的地区。可见，内蒙古畜牧业社会主义改造受农业社会主义改

① 内蒙古自治区畜牧业厅修志编史委员会编著：《内蒙古畜牧业发展史》，内蒙古人民出版社2000年版，第114页。

② 郝维民主编：《内蒙古自治区史》，内蒙古大学出版社1991年版，第124页。

③ 《内蒙古党委关于第三次牧区工作会议向中央的报告》（1956年9月12日），载内蒙古自治区党委政策研究室、内蒙古自治区农业委员会编印《内蒙古畜牧业文献资料选集》第二卷（上册），呼和浩特，1987年，第206—207页。

造的影响是很大的。即，从与地理位置的关系看，与农业地区接近的畜牧业地区的合作化进程最快；远离农业地区的畜牧业地区畜牧业合作化进程缓慢。

（二）建立牧业生产合作社实例

内蒙古牧区牧业生产合作社组织形式，即对于牲畜入股分红办法，主要有五种：母畜入社，劳动力、牲畜比例分红；牲畜分等定价，按价作股入社，劳动力、牲畜比例分益；折合标准牲畜入社或牲畜评分入社，劳动力、牲畜比例分配；作价入社，付给固定利息；作价入社，分期偿还。①

其中，最为广泛采用的是作价入社、分期偿还和折合标准牲畜入社或牲畜评分入社，劳动力、牲畜比例分配的办法。例如，锡林郭勒盟 15 个合作社中，14 个合作社采取了折合标准牲畜入社或牲畜评分入社，劳动力、牲畜比例分配的方法；1 个合作社采取了牲畜分等定价，按价作股入社，劳动力、牲畜比例分益的方法。平地泉地区、乌兰察布盟和昭乌达盟的 268 个合作社中，17 个合作社采取了母畜入社，劳动力、牲畜比例分红的方法；47 个合作社采取了牲畜分等定价，按价作股入社，劳动力、牲畜比例分益的方法；10 个合作社采取了折合标准牲畜入社或牲畜评分入社，劳动力、牲畜比例分配的方法；11 个合作社采取了作价入社，付给固定利息的方法；183 个合作社采取了作价入社，分期偿还的方法。②

作价入社，分期偿还的办法是把各种牲畜换算成标准牲畜（成年的牛或马）移交合作社，合作社和牧民个人依据牲畜的数量来进行分配。折合标准牲畜入社或牲畜评分入社，劳动力、牲畜比例分配的方法是牧民归合作社的牲畜换算成金钱分给固定利息，利息之外的根据劳动力进行收益分配的方法。

下面以实例来考察内蒙古牧区牧业合作社建立的具体过程。

① 《内蒙古党委关于第三次牧区工作会议向中央的报告》（1956 年 9 月 12 日），载内蒙古自治区党委政策研究室、内蒙古自治区农业委员会编印《内蒙古畜牧业文献资料选集》第二卷（上册），呼和浩特，1987 年，第 206—207 页。

② 《内蒙古党委农村牧区工作部关于对牧区畜牧业社会主义改造和牧区建设问题的汇报》（1956 年 9 月 12 日），载内蒙古自治区党委政策研究室、内蒙古自治区农业委员会编印《内蒙古畜牧业文献资料选集》第二卷（上册），呼和浩特，1987 年，第 219 页。

1. 乌兰格日勒牧业生产合作社实例

乌兰格日勒牧业生产合作社成立于1955年3月1日，位于乌兰察布盟察右后旗第四区伊和古特乡莫盖图自然村，分为三个小村——莫盖图、孔此老、呼拉色太，系纯牧业村，共19户80人（男39人，女41人），共有牲畜绵羊1279只，山羊407只，牛257头，马18匹，驴6头。"苏鲁克"牲畜有绵羊1019只，山羊64只，牛11头。固定财产有房35.5间，蒙古包13顶，棚29间，车7辆，随缺地1370亩。① 该牧业生产合作社经民主改革，改善了"苏鲁克"制度，加之1953年以后互助合作的成果，进行了移动放牧（已有定居30年的历史），改善了饲养管理，牲畜增加了近3倍，发展了牧业生产，逐步改善了牧民生活。

该社于1954年春节提出了建立合作社的要求，经过近一年的思想酝酿与组织准备，全社成员的思想状况如下：（1）社会主义觉悟高，积极领导互助合作，同群众进行宣传并能主动提出办法，有决心办好合作社的有9人（女2人），他们在群众中威信很高，成为建立合作社的骨干力量。（2）建立合作社的情绪很高，工作也热情，但对建社底细还不能全部弄清的有13人（女6人），他们满怀热情参加建社工作。（3）随大流，不表示态度，别人说好也认为好，像是漠不关心的人有16人（女13人），绝大部分是妇女。（4）有不同程度的顾虑，怕失掉自己辛勤劳动所得到的牲畜，劳动力多的怕吃亏，劳动习惯差的及老年人又怕强迫劳动或挣不到劳动日等，这一类的有6人。另外，在外人口、产妇、病残者有10人。②

总体看来建社思想已经基本成熟，其中有相当一部分人随大流，这是因为妇女传统的家庭地位造成的；虽然也有少数人有顾虑，但不是执意不入社，而是在看合作社是否对每个问题都能解决恰当，是否有"发展牧业生产，改善牧民生活"的切实把握。

乌兰格日勒牧业生产合作社的建立经历了三个阶段。

第一阶段，组织群众学习与讨论中共察右后旗委员会发出的《关于试建牧业生产合作社的方案（草案初稿）》（1955年1月3日），进一步宣传

---

① 中共察右后旗委员会：《试建乌兰格日勒牧业生产合作社的专题报告》（1955年3月14日），内蒙古档案馆藏，资料号：11—9—100。

② 同上。

政策，消除思想顾虑，组织建设筹备委员会，提出建设方案，吸收社员。这一阶段共进行了6天。在组织学习时依据居住情况，分三村学习，一般均组织了6—8次学习，90%以上的成年人参加，少部分老年人、妇女也受到了1—2次的宣传教育。

在三天的学习中发现骨干分子及少数牧民中存在如下思想：（1）骨干分子第一种表现是急躁，主张不留自留牲畜，怕"自发"，"苏鲁克"归社经营后不予原放户管理，把工作定额定得高些，使劳动日报酬多些；第二种表现是对顾虑较大的人不是耐心争取，而是置之不理，拒之社外；第三种表现是在开会时发言过早过多，或多或少地影响群众发言和提出问题。[①]

在群众中对牲畜入股方面，有人顾虑建社后牛奶不够吃（特别是有老人和小孩的牧户），要多留奶牛，也有人怕将来挤奶多了会影响幼畜健康，有人提出留犍牛，有个别人对建社后的增产持有怀疑，想入社一部分，自留一部分。关于"苏鲁克"归社经营问题，有人提出：同样作价入股，按牲畜、劳动，以比例分益办法，或春季羊毛全部或一部分归原揽放牧户；年老牧户怕强迫劳动，家无人照管；喇嘛怕入社不能外出念经。[②]

经过骨干分子的个别教育，在牧民思想基本扭转的情况下，组织了建社筹委会。群众提出的问题将交给筹委会，得到比较合理、妥当的解决时，就打消了群众思想顾虑，鼓舞群众建社情绪。同时也锻炼了干部，提高了筹委会威信。筹委会召开了三次会议，审查批准了报名入社的46人（男20人，女26人），并提出了建社中具体评牲畜、评工具设备的方案。

第二阶段，进行两评（即评牲畜、评工具设备），共进行了4天。召开社员大会通过两评，确定牲畜入股标准，选举管理委员会和监察委员会。管理委员会由5人组成（其中女2人，占40%），确定社长1人，副社长2人（其中女1人）；监察委员会由3人组成（其中女1人）。两评是采取了大体合理的、经过社员同意的分等作价方法，具体评议中筹委会吸收广大社员自愿参加。用3天时间将3个小村的牲畜、工具设备全部评

---

① 中共察右后旗委员会：《试建乌兰格日勒牧业生产合作社的专题报告》（1955年3月14日），内蒙古档案馆藏，资料号：11—9—100。

② 同上。

完。社员大会通过了两评并确定牲畜股份标准，以新人民币 500 元为一股。全社 19 户全部入社，共有入社牲畜：绵羊 1175 只，山羊 405 只，牛 238 头，共作价新人民币 33538 元，以 500 百元为一股计折 67.076 股；"苏鲁克"归社经营牲畜：绵羊 1019 只，山羊 64 只，牛 11 头；社员自留牲畜：牛 18 头（其中，奶牛 3 头），绵羊 104 只，山羊 2 只。牲畜股份最多的是 10.58 股，最少的是 1.374 股，自留牲畜每户平均 6.5 头（只）。①

第三阶段，制定社章、工作定额劳动日方案及春季审查和计划，确定筹集股份基金，社员投资；选举各生产队干部，准备及召开庆祝大会。这一阶段共进行了 5 天。

社章是根据察右后旗旗委提出的试行社章草案，对建社中的问题具体解决办法进行了修订；工作定额劳动日方案尽量估计各工种的平衡；依据劳动力情况，切合实际地制订季节生产计划，确定分群放牧，改组生产；股份基金是根据社员牲畜入股的股份及作价归社的工具设备情况，确定每人牲畜一股，带股份基金一股，股份基金每股为 25 元；社员投资主要是草料，采取自带办法（最后草料大部分抵交股份基金）。以上问题均经管委会详细讨论，最后提交社员大会审查通过。根据社员居住情况共分为 3 个生产小队，共选举正副队长 6 人（女 2 人），每队选举计工员、保管员各 1 人。②

从上述乌兰格日勒牧业合作社建立过程，可以总结归纳出如下几点经验与启示：

第一，坚持常年准备，培养干部，充分酝酿的建社方针。该社在 1954 年春节提出了建社要求之后，旗委经常抽配干部具体帮助与领导，至 7 月初步掌握了该合作社所辖互助组的全面情况；10 月开始在组员中进行建社具体办法的酝酿，并有意识地培养了社干，有意识地吸收了东部区建社经验，为建立牧业合作社打下了有力的思想基础。

第二，从群众现有觉悟度出发，根据实际情况采取合理的办法，妥善解决个人与集体之间的矛盾，是吸收广大牧民群众参加建社工作，使建社工作顺利进行的根本保证。建社工作开始之初，骨干分子表现了急躁的情

① 中共察右后旗委员会：《试建乌兰格日勒牧业生产合作社的专题报告》（1955 年 3 月 14 日），内蒙古档案馆藏，资料号：11—9—100。

② 同上。

绪，造成部分群众不表示态度。通过建社筹委会的工作，消除了群众的思想问题，纷纷向筹委会报名参加牧业生产合作社。其后，在进行两评工作中得到群众的支持，经常有十几名社员及社员代表跟着筹委会进行两评工作。

第三，在两评中切忌搬套农业社经济上的琐碎办法，而是在充分发动群众、交代清楚政策的基础上采取群众满意的合理办法。特别是表现在牲畜分等作价入股上，如牲畜口齿大小、生殖能力以及评议办法。

第四，必须加强思想工作，提高社员集体主义和社会主义思想。教育群众提高警惕，同来自社内外破坏合作社的言论、行动做斗争；耐心争取照顾大多数的社员，了解矛盾所在，通过事实讲清政策，解决个人与集体之间利害关系，达到消除顾虑、加强团结的目的。必须重视老年人和妇女的工作。特别是妇女工作，不仅是因为妇女占人口半数，而且更重要的是牧业生产中妇女是一支主要力量。没有妇女的参加，牧业生产几乎不可能进行。因此，在社的领导机构中及大小社干妇女均保持了一定的比例（30%—40%），并实施同工同酬，鼓励女社员的劳动积极性。

第五，周到地安排生产，使合作社显示优越性。根据各生产队的劳动力、居住情况、全社牲畜，统一筹划，采取包工包产的办法，发展牧业生产，消除部分社员"社能否确保增产"的怀疑。[1]

由于建社时间短，尚有需要解决的问题：（1）"苏鲁克"制度在帮助贫困牧民发展生产方面虽然起到一定作用，但也存在一些弊病。例如，以小换大，杀吃报死亡，经营管理不好等。仅在建社中即发现一户将"苏鲁克"大羊杀吃以羔羊顶替大羊的问题。（2）建社初期，账目没有建立，仅采取定期报表形式。这一问题不解决，将使账目混乱，影响分配。（3）社的领导机构虽然比较健全，但是监委会制、生活制度尚未建立，大体分工虽定，分口管理不明确，等等。[2]

2. 宝勒牧业合作社

至1955年1月，察右后旗畜牧业互助合作化运动已初具规模。1954年全旗共有常年互助组与季节互助组46个，入组牧民约有396户，占全

---

① 中共察右后旗委员会：《试建乌兰格日勒牧业生产合作社的专题报告》（1955年3月14日），内蒙古档案馆藏，资料号：11—9—100。
② 同上。

旗总户数的73.88%，这些互助组在生产上所起的作用是巨大的。随着牧民社会主义觉悟的提高，再加上农业生产合作社运动的发展，不少牧民要求指出牧业发展的方向，1955年1月已有4个牧业常年互助组积极要求建立牧业生产合作社。

为了给牧业生产合作社做出典范，以推动牧业生产合作社运动前进，察右后旗决定在第四区伊和古特勒乡莫盖图自然村宝勒牧业常年互助组试办牧业生产合作社。试办牧业合作社的目的在于提高劳动效率，改善饲养管理，发展牧业生产，改善牧民生活，把个体经济逐步置于国家计划之中，促进畜牧业生产的发展。

从宝勒牧业互助组条件来看，它有三年的互助组基础，三年来不断地改进领导，贯彻了互助原则，加强了组员集体主义思想，培养了集体劳动的习惯，接受并改进了饲养管理方法，增加了牧业生产，改善了牧民生活。该互助组自1954年春节提出建社要求。再加上附近农业合作社的发展，牧民建立牧业合作社要求更为迫切。经过数次不同形式的座谈会的酝酿，该自然村共19户全部参加互助组。在酝酿建立牧业合作社的过程中，发现牧民如下几种不同思想类型：

第一类，觉悟高坚决要求建社，有决心办好合作社的有6户，占总户数的31.58%，其中包括原组长及5名专业军人，这6人中有4人可以担任合作社干部。

第二类，有积极建立牧业生产合作社的要求，但不知怎样建社，在个别问题上有些顾虑的有10户，占牧户总数的56.23%，其中有一部分人随大流。例如，有3户牧工认为建社与否他都是放羊，都说建社好，他也愿意入社。另一部分有些顾虑：妇女怕牛奶不够吃；牲畜多的怕吃亏；有人怕牲畜入社，不能由自己自由支配；还有劳动力少的，怕劳动日少分红不多，影响生活。

第三类，犹豫不定、顾虑较大的有2户，占牧户总户数的10.5%。其中1户牲畜多，怕入社后牲畜被其他人占有，又怕吃不上牛奶；另1户劳动习惯很差，思想落后，逃避劳动，受过互助组的批评，怕入社后抓得更紧不自由。

第四类，坚决不入社的1户，占总户数的5.26%，这一类人思想比较落后。①

从上述思想类型看，19 户中有 18 户已表示愿意入社，另有 1 户牧工要求入社，已经具备了自愿条件。从组内骨干来看，有党员 3 人，专业军人 5 人，乡长 1 人，组长宝勒是党员，牧业劳动模范，有一定领导能力，曾领导过一个下辖 3 个大组，包含 8 个小组的牧业互助合作网，在群众中有一定威信。因此，该组具备了建立牧业合作社的条件。

从整个建社过程开看，主要有如下四个阶段：

第一阶段，宣传动员，思想酝酿，组织建社筹委会，吸收社员。

首先，在宣传动员方面继续深入宣传路线，宣传组织起来发展生产的好处，通过总结互助组工作，以事实对比，说明组织起来的优越性，肯定几年来互助组在畜牧业生产上的成就。更重要的是找出互助组在进行科学饲养管理方面不能统一经营、不能充分发挥劳动力的问题。牧业生产几年来虽然有所发展，但随着牧民生活的改善，个体经济的自私自利思想正在滋长等问题。这些问题，不同程度地限制了牧业生产的发展。所以，必须把互助组再提高一步。建社目的也是为了更进一步发展，走大家共同富裕的道路，说明党和政府对建立牧业合作社要求，将给予极大的支持和帮助，从而巩固牧民的决心。

其次，在进行畜牧业生产合作社性质、目的宣传的同时，也必须了解牧民中对建立牧业合作社的不同思想顾虑。这些顾虑又必然是因为建立牧业合作社不摸底、不知怎么办而产生的。所以，应将建社政策充分交代，特别是应把牲畜入股、分红办法，更重要的是牧民日常生活中的牛奶、肉食、羊毛等的解决办法交代清楚，从具体问题和切身利益上解决社员的怀疑和顾虑。在具体问题上应着重打通妇女及老年人的思想，在解决社员切身利益的同时，还必须加强集体思想教育。还应该强调自愿原则入社、退社自由的宣传，给犹豫不决的人以政策保证。

最后，在社员及家庭思想基本解决的基础上，经过民主选举，组织建社筹委会。建社筹委会的任务是领导建社全部工作，即接受与审查社员，召开群众大会通过入社社员等。建社筹委会选出后，牧民即可根据自愿向筹委会报名、申请入社。

① 中共察右后旗委员会：《关于试建牧业生产合作社的方案》（1955 年 1 月 3 日），内蒙古档案馆藏，资料号：11—9—100。

第二阶段，进行牲畜入股、劳动力及设备的评价，确定分红比例。

牲畜入股——可根据牲畜不同种类，分别据质量好坏，口齿大小，生殖能力，皮毛优劣，有无疾病，依据社员民主评定，分成若干等级，按照市价评出各等牲畜价格并依据社员民主讨论决定股金标准入股。社员个人所揽"苏鲁克"完全归合作社经营，并按社员生活情况分给一定比例，以照顾原揽放牧户。跟羊群的狗一并入社，不作价只由社员喂养。牧民所拥有的乘马及祭天所用牲畜，可不作价入股，由社员自由自配。

评劳动力——一般应根据过去男女社员在各个季节及分工劳动中的实效（即根据劳动强弱、技术高低）先行评出预定分工作为底分，作为个人劳动一般标准，以备社干部及社员因社内公务误工仍须计工的标准。除此之外，根据畜牧业生产不同季节，一般可分如下几种计工办法：（1）按件计工，根据劳动轻重、难易，是否需要技术定出一定标准作为一个劳动日。超过或不足，应增减分数。这种计工办法可适用于挤奶、打草、剪毛等。（2）临时包工，将一定的工作，定出需用工数和质量标准以及完工日期，包给生产队或组，由生产队或组再以按件计工或死分活评办法包给个人，一般情况下社只能对组负责计工。这种办法可适用于修建棚圈、扫牛粪、喂老弱牲畜等。（3）季节包工包产，根据牧业生产季节，以奖励劳动保证增畜的精神，评出在一个季节内各项工作所需的劳动日包给生产队、生产组或个人，在包产部分定出保证标准。这种计工办法一般只用于牲畜生产期间，如接羔、奶羔、放牧等。例如，接羔必须白天跟群放牧，夜间下夜接羔。夜间劳动较重，可定一个工作日；白天跟群可定为八分工。包产部分则应确定除流产外正常生产必须保证95%，如超过还应定出奖励办法，以鼓励社员劳动积极性。再如，奶羔方面，包产部分应规定幼畜成活达90%以上等。总之，必须在保证增畜与奖励劳动的原则下制订具体办法，标准必须详尽，奖惩必须分明。

评设备——设备包括大工具，主要是大车、棚圈等因历年需要整修，只评木料，其他均采取公用公修办法，大车、木料采取作价归社办法。

分红比例——分红上必须考虑畜牧业生产不如农业生产立即奏效，增产上第一年不可能效果马上显著，本来公积金、公益金因畜牧业收入大可以多留，但是因当时尚无显著增产，公积金留得太多势必影响社员收入，故决定公积金抽总收入的4%，公益金抽1%。牲畜比例分红必须慎重考虑，不可机械搬套农业社按劳分红兼顾土地分红的办法，因为在畜牧业上当时存在"苏鲁克"制度，"苏鲁克"主以二八分羔计算每年要分走"苏鲁克"总收入的55.57%。因此，如牲畜分红过低则不如放出"苏鲁克"收入大，这就不能鼓励牧民走互助合作的道路。故决定牲畜分红按纯收入60%分红，但牲畜不分"苏鲁克"及打草以及副业红。劳动力除上述纯收入40%分红外，分"苏鲁克"、打草及副业全部收入，从而实现奖励劳动的政策。在讨论分红比例时，还应详尽地讨论分配办法。

第三阶段，选举牧业生产合作社干部，建立合作社组织，制定合作社章。

（1）选举合作社干部必须在准备建社时即开始酝酿，结合在筹备建社期间的表现进行考察，经过充分酝酿，根据"政治进步，公道能干，群众拥护"条件，经社员大会选举产生合作社社长1人，副社长1人，分别担任牧业社管理委员会正副主任，社长选出后建社筹委会即告结束。（2）管理委员会由3—9人组成，作为合作社的执行机关对社员大会负责。（3）监察委员会由3—5人组成，设主任1人。作为社的监察机关，直接对社员大会负责，监察管理委员会及社员是否遵守社章、执行决议以及社员、社干部有无违法违规行为。管理委员会委员不能兼任监察委员会。（4）生产队的组成可依社员居住情况，组成若干队，民主选举正副队长。生产队可据大小，设立生产小组。（5）订立社章是要把整个建社中进行的教育，解决的问题全部以文字形式固定下来，全体社员共同遵守。

第四阶段，制订全年生产计划，安排生产，召开建社大会。

（1）社章订立后，即由管理委员会草拟全年分季的生产计划，提交社员大会审查通过；（2）全年计划制订后，即根据计划安排劳动力投入生产；（3）建社工作全部结束后，即召开邻村、邻组参加的庆祝大会。①

根据上述建社方法，经与宝勒互助组准备入社牧户的初步讨论酝酿，估计出第一年的收支情况如下：牲畜除"苏鲁克"部分外全部作价入股：牛250头，每头均50万元（旧币，以下同）；马17匹，每匹均150万元；毛驴6头，每头均50万元；绵羊1184只，每只均15万元；山羊296只，

---

① 中共察右后旗委员会：《关于试建牧业生产合作社的方案》（1955年1月3日），内蒙古档案馆藏，资料号：11—9—100。

每只均 7.5 万元。总共作价 3530 万元，每股以 500 万元计算，折7006 股。①

3. 乌兰毛都努图克牧区合作社化实例

民主改革之后，乌兰毛都努图克牧区畜牧业生产有了很大发展，劳动牧民的生活得到显著改善。但是牧区畜牧业生产仍处在分散、落后的状态，不稳定性和脆弱性依然存在。要从根本上解决这些问题，保证畜牧业生产的稳定发展，不断改善广大牧民生活，必须引导广大牧民逐步走上合作社化道路。采取合作社化的办法改造牧民个体经济为集体经济。

乌兰毛都努图克为了搞好建社工作，召开努图克干部会议，组织学习研究关于建社的具体问题。于 1954 年 2 月 11 日组织由干部 11 人组成2 个工作组，分别到 4 个互助组，召开了当地党支部会议，交代了建社的几项注意事项以及支部党员如何带头等一些问题，进入了建立合作社的具体工作。

第一，建社工作组配合骨干力量分头了解情况。例如，进行家庭访问，了解群众对建立牧业合作社的认识情况、群众对建社的舆论等群众动态。并对群众进行了总路线教育，讲解了建立牧业合作社的目的与发展方向，合作社的性质、优越性以及收入分配，入社退社自由以及自愿互利原则。这样，基本上统一了群众的认识，使群众树立了入社的正确思想，认清了建社的方向，明确了合作社经营方针。在此基础上成立了建社筹备委员会，同时召开了社员大会，贯彻与学习了中央关于建立农业合作社的决议和社章。在经过社员群众的讨论与研究，社员认识成熟的情况下，纷纷发表感想，有少部分社员存在入社后，自家活儿没人做，牲畜入社后自己使用不方便；希望多留自留地，以备合作社歉收时，以自留地维持生活。经建社工作组反复宣传教育，消除了社员对合作社的模糊认识，使社员对合作社有了明确的认识。在此基础上，进行了对社员的登记和审查工作。②

第二，自愿报名，进行登记，经社员审查批准。确定了入社户数之后进行了选举，选出了社务管理委员会，并经社员大会讨论了财务、会议、

① 中共察右后旗委员会：《关于试建牧业生产合作社的方案》（1955 年 1 月 3 日），内蒙古档案馆藏，资料号：11—9—100。
② 中共乌兰毛都努图克委员会：《乌兰毛都努图克建社工作总结汇报》（1954 年 2 月 28 日），科右前旗档案馆藏，资料号：67—1—11。

学习、管理和劳动纪律等分工。①

第三，建立组织机构与制定各项制度。在建立组织方面，以民主集中制在社员大会上投票选举出管理委员会委员和主任，按照社的规模大小不同，委员由7—11人，主任由3—4人组成。同时选举生产队长，生产队以下设有小组，完全由社员大会来讨论和选举。② 并制定了牧业合作社的各项制度规定：选举制度，除特殊情况外，一年改选一次；财会制度，社内账目，日清旬结并在社员大会公布，财务开支批准权限为10万元以下由主任批准，20万元以下由社务管理委员会批准，20万元以上由社员大会批准；劳动制度，凡是社内劳动力及社务干部必须受生产队长调配工作；学习制度，按生产的闲忙，抽出一定时间进行学习，有2个嘎查因是扫盲试点，每晚学习2小时，每5天进行一次政治学习；生活制度，社务管委会每15天召开一次会议，主要解决生产中或社内及社员个人工作中的优缺点，以便改进；奖惩制度，积极响应政府号召，认真执行规章制度，关心爱护社内公共财物者，积极劳动并有创造者经社员大会讨论通过给予精神或物质奖励，反之依据错误情节及其轻重，在社员大会上给予批评教育或警告处分，情节严重者开除。③

第四，牲畜入社形式，乌兰毛都牧区的畜牧业生产合作社的入股形式有以下几种：（1）适龄母畜以"苏鲁克"形式入社（绵羊、山羊），以成活仔畜按劳畜比例分红（绵羊50%，山羊60%归社）的办法，入社的牲畜羊毛全部归社，以劳分益；（2）乘马、役牛以国营牌价，当年分等估价，社租公用，年付固定利息为乘马5%，役牛6%；（3）苏伯羊归合作社统一经营，羊毛归社，其他一切开支由合作社负担；（4）散畜（牛、马）由合作社统一代放，收代放费，每头5.5元，马群另加打更工资，草料、医疗费畜主负担，社方统一准备，年末分红扣留；（5）种公畜入社，由社统一使用，免去代放费，并以受胎母畜的多少分别收费，给畜主付代价（例如，三河种公马受胎的母畜每头收费1元，在当地品种受胎母畜收费0.4元；三河种公牛受胎的母畜每头收费0.8元，在当地品种受胎的母畜收费0.4元）；（6）游牧"套包"的犬，大部分是社员自己的，但由社

---

① 中共乌兰毛都努图克委员会：《乌兰毛都努图克建社工作总结汇报》（1954年2月28日），科右前旗档案馆藏，资料号：67—1—11。

② 同上。

③ 同上。

统一使用，犬食由社负担；（7）生产工具作价归社，分期偿还，作价入社以价付息，大型工具偿还年限一般不超过3年，小型工具，社员自备（如锅、乘马用具等）。①

乌兰毛都牧区积极贯彻执行了"依靠劳动牧民，团结一切可以团结的力量，在稳定发展畜牧业生产的基础上，逐步实现畜牧业社会主义改造"的总方针。1956年1月，努图克牧区实现了合作社化，建立了13个畜牧业合作社、4个公私合营牧场，入社入场牧户占总户数的99.2%。②

在合作社组织机构方面，社章规定，社员大会是合作社的最高权力机构，它的权力有：选举新的正副主任和生产管理委员会；审查批准新生产计划；审查批准财务及公积金、公益金扣除比例和动用事项；批准新社员入社和对社员的奖励与处分。③

社员大会每季度召开一次，有必要时即可临时召集。参加大会的社员必须超过半数以上才能召开，做出决议。管理委员会在主任领导下，行使下列职权：执行社员大会的决议，制订生产计划提交社员大会通过执行，处理日常各项事务，管理委员会任期一年，连选连任。

社管委会由11人组成，其业务分工和职权范围有：主任1人，领导与掌握社内全盘工作，按时计划布置检查督促，总结工作。副主任2人，协助主任委员料理社内一切事务。牧业委员1人，计划领导社内公私牲畜饲养管理工作。副业委员1人，领导社员按季度有计划地搞适当的副业生产。财务委员1人，负责社内账目之清理及掌握开支范围等事宜。保管委员1人，负责保管社内公共财产及使用上的检查工作。卫生委员1人，领导搞好社内卫生和环境与个人卫生等工作。防疫保畜委员1人，检查督促防疫工作，组织预防和治疗工作。文化委员1人，计划领导社内文化学习及娱乐活动。④

社的劳动组织，根据生产上的需要把全社的劳动力，组成了3个生产队：定居队负责定居生产和打青、修缮冬春营地圈棚；副业队按季度有计划地组织社员搞适当的副业生产；牧业队分8个套包负责全社牲畜的放牧

① 中共乌兰毛都努图克委员会：《乌兰毛都努图克建社工作总结汇报》（1954年2月28日），科右前旗档案馆藏，资料号：67—1—11。

② 同上。

③ 同上。

④ 同上。

和饲养管理工作。

（1）乌兰奥都牧业合作社

乌兰奥都牧业合作社建立于 1954 年 3 月 6 日，是乌兰毛都努图克建立的第一个牧业生产合作社。该合作社共有牧户 18 户，人口 83 人，入社社员 41 人（男 23 人，女 18 人），骨干力量有 15 人（中共党员 4 人，青年团员 2 人，劳动模范 4 人，积极分子 5 人）；入社牲畜有绵羊 1300 只，山羊 400 只，牛 251 头，马 132 匹，合作社接收放"苏鲁克"绵羊 2100 只，山羊 1320 只，共计 5503 头（只）；原互助组有公共财产有 4 个"套包"和 1 台打搂草机。[①]

1955 年 2 月 20 日，乌兰奥都牧业合作社进行了整顿与扩建社。扩建后有牧户 25 户，人口 122 人，社员 57 人（男 34 人，女 23 人），骨干力量有 36 人（中共党员 4 人，青年团员 8 人，劳动模范 7 人，积极分子 17 人）；入社牲畜有牛 178 头，马 54 匹，绵羊 1312 只，山羊 215 只，合作社接收放"苏鲁克"绵羊 2038 只，山羊 178 只，共计 3975 头（只）；生产工具有 1 台打搂草机，30 辆牛车，8 个"套包"，5 个移动圈，4 处接羔棚，26 个冬营圈棚，定居土房 44 所。[②]

（2）宝音和希格牧业合作社

宝音和希格牧业合作社前身是 1949 年建立的宝音和希格牧业临时互助组。到 1954 年发展为牧业常年互助组，全组共有 15 户牧户，人口 77 人，劳动力 37 人；牲畜有 257 头牛，46 匹马，1353 只绵羊，556 只山羊；公共财产有 1 台打草机，1 台搂草机，4 个"套包"。[③]

该互助组在党和政府的重视领导与支持下，畜牧业生产取得了显著的成就。加强了畜牧业生产管理，互助组内按照劳动力的强弱和技术能力进行了合理调配，并采取了评工办法，提高了生产积极性。同时在每个生产季度开始之前都做出计划，在执行当中还有进度计划。因而，该互助组的生产与其他一般互助组以及单干户相比畜牧业生产成绩显著。例如，1953

---

① 中共乌兰毛都努图克委员会：《乌兰奥都牧业生产合作社 1954 年牧业生产工作总结》（1955 年 6 月 2 日），科右前旗档案馆藏，资料号：47—2—12。
② 同上。
③ 中共科右前旗乌兰毛都努图克牧区建设工作组：《乌兰毛都努图克宝音和希格牧业互助组转社总结报告》（1954 年 3 月 9 日），科右前旗档案馆藏，资料号：42—2—12。

年每个劳动力平均收入 36 只羊和 35010 元现金。①

该互助组牧民于 1954 年 1 月提出建立畜牧业合作社的要求。同月下旬，科右前旗旗委书记、旗长、宣传部部长等人到现场审查条件，进行政治思想教育，协助当地努图克委员会召集该互助组骨干分子会议，初步研究了牲畜牧入社的方法等问题。2 月 28 日，内蒙古东部区党委农村牧区工作部的阿木尔门都，旗委宣传部的额尔很巴雅尔，旗政府农牧科科长和一名干部配合努图克委员会副书记等干部 3 人到该互助组，帮助牧民建立了牧业生产合作社。在建立合作社方法上，自始至终掌握了互助合作"积极领导，慎重稳步前进"的方针和依靠群众的工作方法，其建立步骤如下。

第一步，召集互助组全体成员召开动员大会，传达了以下内容：（1）国家过渡时期总路线、总任务，其中着重解决了社会主义社会的远景、国家工业化对牧民与畜牧业的益处，牧民对国家工业化的责任；（2）牧区互助合作的方针和发展前途；（3）略述本互助组的发展经过和优越性；（4）合作社的性质，开展方向和内容，办社条件，经营方针及目的；（5）入社需具备哪些条件和入社需要的手续等问题。

第二步，自愿报名登记，经过审查。报名的有 18 户牧户，社员 41 人。

第三步，产生筹委会，规定社章和生产计划，并经社员大会通过。入社社员固定以后选出 9 名委员（其中旗政府人员 1 人，努图克委员 1 人）组织筹委会，专门研究了社章、其他具体事项的规定以及 1954 年的生产计划等问题。经过 2 天多的紧张研讨，拟定了社章草案及若干问题的解决办法，以及 1954 年的生产计划和初步意见，并在社员大会上通过。社员大会讨论社章和具体问题的规定，筹委会对社章和各项规定经过慎重考虑、反复研究，意见一致以后才提交大会通过。

第四步，进行民主选举委员，成立生产管理委员，通过生产计划。②

这样乌兰毛都努图克又相继建立了乌日尼勒特（勿布林）、呼格吉勒特（阿日林一合）、特布格日勒等牧业合作社，到 1956 年 1 月底实现了初级合作化，在原有 28 个互助组的基础上共建立了 8 个牧业生产合作社，其中高级形式的牧业生产合作社 2 个，初级形式的合作社 6 个。入社牧户

---

① 中共乌兰毛都努图克委员会：《乌兰毛都努图克建社工作总结汇报》（1954 年 2 月 28 日），科右前旗档案馆藏，资料号：67—1—11。

② 中共科右前旗乌兰毛都努图克牧区建设工作组：《乌兰毛都努图克宝音和希格牧业互助组转社总结报告》（1954 年 3 月 9 日），科右前旗档案馆藏，资料号：42—2—12。

650 户（包括合营牧场的 5 户），占牧区总牧户 659 户的 98.6%。牧业合作社规模最小的 45 户，一般为 50—78 户。①

合作化运动改变了整个牧区的生产关系，改变了牧民长期以来的生产方式，为牧业生产的发展创造了有利条件，使牧区面貌焕然一新并出现了空前的生产高潮。实现了初级合作社化后，推动了生产力，增加了牧民收入，提高了牧民的生活水平。合作化的目的是发展生产，改善人民生活。1956 年牧区灾情较重，但是依靠合作化的优越性战胜了各种自然灾害，增加了大小牲畜的头数。虽然没有完成 1956 年纯增值率 17.9% 的目标，但是也达到了 12.7%。由于增加了牲畜头数，从而增加了牧民的收入，提高了牧民的生活水平。参加合作社的牧民中增产户 80%，不增不减户 13.3%，减产户 5.79%。以劳动计算总收入，也增加了收入。全牧区参加合作社的劳动力 818 人，其中年收入 250—300 元的有 400 人，350—400 元的有 259 人，450—500 元的有 159 人。这些数字证明绝大多数社员增加了收入。同时生活水平也显著提高了。以牧民每年平均吃羊数量为例，1954 年 1 只，1955 年 1.5 只，1956 年 2 只。②

牧民的购买能力也提高了。例如，牧民购进布匹数量 1954 年为 1182 匹，1955 年为 1215 匹，1956 年为 1587 匹；牧民购买砖茶数量 1954 年为 6104 块，1955 年为 8290 块，1956 年为 12030 块；购买烧酒数量 1954 年为 20481 斤，1955 年为 24888 斤，1956 年为 28638 斤。③ 这些说明合作社化后牧业生产发展了，牧民收入增加，牧民生活水平提高了。

实现初级合作社化后广泛开展了以牧为主多种经营，特别是在不影响草牧场的原则下 1956 年开垦 376.5 垧，共耕种 630 垧，生产粮食 1500 石，解决了全努图克人口的 1/3 的口粮。除了经营农业之外，抽出人力物力搞了各种副业生产，收入占 8 个合作社总收入的 15.3%。④ 由于开展了多种经营，不但解决了吃粮、饲料问题，还使畜牧业生产发展了。

实现初级合作社化后，改进了饲养管理。牧区由个体到集体后，有了

---

① 中共科右前旗乌兰毛都努图克牧区建设工作组：《乌兰毛都努图克宝音和希格牧业互助组转社总结报告》（1954 年 3 月 9 日），科右前旗档案馆藏，资料号：42—2—12。
② 科右前旗乌兰毛道努图克：《科右前旗乌兰毛道牧区牧业合作社化总结》（1957 年 5 月 31 日），科右前旗档案馆藏，资料号：67—1—23。
③ 同上。
④ 同上。

统一计划，统一调配劳动力。因此，在畜牧业的经营方面大有改进。1956年各种牲畜抓膘较1955年强，各类牲畜抓膘程度，马抓膘8—10成的占总头数的70%；牛抓膘8—10成的占总头数的85%；羊抓膘8—10成的占总头数的80%。圈棚数量多，质量高。1956年草料储备比1955年增加了一倍。由于经营管理的改进，安全渡过了冬春，在1957年春的接羔工作取得了丰收，牲畜成活率达到97%。[1]

实现合作社化后，培养了干部，积累了经验。初级合作社化前，牧业干部少，缺乏办社经验。合作社化后干部数量多了的同时也积累了经验。例如，合作社化前，经常到牧区工作的旗和努图克干部只有6人，但在1956年下半年后经常到牧区工作的旗和努图克干部增加到了40人。每个合作社都有驻社干部，各嘎查都有工作组。这些干部大部分是从农业区调来的，他们不但缺乏办社经验，而且对畜牧业生产也外行。嘎查和村干部虽然熟悉畜牧业生产，但缺乏办社经验。他们都在1956年的办社、办场过程中，对牧业生产和办社积累了经验。

实现合作社化后，牧民的社会主义觉悟和生产积极性也提高了。随着生产关系的变化，牧民的思想也发生了变化，形成了劳动光荣的风气。按劳取酬的社会主义原则，不但在生产过程中体现出来，而且在生产分配中亦体现出来了。因此，牧民认识到多劳多得、少劳少得的原则，过去不参加生产的也参加生产了，少参加生产的经常参加生产了，过去对工分不重视的也开始重视了。同时，实现初级合作社化后，积累了一些公共财产。在牧区增添了之前没用过的新的交通工具。

乌兰毛都努图克因在当时的呼伦贝尔盟乃至在全区畜牧战线率先成功实现合作化而成为全区先进典型，先后迎来了自治区内各盟及甘肃、青海等省和自治区参观团来参观学习。

二　牧主经济的社会主义改造

（一）内蒙古牧区阶级状况变化

在社会主义改造时期，内蒙古牧区的阶级状况及其变化如何？

---

[1]　科右前旗乌兰毛道努图克：《科右前旗乌兰毛道牧区牧业合作社化总结》（1957年5月31日），科右前旗档案馆藏，资料号：67—1—23。

据内蒙古自治区 1954 年牧业税统计材料（1 头大牲畜折 7 只羊计算），全区共有 80200 个牧业税户，其中免税户（占有牲畜数折算成羊在 100 只以下）共 20708 户；一级税户（占有牲畜数折算成羊在 375 只以下）共 51158 户。这些一级税户中大约有 1/3，即 17053 户占有牲畜数折算成羊在 100 只以下或 100 只左右，与免税户的经济情况相差无几，都是牧区的贫困户。这两项加在一起，共为 37761 户，占总户数的 47.1%。共占有牲畜数折算成羊 4567653 只，占总牲畜数的 16.7%。二级至七级的牧业税户和 2/3 的一级税户，是牧区的中等牧户（其中有一部分是富裕户），共 41902 户，占总户数的 52.2%，共占有牲畜数折算成羊 13843062 只，占牲畜总数的 71.3%。八级和八级以上的牧业税户，每户占有牲畜数折算成羊在 2500 只以上，是牧区的牧主阶级，共 541 户，占总户数的 0.67%，共占有牲畜数折算成羊 2399518 只，占总牲畜数的 11.5%。①

由于内蒙古自治区牧业区分布极广，各牧区的社会阶级状况有很大区别。例如，从呼伦贝尔盟和锡林郭勒盟两个主要牧区来看，据 1955 年的材料，呼伦贝尔盟占有牲畜数折算成羊 2500 只以上的牧户有 140 户，占牧户总数的 2.09%，共占有牲畜数折算成羊 401734 只，占总牲畜数的 27.4%；锡林郭勒盟占有牲畜数折算成羊 2500 只以上的牧户有 218 户，占总牧户的 1.7%，共占有牲畜 620280 只，占总牲畜的 20.6%。②

由此可知，内蒙古主要牧区的情况是 2% 左右的牧主占有 25% 左右的牲畜，而在乌兰察布盟、察哈尔盟，昭乌达盟、伊克昭盟等盟，则没有这么多的牧主。所以，就全区来看，牧业区有 0.67% 的较大牧主占有 11.5% 的牲畜。③

---

① 《内蒙古党委农牧部对牧区阶级情况的分析和划分阶级的参考意见》（1956 年 2 月），载内蒙古自治区党委政策研究室、内蒙古自治区农业委员会编印《内蒙古畜牧业文献资料选集》第二卷（上册），呼和浩特，1987 年，第 175—176 页。

② 同上书，第 176 页。

③ 《内蒙古党委关于第三次牧区工作会议向中央的报告》（1956 年 6 月 21 日），载内蒙古自治区党委政策研究室、内蒙古自治区农业委员会编印《内蒙古畜牧业文献资料选集》第二卷（上册），呼和浩特，1987 年，第 192—193 页；《内蒙古党委农牧部对牧区阶级情况的分析和划分阶级的参考意见》（1956 年 2 月），载内蒙古自治区党委政策研究室、内蒙古自治区农业委员会编印《内蒙古畜牧业文献资料选集》第二卷（上册），呼和浩特，1987 年，第183 页。

根据以上数据和内蒙古东西部地区间、游牧区与定居区间的差别，内蒙古牧业区各阶级的比重和拥有牲畜的状况，大体是 40%—45% 的贫困牧户占有 15% 左右的牲畜，54.3%—59.3% 的中等牧户和富裕牧户占有 73% 左右的牲畜，0.67% 的牧主占有 11.5% 的牲畜。[1]

　　另外，自内蒙古自治政府成立以来，在牧区执行了党的各项社会政策和生产政策，牧区的阶级状况有了许多变化（详情见表2—3至表2—8）。

表2—3　　1948年、1955年呼伦贝尔盟新巴尔虎左旗阶级变化情况

年份	赤贫户		占有100头(只)以下的贫牧		占有101—1000头(只)的中牧		占有1001—3000头(只)的富牧		占有3000头(只)以上的牧主	
	户数(户)	占总户数的比例(%)	户数(户)	占总户数的比例(%)	户数(户)	占总户数的比例(%)	户数(户)	占总户数的比例(%)	户数(户)	占总户数的比例(%)
1948	6	0.5	786	62.8	405	32.4	52	4.2	2	0.2
1955	—	—	536	40.3	669	50.4	115	8.6	8	0.6

　　资料来源：《内蒙古党委农牧部对牧区阶级情况的分析和划分阶级的参考意见》（1956年2月），载内蒙古自治区党委政策研究室、内蒙古自治区农业委员会编印《内蒙古畜牧业文献资料选集》第二卷（上册），呼和浩特，1987年，第178页。

表2—4　　1951年、1955年锡林郭勒盟牧业税分担情况统计比较

年份	免税户		一级免税户		2—7级免税户		8级及以上	
	户数(户)	占总户数的比例(%)	户数(户)	占总户数的比例(%)	户数(户)	占总户数的比例(%)	户数(户)	占总户数的比例(%)
1951	3612	28.6	2572	60.1	1336	10.6	98	0.7
1955	1728	13.4	8128	62.9	2846	22.0	218	1.7

　　资料来源：《内蒙古党委农牧部对牧区阶级情况的分析和划分阶级的参考意见》（1956年2月），载内蒙古自治区党委政策研究室、内蒙古自治区农业委员会编印《内蒙古畜牧业文献资料选集》第二卷（上册），呼和浩特，1987年，第178页。

---

[1]　《内蒙古党委农牧部对牧区阶级情况的分析和划分阶级的参考意见》（1956年2月），载内蒙古自治区党委政策研究室、内蒙古自治区农业委员会编印《内蒙古畜牧业文献资料选集》第二卷（上册），呼和浩特，1987年，第176页。

表2—5　　　　　　　乌兰察布盟察汗脑包嘎查阶级变化
(1949 年、1952 年、1955 年)

年份	贫牧		中牧		富牧		牧主	
	户数（户）	占总户数的比例（%）	户数（户）	占总户数的比例（%）	户数（户）	占总户数的比例（%）	户数（户）	占总户数的比例（%）
1949	66	66.6	23	23.2	8	8.0	2	2.2
1952	62	61.0	31	30.0	8	7.8	2	1.9
1955	54	48.6	40	36.0	14	12.6	3	2.8

资料来源：《内蒙古党委农牧部对牧区阶级情况的分析和划分阶级的参考意见》（1956 年 2 月），载内蒙古自治区党委政策研究室、内蒙古自治区农业委员会编印《内蒙古畜牧业文献资料选集》第二卷（上册），呼和浩特，1987 年，第 179 页。

表2—6　　　　　　　伊克昭盟报乐晓敖劳淖尔巴嘎调查
(1949 年、1952 年、1955 年，占有牲畜按折算成羊数)

年份	赤贫户	占有 88 只牲畜的户（平均数）	占有 325 只牲畜的户（平均数）	占有 1129 只牲畜的户（平均数）	占有 1558 只牲畜的户（平均数）
1949（占总户数%）	18.7	51.4	18.9	5.4	5.4
1952（占总户数%）	13.5	48.1	27.0	5.4	5.4
1955（占总户数%）	0	64.9	24.3	5.4	5.4

资料来源：《内蒙古党委农牧部对牧区阶级情况的分析和划分阶级的参考意见》（1956 年 2 月），载内蒙古自治区党委政策研究室、内蒙古自治区农业委员会编印《内蒙古畜牧业文献资料选集》第二卷（上册），呼和浩特，1987 年，第 179 页。

表2—7　　　　察哈尔盟正镶白旗五佐第一巴嘎、第八巴嘎调查
(1949 年、1952 年、1955 年，占有牲畜按折算成羊数)

年份	贫牧（每人平均占有牲畜60 只以下）		中牧（每人平均占有牲畜61—500 只）		富牧（每人平均占有牲畜500 只以上）	
	户数（户）	占总户数的比例（%）	户数（户）	占总户数的比例（%）	户数（户）	占总户数的比例（%）
1949	54	66.7	27	33.3	0	

续表

年份	贫牧（每人平均占有牲畜60只以下）		中牧（每人平均占有牲畜61—500只）		富牧（每人平均占有牲畜500只以上）	
	户数（户）	占总户数的比例（%）	户数（户）	占总户数的比例（%）	户数（户）	占总户数的比例（%）
1952	50	60.2	33	39.8	0	
1955	33	38.5	42	57.8	3	3.6

资料来源：《内蒙古党委农牧部对牧区阶级情况的分析和划分阶级的参考意见》（1956 年 2 月），载内蒙古自治区党委政策研究室、内蒙古自治区农业委员会编印《内蒙古畜牧业文献资料选集》第二卷（上册），呼和浩特，1987 年，第 179 页。

表 2—8　　　　昭乌达盟道德庙努图克胡书毛都嘎查调查
（1949 年、1952 年、1955 年）

年份	贫牧		中牧	
	户数（户）	占总户数的比例（%）	户数（户）	占总户数的比例（%）
1949	26	28	68	72
1952	17	18	77	82
1955	15	16	79	84

资料来源：《内蒙古党委农牧部对牧区阶级情况的分析和划分阶级的参考意见》（1956 年 2 月），载内蒙古自治区党委政策研究室、内蒙古自治区农业委员会编印《内蒙古畜牧业文献资料选集》第二卷（上册），呼和浩特，1987 年，第 180 页。

从上列各项典型调查材料可知，内蒙古牧区阶级动态如下：

第一，调查材料表明，内蒙古牧区阶级状况的总趋势是贫困牧户不断减少，中等牧户迅速上升，牧主和富牧也有相当的增加。

第二，调查材料表明，三种不同地区的不同情况：（1）在民主改革过程中，没有斗牧主、平分牧主牲畜或基本没有斗牧主、平分牧主牲畜，而推行"三不两利"政策的呼伦贝尔盟、锡林郭勒盟地区的贫牧减少很多，上升为富牧和牧主的牧户数增加也快。（2）曾经有过斗牧主、平分牧主牲畜的察哈尔盟、昭乌达盟地区贫牧减少的比呼伦贝尔盟、锡林郭勒盟地区多，但发展为富牧的牧户很少。（3）在民主改革过程中，未普遍和很好推行"三不两利"政策的乌兰察布盟、伊克昭盟地区贫牧比前两类地区多，牧主的发展也不如呼伦贝尔盟、锡林郭勒盟快。这也充分证明了"三不两利"政策的正确性。

第三，调查材料表明，内蒙古牧区各个阶级的经济情况确实都在发展，牧区的阶级变化不是明显的向两极分化，而是向着一个方向发展。换言之，牧主经济的发展，并没有显著地影响中牧和贫牧的发展。这主要是因为内蒙古自治政府为牧区各阶级经济的发展创造了特定的、有利的条件：（1）在牧区建立了人民政权，废除了奴隶制度，实行了自由劳动，从盟到苏木和一部分巴嘎，建立了党的组织，这就使牧区经济向有利于人民方面发展有了保障；（2）党的政策是既允许牧主经济的存在和发展，又大力扶助了贫困牧民的生产；（3）废除了封建特权，草场公有，可以自由地利用草场发展生产；（4）通过"三不两利"政策，可以利用牧主的生产资料（如以母畜充工资等）来扶助贫牧的生产；（5）超额累进的轻税政策，能给贫牧休养生息的机会。

第四，调查材料表明，畜增加最快的仍然是中牧，其次是贫牧，牧主最差。例如，据呼伦贝尔盟新巴尔虎右旗达来淖尔苏木第一巴嘎的调查，1949—1955年，10户贫牧的牲畜增长了51.9%，8户中牧的牲畜增长了86%，7户牧主的牲畜增长了35.9%。再如，据察哈尔盟正镶白旗第三巴嘎的调查，1949—1955年，20户贫牧的牲畜增长了93.84%，24户中牧的牲畜增长了107.7%。[①]

这种情况与牧区的生产关系，即生产资料的占有关系是直接联系的。牧主虽然有雄厚的生产基础，但因其靠剥削别人的劳动进行生产，必然阻碍生产力的迅速增长；中等牧户的发展虽然是迅速的，但却很明确地向着雇用牧工的方向发展。例如，察哈尔盟2个巴嘎的调查，1949年有雇工29人，1952年增到39人，1955年增到68人；乌兰察布盟察汗敖包嘎查111户，1949年雇工34人，1952年雇工42人，1955年雇工61人；乌兰察布盟白音花嘎查有35%的牧户都雇牧工。[②]

这样就必然要使很多中等牧户迅速发展为富牧或牧主，而这不是当

---

① 《内蒙古党委农牧部对牧区阶级情况的分析和划分阶级的参考意见》（1956年2月），载内蒙古自治区党委政策研究室、内蒙古自治区农业委员会编印《内蒙古畜牧业文献资料选集》第二卷（上册），呼和浩特，1987年，第182页。

② 同上。

时社会主义改造所引导的方向。同时，贫困牧户虽然有很大的劳动潜力，但因其生产基础薄弱，辛勤终年，仍然很难得到迅速发展，至1956年内蒙古牧区仍然存在着50%左右的贫困牧户。①

（二）内蒙古牧区阶级划分标准问题

在内蒙古自治政府成立之后的牧区民主改革中，实施"三不两利"政策，没有公开划分阶级。在牧区社会主义改造进程中，也同样没有公开进行阶级划分。但是，实际上牧区阶级划分是以党内掌握的方式进行的。

1953年12月召开的内蒙古自治区第一次牧区工作会议，指出"过去不划阶级，现在还是不划，对牧主党内掌握"，并提出党内掌握的牧主划分标准：拥有大量牲畜，雇用大量牧工和放大量"苏鲁克"列为牧主，其他的都按牧民看待；虽有大量牲畜，但主要是靠自己劳动的，仍然是牧民，不列为牧主；虽然拥有一定数量的牲畜，因劳动力缺乏而雇用很少的雇工，已经停止雇用雇工，自己劳动，要求参加互助组者，可以允许参加，不应视为牧主。②

1956年2月发出的《内蒙古党委农牧部对牧区阶级情况的分析和划分阶级的参考意见》中，进一步具体提出党内部掌握的划分牧主、富裕户、中等户、贫困户、牧工的标准。

（1）牧主：确定牧主的标准应当根据剥削量，凡是剥削量在50%以上者即应划为牧主；内蒙古牧区辽阔，东西部地区间情况悬殊，一般占有牲畜折羊2000—2500只以上，雇用牧工3人以上，自己不劳动或只有附带的劳动，依靠剥削生活的就是牧主。

（2）贫困户：一般在游牧区折羊100—130只以下的牧户，定居和半农半牧区折羊70—100只以下的牧户应划为贫困牧户。

（3）牧工：贫困牧户中，大致每年得出卖6个月以上的劳动，或按"苏鲁克"相当于出卖6个月以上的劳动的人。

---

① 《内蒙古党委农牧部对牧区阶级情况的分析和划分阶级的参考意见》（1956年2月），载内蒙古自治区党委政策研究室、内蒙古自治区农业委员会编印《内蒙古畜牧业文献资料选集》第二卷（上册），呼和浩特，1987年，第182页。

② 《在过渡时期党的总路线总任务的照耀下为进一步发展牧区经济改善人民生活而奋斗——乌兰夫同志在第一次牧区工作会议上的讲话》（1953年12月28日），载内蒙古自治区党委政策研究室、内蒙古自治区农业委员会编印《内蒙古畜牧业文献资料选集》第二卷（上册），呼和浩特，1987年，第127页。

（4）中等户：牧主与贫困户之间为中等牧户。

（5）富裕户：中等户其中，折羊1000只以上，雇工1—2名的为富裕中等牧户。[①]

根据内蒙古牧区牧户每户平均4人，劳动力占不到总人口50%的情况，凡占有牲畜折羊在2000—2500只以上的牧户，一般都要雇3名以上的牧工（放"苏鲁克"者，按当地情况折合牧工），其剥削量一般也都在50%以上。按照这个标准划分牧主，当然比完全按折羊2500只以上为标准划分牧主的比重要大一些，即可能由0.67%扩大到1%左右。[②] 这仍然合乎内蒙古牧区的实际情况。

1956年3月25—28日，内蒙古自治区党委召开了内蒙古自治区第三次牧区工作会议，中心议题是讨论在全国社会主义高潮中如何实现对畜牧业的社会主义改造。关于内蒙古牧区阶级划分问题明确规定如下：

第一，过去在牧区没有划阶级，现在为了对牧主经济进行社会主义改造，为了及时掌握牧区的阶级动态，用内部掌握的办法划分阶级是必要的。但是必须严格掌握，防止在牧区形成一个公开划阶级的运动。内部划阶级问题只传达到旗县党委会委员，划分牧主由旗党委会研究开列名单，经地委、盟委批准，报内蒙古自治区党委备案。

第二，关于在党内掌握牧区划分牧主阶级的标准，规定：确定牧主的标准应当根据剥削量，即占有大量牲畜，其剥削量占50%以上者应划为牧主（具体掌握凡折羊2000只以上，雇长工3人以上，放"苏鲁克"折羊300—600只算一个长工，则划为牧主）。但是，根据实际情况具体掌握。例如：（1）虽占有大量牲畜，自己劳动没有剥削或仅有轻微剥削者不应划为牧主；（2）占有大量牲畜，由于不积极经营而不雇工，但在自愿条件下也可以吸收参加合营牧场，在划成分时可不划为牧主；（3）牲畜折羊在2000只以下1000只以上，有劳动力但不参加劳动或只参加附带劳动，剥削量占总收入70%以上者，也划为牧主；（4）牲畜折羊在2000只以下1000只以上，家中原有劳动力，因参军或参加工作或因老弱残废不能经营牲畜者，其剥削量虽在70%以上也不划为牧主。

---

① 《内蒙古党委农牧部对牧区阶级情况的分析和划分阶级的参考意见》（1956年2月），载内蒙古自治区党委政策研究室、内蒙古自治区农业委员会编印《内蒙古畜牧业文献资料选集》第二卷（上册），呼和浩特，1987年，第183—184页。
② 同上书，第183页。

第三，会议关于贫困牧户、中等牧户的标准，规定：凡占有一部分牲畜和不完全的生产工具，一般需要出卖少部分劳动力或接"苏鲁克"维持生活者为贫困牧户（一般为在游牧区牲畜折羊每人 30 只以下，定居和半农半牧区牲畜折羊每人 20 只以下的牧户，单身汉牲畜折羊 50 只以下的应划为贫困牧户）。牧主与贫困牧户中间的阶层为中等牧户。①

这些阶级划分标准是根据畜牧业经济的脆弱性、牧主经济的改造涉及为数甚多的中等牧民以及牧主经济的特点、民族特点和和平改造的方针规定的。这些规定，在稳定发展生产的基础上进行对牧主的社会主义改造，经济上照顾牧主利益，政治上给予牧主适当安排，就会使牧主易于接受改造，给稳定地发展畜牧业生产创造条件。可见，上述规定的目的是，既能保证在稳定发展生产的基础上进行对牧主经济的改造，又能消灭牧主阶级。

（三）内蒙古牧区牧主社会主义改造方法与定息政策及其意义

在内蒙古牧区社会主义改造中，对一般劳动牧民采取牧业合作社的形式，而对牧主主要采取公私合营牧场形式。为此，有必要厘清牧业合作社和公私合营农牧场有什么区别？又为什么采用这两种改造形式？

牧业合作社和公私合营农牧场的区别：牧业合作社和公私合营牧场，从其经济性质说都是在党和政府领导下成立起来的两种形式不同的社会主义经济。两者区别在于牧业合作社是劳动牧民的社会主义组织形式，公私合营牧场是国家对牧主经济进行社会主义改造的主要形式，但牧主也可以入牧业合作社。

对一般劳动牧民采用牧业合作社化形式，其原因是劳动牧民是依靠自己劳动收入生活的劳动者，他们中间有些人牲畜较多，雇用少量的牧工或放出少量的"苏鲁克"，但主要还是靠自己劳动。牧业合作社是劳动牧民走社会主义的唯一道路，牧民将自己的牲畜入社后，进行统一经营和劳动生产，按劳畜比例分益，劳动牧民之间是互利关系，容易体现畜劳互利政策。

对牧主采取公私合营牧场形式，其原因是牧主经济是带有资本主义性质的经济，它的经营方式是大量雇工和大量放出"苏鲁克"，牧主不参加主要劳动，即使参加也是比重很小，主要或完全靠雇工放牧和放出的"苏

---

① 《内蒙古党委第三次牧区工作会议总结》（1956 年 3 月 28 日），载内蒙古自治区党委政策研究室、内蒙古自治区农业委员会编印《内蒙古畜牧业文献资料选集》第二卷（上册），呼和浩特，1987 年，第 192—193 页。

鲁克"收入生活。据牧主经济的这一性质,党和政府确定的对牧主采取的主要改造形式是公私合营牧场。

这是因为:(1)牧主与国家合营之后,入场的牲畜就成为社会主义性质的经济,公私合营牧场付出工资、生产费和股份利息后,剩余的收入就是社会主义积累,这是经济上的改造;(2)牧主入公私合营牧场还有自我劳动改造的意义,由不劳动或不多劳动的牧主逐步变成自食其力的劳动者;(3)牧主经济是较大的经济,通过公私合营在技术上更能较快改造,大量发展生产;牧主还有一定经营生产的经验,通过公私合营的道路容易发挥他们的经验;(4)党和政府对牧主采取和平改造的政策,在政治和经济上都给予较优厚的待遇。[①]

牧主参加合营牧场的组织方法有如下两种:

第一种组织方法是,组织公私合营牧场,以经营牧主的牲畜为基础,政府投入资金(也有不投资的)和派入干部,进行合营。合营后,公私合营牧场的生产资料(主要是牲畜)由国家和牧主共同占有,生产资料的支配权、经营权和人事调配权等,实际上已转到国家手中,社会主义成分在公私合营牧场中不断得到发展,最后转为基本上公有。牧主牲畜作价入场,场方付固定利息,牧主对生产资料的所有权只表现在定息上。由于定息不随生产的发展和利润的增加而增加,牧主对牧民的剥削受到严格的限制,所以,采用定息的办法兴办公私合营牧场是当时的主要形式。

第二种组织办法是,采用牧主牲畜计头(只)数入合营牧场,与场方比例分益的办法,即在全年总收入中,扣除当年生产开支和向国家缴纳的税金后,再扣除40%的公积金和企业奖励金,60%为牧主所得。这种办场方法,由于牧主所得收入随生产的发展而增加,呈现水涨船高的趋势,对限制牧主剥削不利,各地很少采用。当时兴办的公私合营牧场,还是属于半社会主义性质的,将来还要转变成为全民所有制的企业。[②]

采取合营牧场办法时,具体要求:(1)必须派坚强的党员干部担任公

---

① 《内蒙古党委关于第三次牧区工作会议向中央的报告》(1956年6月21日),载内蒙古自治区党委政策研究室、内蒙古自治区农业委员会编印《内蒙古畜牧业文献资料选集》第二卷(上册),呼和浩特,1987年,第211页。

② 中国共产党内蒙古自治区委员会:《关于继续完成牧区畜牧业社会主义改造和逐步实现技术革命、文化革命的指示》(1958年7月31日),内蒙古档案馆藏,资料号:11—12—145。

方场长，调派一部分牧民、党员到牧场做牧工，确立工人阶级在合营牧场的绝对领导权。牧主本人，可以分配适当的领导职务或一般职务，牧主家庭成员，凡是能参加生产劳动的，都在牧场中分配工作，同工同酬。（2）合营牧场一般采用定息办法，定息的标准以保证牧主生活水平不降低为原则，大体掌握在2%—5%，牧主的自留牲畜，原则上按生活需要留给乘马、役畜、奶牛、食用羊，牧主要求多留的可以适当放宽。自留牲畜一律入场统一经营，牧主出代管费，不许雇工放牧。牧主的"苏鲁克"一般不收回，转给合作社，一律作价定息，由合作社和牧主发生关系。定息标准应略低于合营牧场标准。贫困牧民因"苏鲁克"牲畜转给合作社而生活发生困难的，由合作社在生产和生活上加以照顾。（3）合营牧场实行民主管理，实行党委领导下的场长负责制，建立在公方场长领导下的管理委员会。动员牧主参加劳动，发挥他们的特长，鼓励他们经营的积极性，指明前途，引导牧主改造成为自食其力的劳动者。教育牧主以平等的态度对待牧工。加强政治工作，在牧工中加强阶级教育，建立工会组织。牧主在没有改造成为自食其力的劳动者以前，不得参加工会。（4）鼓励牧主把牲畜以外的资金或定息所得向牧场投资，兴办工业、农业或牧业的基本建设。牧主投资付给利息，牧主需要时可以抽还。（5）合营牧场，必须勤俭办场，自力更生，依靠积累增加基本建设，制订计划，一般牲畜纯增殖应达到30%以上。[①]

　　牧主牲畜入公私合营牧场时有定息和分红两种办法，但大多数采取了定息。合营牧场定息的标准，以保证牧主生活水平不降低为原则，年利率大体掌握在2%—6%，对他们当年的纳税任务也给减轻2%。[②] 同时，对凡参加合营牧场的牧主都给了场长或副场长的职务，给了相等于17、18级干部的工资，准许他们留很多牲畜。牧主的自留牲畜，原则上按生活需要留给乘马、役畜、奶牛、食用羊，牧主要求多留的可以适当放宽。[③] 自留牲畜

[①] 中国共产党内蒙古自治区委员会：《关于继续完成牧区畜牧业社会主义改造和逐步实现技术革命、文化革命的指示》（1958年7月31日），内蒙古档案馆藏，资料号：11—12—145。

[②] 同上。

[③] 例如，呼伦贝尔盟牧主布拉留了400只羊、40头牛、15匹马、7峰骆驼。参见《内蒙古党委农村牧区工作部关于对牧区畜牧业社会主义改造和牧区建设问题的汇报》（1956年9月12日），载内蒙古自治区党委政策研究室、内蒙古自治区农业委员会编印《内蒙古畜牧业文献资料选集》第二卷（上册），呼和浩特，1987年，第229页。

一律入场统一经营，牧主出代管费，不许雇工放牧。同时，鼓励牧主把牲畜以外的资金和定息所得向牧场投资基本建设。牧主投资，付给利息，牧主需要时可以抽回投资。

这样，保证了他们的生活不致降低，牧主都满意，纷纷要求办合营牧场，同时影响到一些普通牧民也提出参加合营牧牧场。办公私合营牧场的同时，也允许一部分牧主加入牧业生产合作社。①

对牧主的社会主义改造始于1956年3月，至1956年9月全区共办合营牧场11处，参加的牧主19户占有的牲畜83420头（只），投入的牲畜37152头（只），折款809万元。② 1957年2—12月，组织48户牧主，建立了28个公私合营牧场。③ 至1958年2月，内蒙古牧区社会主义改造基本实现，畜牧业合作社已经发展到2083个，公私合营牧场已建立77个，入社入场的牧户，占牧区总户数的85%。④ 以昭乌达盟为实例，至1958年7月畜牧业合作社由1957年的247个发展到425个，入社户数由1957年的9733户发展到18681户，入社户数占总户数的95%。⑤ 1958年秋，内蒙古牧区合营牧场发展到122个，没有参加合作社的牧主都加入了合营牧场，完成了对牧主的社会主义改造。⑥

---

① 在1956年1月17日《内蒙古党委对呼盟盟委在牧主会议上的报告要点的请示的批复》中明确指示：牧主经济的改造，将要经过一个相当长的实践，并且将通过各种适当的更加缓和的方式来逐步实现。公私合营牧场之外，在一定条件下参加合作社，以及其他可能的适当形式，将让牧主有一个必要的时间在人民政权的领导下逐步接受改造。对个别的愿意在一定条件下，如采取牲畜定息入社或保本人社按劳分红等办法参加合作社的，亦可经盟委研究后，报内蒙古自治区党委批准后试办。参见《内蒙古党委对呼盟盟委在牧主会议上的报告要点的请示的批复》（1956年1月17日），载内蒙古自治区党委政策研究室、内蒙古自治区农业委员会编印《内蒙古畜牧业文献资料选集》第二卷（上册），呼和浩特，1987年，第172—175页。
② 《内蒙古党委农村牧区工作部关于对牧区畜牧业社会主义改造和牧区建设问题的汇报》（1956年9月12日），载内蒙古自治区党委政策研究室、内蒙古自治区农业委员会编印《内蒙古畜牧业文献资料选集》第二卷（上册），呼和浩特，1987年，第228页。
③ 《动员一切力量为争取1957年农牧业大丰收而奋斗——杨植霖同志在旗县长会议上的报告》（1957年2月25日），载内蒙古自治区党委政策研究室、内蒙古自治区农业委员会编印《内蒙古畜牧业文献资料选集》，第二卷（上册），呼和浩特，1987年，第274页。
④ 中国共产党内蒙古自治区委员会：《关于继续完成牧区畜牧业社会主义改造和逐步实现技术革命、文化革命的指示》（1958年7月31日），内蒙古档案馆藏，资料号：11—12—145。
⑤ 中共昭乌达盟委：《我盟牧业生产和牧业社会主义改造情况报告》（1957年6月28日），内蒙古档案馆，资料号：11—12—394。
⑥ 郝维民主编：《内蒙古自治区史》，内蒙古大学出版社1991年版，第125页。

另外，随着 1958 年冬季开始的内蒙古牧区人民公社化运动展开，国营农牧场亦卷入了这一运动。大多数国营农牧场先后加入或建立了人民公社，即国营农牧场或加入牧业合作社建立人民公社，或吸收群众建立人民公社。据 1959 年 3 月统计，呼伦贝尔盟、哲里木盟、昭乌达盟、锡林郭勒盟、乌兰察布盟 5 个盟 70 个公私合营牧场中，51 个公私合营牧场都已加入和建立了人民公社。①

内蒙古自治区党委规定，对牧主入公私合营牧场或入人民公社牲畜价款每年支付 1%—4% 的定息。定息政策在"文化大革命"期间，停止执行，党的十一届三中全会之后的 1984 年得到恢复。②

如上所述，内蒙古牧区合作社化进程中实施定息政策，具有重要的历史意义。

首先，通过建立公私合营牧场，把带有资本主义性质的牧主个体经济改造成为社会主义性质的经济，完成了牧区社会主义改造。牧主与国家建立公私合营牧场之后，入场的牧主牲畜就成为社会主义性质的经济，公私合营牧场付出工资、生产费和股份利息后的收入就成为社会主义积累。

其次，在牧主社会主义改造过程中，全面正确地贯彻执行了"依靠贫困牧民（包括不富裕的中等牧民），团结中等牧民，逐步改造牧主"的牧区阶级政策。同时，对牧主实行了"团结、教育、改造"方针。③ 这些方针、政策的实施，为内蒙古牧区社会的长期稳定与和谐，奠定了坚实的

---

① 《内蒙古党委农牧部关于国营农牧场工作座谈会的报告》（1959 年 3 月 10 日），内蒙古档案馆藏，资料号：11—13—253。
② 经内蒙古自治区党委同意，关于原牧主定息问题规定：（1）我区对原牧主采取了比资本家更宽些的赎买政策。国家对资本家累计支付到其私股作价款总额的 50%，即停止支付。因此，对原牧主定息，应累计支付到其入场、入社牲畜价款总额的 60%，即停止支付。（2）支付定息应实行谁接收牲畜谁支付的原则，按原定率支付。要以支付现金为主。有条件的，可以一次性或几次支付，也可以用现有牲畜逐年顶支。原牧主死亡，其直系亲属（或法定继承人）可以领取。（3）按国家干部工资标准定级担任公私合营牧场职务的原牧主，其工资照发，已停发的要补发。如因年老体弱已离开原职的，可参照同级国家干部退职退休标准发给生活费。（4）庙仓、民族上层、宗教上层入场、入社的牲畜，凡当时付给定息的，仍按原规定执行。庙仓定息，应用于解决喇嘛生产生活困难。参见内蒙古自治区党委办公厅《关于偿还牧民畜股报酬及支付原牧主定息的通知》（1984 年 4 月 10），科右前旗档案馆藏，资料号：67—1984—103。
③ 《关于公私合营牧场的几个问题》（1962 年），内蒙古档案馆藏，资料号：11—16—197。

基础。

再次，定息政策的实施，兼顾了合营牧场的利益和牧主的利益，发挥了牧主发展畜牧业生产的积极性及其从事畜牧业生产的丰富经验。内蒙古牧区公私合营牧场贯彻了畜牧业生产作为公私合营牧场经营主体的"以牧为主"生产方针、"多劳多得，按劳分配"的原则和"按活计工，按工付酬，超产奖励"的评工记分制度。① 所以，内蒙古公私合营牧场的畜牧业生产取得了显著的发展。据内蒙古 70 余个公私合营牧场统计，牲畜数量由 1958 年初 635355 头（只），年末达到 771600 头（只），总增 31.17%，纯增 21.44%；到 1959 年 9 月的牲畜数量达 1000000 头（只）以上。② 以锡林郭勒盟公私合营牧场为实例，1961 年大小牲畜达到 4150838 头（只）。③

最后，丰富、积累了内蒙古牧区工作的成功经验。对牧主的社会主义改造中，鉴于个体游牧的畜牧业经济有着很大的脆弱性与不稳定性，而在民主改革（土地改革）时期，有些盟由于政策上的偏差而使牲畜严重损失的教训，内蒙古自治区党委坚持了"在保证畜牧业生产的发展中逐步实现畜牧业的社会主义改造"的根本原则。因为畜牧业经济的主要生产资料之一的牲畜，是不同于其他生产资料的，它是一种活的有生命的东西，它既是生产资料也可作为生活资料，搞不好，牧民没有了生产的积极性，不注意照管自己的牲畜，一场大风雪或大疫病就可能使成千上万头牲畜死亡，也可能造成大量的宰杀和破坏，而且在受到损失后短期内不易恢复。因为个体畜牧业经济的这些特点，即使是在全国城乡社会主义改造运动高潮的影响下，内蒙古自治区党委依然重视牧区的具体情况，强调在保证畜牧业生产稳定的发展中逐步实现社会主义改造，克服了不根据具体情况生搬硬套的做法，使畜牧业生产在社会主义改造中得到了稳定的发展。

---

① 内蒙古自治区党委农牧部：《关于全区公私合营牧场工作会议的报告》（1959 年 9 月 13 日），内蒙古档案馆藏，资料号：11—13—253。
② 同上。
③ 《关于公私合营牧场的几个问题》（1962 年），内蒙古档案馆藏，资料号：11—16—197。

三　庙仓经济的社会主义改造

喇嘛是牧区的一个特殊的阶层，从阶级地位看，他们中的一小部分属于牧主阶级，大部分属于牧民阶级。上层喇嘛拥有大量的财产和牲畜，被称为庙仓。大多数庙仓以"苏鲁克"形式将牲畜交给附近牧民和下层喇嘛无偿放牧进行剥削，也有的庙仓自行经营畜群。

民主改革废除了召庙和宗教上层的封建特权和超经济强制，但是庙仓经济及其剥削仍然存在，庙仓所占有的牲畜和其他生产资料基本未动，只对所放"苏鲁克"牲畜进行必要的改革，主要是实行新"苏鲁克"制和适当提高了牧工工资。自治区党委对改造庙仓经济，总的指导思想是：执行宗教信仰自由政策，保护庙仓设施和正当宗教活动，同时对庙仓经济进行社会主义改造。

至1958年，内蒙古牧区的喇嘛，已经有70%—80%的人在不同程度上参加了生产劳动，纷纷要求走社会主义道路，不少人已经加入了合作社。他们当中的先进分子，有的已被选为合作社主任，并且已经做出显著的成绩。自治区党委鉴于牧业合作化已经实现，对喇嘛和庙仓改造的时机已经成熟，开始对其进行改造。对喇嘛的改造包括人的改造和庙仓、葛根仓改造两个方面。对庙仓进行社会主义改造，在念经等正当的宗教活动仍然允许的情况下，主要包括喇嘛本人参加生产劳动和庙仓改造两个方面。其目的是既改造喇嘛，又团结人民和发展生产。

内蒙古自治区党委和政府考虑到宗教的复杂性和长期性，对召庙经济采取了比对牧主经济更慎重、更宽厚的政策和一系列稳妥的办法。具体主要是采取对召庙主进行教育和协商的办法，取得召庙主的同意，将召庙的牲畜纳入国营农牧场、公私合营农牧场或牧业生产合作社。制订实施了具体的方式、方法和步骤。

首先，对庙仓、葛根的牲畜，凡是召庙自己经营的畜群，一般举办公私合营牧场，庙仓放的"苏鲁克"一律改为作价定息，转归合作社经营。葛根私有牲畜数量不多的，本人又不愿意带畜入社的可以采取作价定息的办法。①

其次，适龄母畜，计头数入社，按劳股畜股比例分配繁殖仔畜和畜产品，其余牲畜交合作社代放，付给合作社代放费；牲畜作价或评分计股入社，劳股畜股比例分益；牲畜作价入社，付给固定利息，喇嘛参加劳动按劳分配；牲畜作价入社，分期偿还。② 这些措施显然是考虑了内蒙古牧区畜牧业的经济特征和民族特征。

最后，对喇嘛和庙仓经济改造的步骤，一般采取了以下做法：（1）教育喇嘛走社会主义道路，学习政治、科学、文化，参加生产劳动，把寄生生活改造成为依靠自己的劳动生活；（2）充分发挥喇嘛中的医生以及铜匠、铁匠、木匠等手工业者，要充分发挥他们的特长，组织他们参加相应的合作社或吸收为国营企业的工人；（3）鼓励庙仓把其他财产和牲畜定息的收入，投资于工农业或牧业基本建设；（4）在完成改造以后，少数上层喇嘛、老喇嘛生活困难的，由社会安排或由政府给予补助救济。③

同时，对喇嘛的社会主义改造的具体政策是："有斗争有团结，有严有宽，严中有宽，宽也有一定限度。"严，指在政治上必须拥护社会主义，不准反对社会主义，在思想上划清社会主义和资本主义的界限，在经济上堵死资本主义的道路；宽，是指对经济改造采取赎买政策，同时在生活、工作上给予适当的安排，对于积极拥护社会主义的代表人物，在政治上给予适当的地位（例如有些人可以在政协和人民委员会及群众团体中安排职务等）；在思想改造上采取逐步改造，和风细雨，座谈交心的方式。对喇嘛仍坚持宗教信仰自由的政策，对正当的宗教活动仍然允许。限度是指在改造中给予较宽的待遇和出路，但是不能损害社会主义的根本利益。例如，牧主牲畜交给公私合营牧场管理，不准破坏生产；在自留畜上可以从

---

① 《鼓足干劲，力争上游，多快好省地建设社会主义的新牧区——乌兰夫同志第七次牧区工作会议的总结报告》（1958 年 7 月 7 日），内蒙古档案馆藏，资料号：11—12—146；《中国共产党内蒙古自治区委员会关于继续完成牧区畜牧业社会主义改造与逐步实现技术革命、文化革命的指示》（1958 年 7 月 31 日），内蒙古档案馆藏，资料号：11—12—145。

② 浩帆主编：《内蒙古蒙古民族的社会主义过渡》，内蒙古人民出版社 1987 年版，第 218 页。

③ 《鼓足干劲，力争上游，多快好省地建设社会主义的新牧区——乌兰夫同志第七次牧区工作会议的总结报告》（1958 年 7 月 7 日），内蒙古档案馆藏，资料号：11—12—146；《中国共产党内蒙古自治区委员会关于继续完成牧区畜牧业社会主义改造与逐步实现技术革命、文化革命的指示》（1958 年 7 月 31 日），内蒙古档案馆藏，资料号：11—12—145。

宽，但是只限于生活资料；在定息上给予一定利益，但不能因此减少公共积累；在喇嘛中允许宗教信仰自由，但不准用宗教来破坏社会主义。这就是政策界限。①

1958 年，牧区实现了合作化，推动了庙仓经济加快进度完成了社会主义改造。②

四　内蒙古牧区社会主义改造进程中的问题及其原因

至 1958 年 7 月，内蒙古基本上实现了畜牧业社会主义改造，对牧业生产的发展也一定程度地起到了促进作用。在 20 世纪 50 年代生产力较低的现状下，社会主义改造所建立的畜牧业生产互助组、畜牧业生产合作社统一经营、统一计划、统一支配劳动力，除了防御自然灾害之外，也起到了调节劳动力的作用。例如，当时，锡林郭勒盟的牧民 1 人所放牧的牲畜有 300—500 头（只）或 1000 头（只），也有放牧极为少数头（只）的情况。③ 但是在当时的生产力条件下，每名牧民放牧 200—300 头（只）为最适当。牧民放牧过多的牲畜是劳动力不足，而牧民 1 人放牧过少的牲畜是浪费劳动力。因此，畜牧业生产互助组、生产合作社起到了调节劳动力的作用，并在畜舍建设、挖井、防灾等方面也取得了一定的成绩。

考察内蒙古牧区社会主义改造，必须立足于社会主义改造在客观上是否促进了牧区畜牧业生产的视角。因为当时的社会变革时期，"在少数民族地区，无论改革还是改造，都应该是在稳定发展生产的基础上进行。一切改革和改造的目的，都是为了发展生产力"④。

① 《鼓足干劲，力争上游，多快好省地建设社会主义的新牧区——乌兰夫同志第七次牧区工作会议的总结报告》（1958 年 7 月 7 日），内蒙古档案馆藏，资料号：11—12—146。
② 内蒙古自治区畜牧业厅修志编史委员会编著：《内蒙古自治区畜牧业发展史》，内蒙古人民出版社 2000 年版，第 119 页。
③ 乌兰夫：《在内蒙古发展农牧业互助组》，《内蒙古日报》1955 年 11 月 17 日。
④ 乌兰夫：《当前民族工作中几个重要问题》，载内蒙古自治区政协文史资料委员会《"三不两利"与"稳宽长"——文献与史料》（内蒙古文史资料第 56 辑），呼和浩特，2005 年，第 145—146 页。

内蒙古牧区社会主义改造也同样，其目的是促进内蒙古牧区畜牧业生产，提高畜牧业生产力。1953 年 5 月 1 日，乌兰夫在内蒙古自治区成立六周年干部大会上指出当时内蒙古的生产任务是："坚持保护和发展包括牧主经济在内的畜牧业生产和副业生产，扶助贫困牧民，改善饲养管理，同自然灾害做斗争，以达增加牲畜头数，提高牲畜质量，增加畜产品的目的。这是制定牧区一切政策，进行所有工作的基本出发点。"① 并且，《内蒙古畜牧业生产合作社规范定款（条款）》第一章总则第一条规定："发展畜牧业生产合作社的目的是，克服个体的分散的牧业经济的落后性，逐步地发展成为合作化、现代化的社会主义畜牧业经济，使畜牧业高度地发展起来，使全体社员富裕起来，以满足社员对畜产品的不断增长的需要"；第三条规定："牧业生产合作社必须不断地增加牲畜、增加畜产品、提高牲畜质量，逐步采取各种先进的生产技术，提高劳动效率。"②

牲畜既是牧民的生产手段又是牧民的生活手段，牲畜的增长率是衡量畜牧业生产最为本质性的要素。从表 2—9 可以看出，从 1947 年内蒙古自治区成立时到 1954 年牲畜增加的速度很快，纯增殖率也比较高。1954 年到 1956 年牲畜头数每年仍有增加，但纯增殖率波动较大，并开始有下降的现象。1957 年畜牧业生产状况不好，牲畜不但没有增加，反比 1956 年减少了 1962658 头（只），从中除去由于自然灾害减少的约 1200000 头（只），比上一年度减少约 760000 头（只）。其中，牧区减少约 510000 头（只）③。

从地区来看，除了巴彦淖尔盟的牲畜增加了 7%，锡林郭勒盟的牲畜增加了 1.7% 之外，其他各地区的牲畜均减少了，减少比重为：察哈尔盟23%，平地泉 15%，伊克昭盟 13%，河套地区 10%，呼伦贝尔盟、乌兰

---

① 《进一步建设内蒙古自治区——乌兰夫主席在庆祝自治区成立六周年干部大会上的讲话》（1953 年 5 月 1 日），载内蒙古自治区党委政策研究室、内蒙古自治区农业委员会编印《内蒙古畜牧业文献资料选集》第二卷（上册），呼和浩特，1987 年，第 77 页。

② 内蒙古自治区党委政策研究室、内蒙古自治区农业委员会编印：《内蒙古畜牧业文献资料选集》第二卷（上册），呼和浩特，1987 年，第 312 页。

③ 《关于畜牧业生产政策及社会主义改造规划的意见——高增培同志在内蒙古党委全体委员会（扩大）第四次会议上的报告》（1957 年 10 月 17 日），载内蒙古自治区党委政策研究室、内蒙古自治区农业委员会编印《内蒙古畜牧业文献资料选集》第二卷（上册），呼和浩特，1987年，第 344—345 页；《内蒙古党委关于第五次牧区工作会议向中央的报告》（1957 年 10 月 24日），载内蒙古自治区党委政策研究室、内蒙古自治区农业委员会编印《内蒙古畜牧业文献资料选集》第二卷（上册），呼和浩特，1987 年，第 365 页。

察布各 10%，哲里木盟 6%，昭乌达盟 5%。[1]

表 2—9　　　　　　　　　　1947—1957 年内蒙古牲畜增减情况

年份	牲畜数〔头（只）〕	纯增殖率（%）
1947	8281837	—
1948	8437191	1.9
1949	9103233	7.9
1950	10499000	15.3
1951	12669498	20.7
1952	15720387	24.1
1953	19127564	21.7
1954	21998390	15.0
1955	22791800	3.6
1956	24357168	6.9
1957	22394510	-8.1

资料来源：《关于畜牧业生产政策及社会主义改造规划的意见——高增培同志在内蒙古党委全体委员会（扩大）第四次会议上的报告》（1957 年 10 月 17 日），载内蒙古自治区党委政策研究室、内蒙古自治区农业委员会编印《内蒙古畜牧业文献资料选集》第二卷（上册），呼和浩特，1987 年，第 344—345 页。

造成如上所述内蒙古牲畜增长率下降的原因是多方面的，最重要的原因可归纳如下几个方面。

1. 在执行政策上的偏差和错误

第一，有的地方对"依靠劳动牧民，团结一切可以团结的力量，在稳定发展生产的基础上，逐步实现对畜牧业的社会主义改造"的方针认识不够。主要的偏向是把"依靠劳动牧民，团结一切可以团结的力量"和农业区的"依靠贫农、巩固的联合中农、逐步限制和消灭富农经济"一样看待。把仅有牲畜 200—300 头（只）或 400—500 头（只）、完全靠自己劳动的牧民，和农业区的富农或富裕中农一样看待，在经济上排斥，在政治上孤立他们。

_____

[1] 《关于畜牧业生产政策及社会主义改造规划的意见——高增培同志在内蒙古党委全体委员会（扩大）第四次会议上的报告》（1957 年 10 月 17 日），载内蒙古自治区党委政策研究室、内蒙古自治区农业委员会编印《内蒙古畜牧业文献资料选集》第二卷（上册），呼和浩特，1987 年，第 345 页。

这种做法，不符合党在牧区政策的精神，也不利于发展畜牧业生产。①

第二，建社过程粗糙，政策交代不够彻底，部分地区违反自愿互助政策，加以建社季节不对，在牧民中曾经一度造成某些混乱，导致牧民生产积极性不高，牲畜损失大。据统计，巴彦淖尔盟乌拉特中后联合旗 3 个社，锡林郭勒盟 13 个社中的 6 个社，乌兰察布盟察右后旗的 2 个社，1956 年仔畜成活率都很低，有的甚至成活率仅达到 50%；昭乌达盟克什克腾旗有 2 个社的羊毛损失 1/3；乌兰察布盟、察哈尔盟 39 个社中估计有 23 个社增产，所占比例不到 59%。同时，无故杀卖牲畜的行为也曾发生过。例如，1956 年 1 月前后，乌兰察布盟察右后旗乌兰哈达合作社杀卖了牲畜总数的 1/3。还有牧民因躲避合作化而迁移。例如，昭乌达盟阿鲁科尔沁旗和克什克腾旗、巴彦淖尔盟乌拉特前旗，1956 年迁移了 66 户。②

第三，对自愿互利政策执行不当，在集体利益与个人利益的关系上，照顾社员个人利益不够，部分社劳动报酬偏高，因而分配的结果是一部分畜多户减少收入。自留牲畜偏紧的现象，在一部分地区，还没有得到解决；在车辆和工具使用、副业生产、饲料地的种植上，对社员不够照顾，这些都使社员感到生活不方便，引起不满。③

执行互利政策中有偏差和错误。一般是强调劳动报酬，忽视牲畜股利益，但由于研究不够仔细，也有使劳动力吃亏的地方。在作价或评分的合作社中有的是按不同牲畜的不同产值，规定不同分红比例，这是合理的；

① 《高增培同志在内蒙古党委第五次牧区工作会议及内蒙古自治区畜牧业生产会议上的总结报告》（1957 年 7 月 15 日），载内蒙古自治区党委政策研究室、内蒙古自治区农业委员会编印《内蒙古畜牧业文献资料选集》第二卷（上册），呼和浩特，1987 年，第 291 页；《内蒙古党委关于第五次牧区工作会议向中央的报告》（1957 年 10 月 24 日），载内蒙古自治区党委政策研究室、内蒙古自治区农业委员会编印《内蒙古畜牧业文献资料选集》第二卷（上册），呼和浩特，1987 年，第 360 页。
② 内蒙古自治区党委农村牧区工作部：《关于对牧区畜牧业社会主义改造和牧区建设问题的汇报》（1956 年 9 月 12 日），载内蒙古自治区党委政策研究室、内蒙古自治区农业委员会编印《内蒙古畜牧业文献资料选集》第二卷（上册），呼和浩特，1987 年，第 221 页。
③ 《高增培同志在内蒙古党委第五次牧区工作会议及内蒙古自治区畜牧业生产会议上的总结报告》（1957 年 7 月 15 日），载内蒙古自治区党委政策研究室、内蒙古自治区农业委员会编印《内蒙古畜牧业文献资料选集》第二卷（上册），呼和浩特，1987 年，第 291 页；《内蒙古党委关于第五次牧区工作会议向中央的报告》（1957 年 10 月 24 日），载内蒙古自治区党委政策研究室、内蒙古自治区农业委员会编印《内蒙古畜牧业文献资料选集》第二卷（上册），呼和浩特，1987 年，第 360—361 页。

但是有的合作社则不问牲畜产值性能、功用如何，笼统地规定一个比例，互利上就出现问题。据调查，入社牲畜作价偏低是比较普遍的现象。例如，巴彦淖尔盟乌拉特前旗阿拉达日吐合作社每只绵羊才折价 6 元，1956年的羊羔随母畜入社未给代价。①

1956 年春季建的合作社在分红中有的照顾了过去牧民劳动投资，有的则对过去所用的劳动和经营费都不给合理报酬。对畜多的牧户有意地公开少给报酬，如昭乌达盟克什克腾旗有的合作社规定归社牲畜价款到 1500元以上的牧户年息为 3 分，1500 元以下的牧户年息为 4 分。这种情况在几个较高级的合作社中尤为严重。据昭乌达盟翁牛特旗乌兰敖都高级社的试算，增加收入的社员占 85%，其余 15% 的社员要减少收入，减少收入者主要是劳少畜多的牧户，有的减少到 2/3。②

第四，不少地区建社过程中干部未能坚持自愿原则，有主观主义毛病。办社时对牲畜的入社办法往往不按自愿原则办事，而被干部包办决定，一部分干部又是在贪高求大勉强办高级社。例如，巴彦淖尔盟乌拉特中后联合旗曙光社刚办了高级社，马上又改成初级社；昭乌达盟克什克腾旗胜利合作社在建社过程中按干部的意见将入股办法变动了三次，并在建社中规定公有化股份基金时不按牧民的意见，而是迁就内蒙古党委的意见（内蒙古党委要求按牲畜的 50%），把入社牲畜的 30% 的公有化股份基金。他们办的 21 个社中有 9 个是高级社，其中 4 个是将牲畜全部作价，按劳动力摊纳了公有化股份基金；再如，乌兰察布盟曾经办了7 个高级社，结果执行不通，后来才又改其中 6 个为初级社；锡林郭勒盟阿巴嘎旗乌兰托克合作社由于社主任开始不同意牲畜作价，旗领导不倾听群众呼声，反而认为社员"落后"。这种主观主义作风比较严重也比较普遍，造成的后果也是比较严重的。③

第五，增加生产的思想不明确，经营管理混乱，财务制度不健全，劳动纪律松懈。据调查，乌兰察布盟察右后旗 4 个牧业合作社增产措施不多，没有生产计划和财务收支计划，并借口劳动力不足而不积极从事副业

---

① 内蒙古自治区党委农村牧区工作部：《关于对牧区畜牧业社会主义改造和牧区建设问题的汇报》（1956 年 9 月 12 日），载内蒙古自治区党委政策研究室、内蒙古自治区农业委员会编印《内蒙古畜牧业文献资料选集》第二卷（上册），呼和浩特，1987 年，第 222 页。
② 同上书，第 222—223 页。
③ 同上书，第 222 页。

生产；昭乌达盟阿鲁科尔沁旗的 23 个社中有 10 个社没有生产计划。[1]

一部分合作社在经营管理上，贯彻执行勤俭办社的方针不够，执行以牧为主适当结合农副业发展多种经营的生产方针也不够，劳动组织和劳动报酬制度上集体利益与个人利益结合不够，财务会计混乱是比较普遍的现象。特别突出的是合作社建成后盲目合群分群，饲养管理不好，造成牲畜瘦弱，疾病传染，引起大量死亡，其中突出的是牲畜死亡流产严重。如四子王旗一个社牲畜减少 27%，察右中旗突布格尔勒社在互助组时期仔畜成活率为 80%，建立合作社第一年降到 40%，第二年降到 30%。[2] 部分地区办社中不照顾社员的方便，自留牲畜偏紧，甚至连留给牧民的奶牛都很少。例如，哲里木盟科左中旗，有的社每户最多给留 2 头奶牛，一般只留 1 头奶牛；伊克昭盟有的牧业合作社社员，因没有自留奶牛、奶羊而偷窃合作社的奶制品。[3]

由于上述缺点和错误，使某些地区生产受到了一定的波动。如有的地区合作社的牲畜减少了，牲畜的纯增殖率下降了，某些人经营生产的积极性不高。锡林郭勒盟全盟 1956 年牲畜的纯增殖率为 7%，而该盟西乌珠穆沁的 120 户牧主，牲畜的纯增殖率为 3.4%；新巴尔虎右旗 33 户牧主中，只有 1 户的牲畜略有增加。同时也引起了社员退社的现象。据不完全的材料，全区退社社员有 670 户，约占入社牧户的 3%，个别旗甚至有 25% 左右的社员要求退社。[4]

---

[1] 内蒙古自治区党委农村牧区工作部：《关于对牧区畜牧业社会主义改造和牧区建设问题的汇报》（1956 年 9 月 12 日），载内蒙古自治区党委政策研究室、内蒙古自治区农业委员会编印《内蒙古畜牧业文献资料选集》第二卷（上册），呼和浩特，1987 年，第 223 页。

[2] 《高增培同志在内蒙古党委第五次牧区工作会议及内蒙古自治区畜牧业生产会议上的总结报告》（1957 年 7 月 15 日），载内蒙古自治区党委政策研究室、内蒙古自治区农业委员会编印《内蒙古畜牧业文献资料选集》第二卷（上册），呼和浩特，1987 年，第 291—292 页。

[3] 内蒙古自治区党委农村牧区工作部：《关于对牧区畜牧业社会主义改造和牧区建设问题的汇报》（1956 年 9 月 12 日），载内蒙古自治区党委政策研究室、内蒙古自治区农业委员会编印《内蒙古畜牧业文献资料选集》第二卷（上册），呼和浩特，1987 年，第 223 页。

[4] 《高增培同志在内蒙古党委第五次牧区工作会议及内蒙古自治区畜牧业生产会议上的总结报告》（1957 年 7 月 15 日），载内蒙古自治区党委政策研究室、内蒙古自治区农业委员会编印《内蒙古畜牧业文献资料选集》第二卷（上册），呼和浩特，1987 年，第 292 页；《内蒙古党委关于第五次牧区工作会议向中央的报告》（1957 年 10 月 24 日），载内蒙古自治区党委政策研究室、内蒙古自治区农业委员会编印《内蒙古畜牧业文献资料选集》第二卷（上册），呼和浩特，1987 年，第 360—361 页。

2. 价格问题

不合理的价格问题，是影响内蒙古农村、牧区畜牧业发展的一个重要原因。在畜牧业社会主义改造期间，牲畜和畜产品价格下降了很多，有某些牧区工业产品和农产品价格上升。1955 年下半年商务部两次降低内蒙古自治区牛价达 20%，低于邻区价格 20%—30%，马价低于 1952 年 15%，羊价也降低 3%，牛皮低于 1952 年 24%，羊毛低于 1952 年 15%。[①] 工业产品和粮食却上涨了，与 1952 年比较工业产品平均上涨 8%，粮食上涨24%。牧民生活必需品上涨更多，例如，砖茶上涨 28%，马鞍上涨 45%[②]（见表 2—10）。

表 2—10　　　　　　　　1955 年（1952 年相比）价格变动

牲畜、畜产品	-15%（马）、-3%（羊）、-24%（牛皮）、-15%（羊毛）
工农业产品、日常生活用品	+8%（工业制品）、+24%（粮食）、+20%—23%（蒙古靴）、+45%（马鞍）、+28%（砖茶）、+28%—36%（炒米）

资料来源：《内蒙古党委关于畜牧业生产中几个问题向中央的报告》（1957 年 1 月 26 日），载内蒙古自治区党委政策研究室、内蒙古自治区农业委员会编印《内蒙古畜牧业文献资料选集》第二卷（上册），呼和浩特，1987 年，第 260 页；王再天：《牧区物价政策应该有利于畜牧业生产的发展》，《人民日报》1956 年 10 月 16 日。

同时，收购工作中，由于规格过严，检质制度不合理，对收购人员政治教育不够，造成严重的压等、压价，群众贩卖牲畜的实际收益比牌价还要低得多。如伊克昭盟监委在牧区检查时发现杭锦旗六区供销社买牛 273头，给牧民价款 10241 元，经鉴定后应给 13529 元，少给了 3288 元，每头牛少给 11.8 元。又如鄂托克旗食品公司收购牛 67 头，给牧民价款 2460元，经鉴定后应给牧民 3756 元，少给 1296 元，每头牛少给 19 元。再如察哈尔盟正白旗供销社收购价格，1956 年和 1954 年相比，马的价格降低44%，牛的价格降低 40%，羊的价格降低 35%。[③] 这种情况表明，牌价和

① 《内蒙古党委关于畜牧业生产中几个问题向中央的报告》（1957 年 1 月 26 日），载内蒙古自治区党委政策研究室、内蒙古自治区农业委员会编印《内蒙古畜牧业文献资料选集》第二卷（上册），呼和浩特，1987 年，第 260 页。
② 同上。
③ 同上。

群众实际收益是有很大差距的。

此外，经营环节多，层层加手续费、加利润，税收上对牧民需要的生产、生活用品，也未给予应有的照顾。例如 1 双蒙古靴的原料价是 4.75元，而销售价 22 元，商品流通税按售价的 40% 缴纳，达 8.8 元，经营费用再加 25%。[1] 还有，收购中有的地方收购量过大，质量要求高，影响扩大再生产，物资供应。特别是粮食供应不及时，品种不符合牧民的习惯，因而牧民就多宰杀食用了一部分牲畜。1956 年，税收由征收实物税改为征收货币，由于牲畜及畜产品价格下降和折价不当，实际上增加了牧民的负担。这样就影响了生产的发展和人民生活的改善，也影响了牧民发展畜牧业生产的积极性。

3. 各种灾害造成损失较大

1954 年春呼伦贝尔盟、锡林郭勒盟遭受了较严重的雪灾。1955 年伊克昭盟、乌兰察布盟、昭乌达盟等地遭受了很严重的雪灾和内外寄生虫灾害，1956 年冬到 1957 年春，察哈尔盟、呼伦贝尔盟及锡林郭勒盟部分旗遭受了数十年未有的雪灾。1957 年西部几个盟春天的雪灾也比较严重，夏秋以来又遇到了极为严重的旱灾。据内蒙古畜牧厅统计，1952—1956 年，因各种灾害损失的牲畜达 796 万头（只）（详见表 2—11）。从 1956 年的灾害损失来看，其中因风雪等自然灾害损失的牲畜为 47 万头（只），因疫病损失 94 万头（只），因狼害损失 7 万头（只），因其他灾害损失 69 万头（只）[2]。这些数字表明因灾害所受的损失是很严重的。

表 2—11 　　　　　　　　　1952—1956 年因灾害死亡牲畜数

年份	死亡牲畜数［头（只）］	死亡率（%）
1952	54 万	3.44
1953	94 万	4.91

① 《内蒙古党委关于畜牧业生产中几个问题向中央的报告》（1957 年 1 月 26 日），载内蒙古自治区党委政策研究室、内蒙古自治区农业委员会编印《内蒙古畜牧业文献资料选集》第二卷（上册），呼和浩特，1987 年，第 261 页。

② 《关于畜牧业生产政策及社会主义改造规划的意见——高增培同志在内蒙古党委全体委员会（扩大）第四次会议上的报告》（1957 年 10 月 17 日），载内蒙古自治区党委政策研究室、内蒙古自治区农业委员会编印《内蒙古畜牧业文献资料选集》第二卷（上册），呼和浩特，1987年，第 347 页。

续表

年份	死亡牲畜数 [头（只）]	死亡率（%）
1954	180 万	8.18
1955	251 万	11.05
1956	217 万	8.94

资料来源：《关于畜牧业生产政策及社会主义改造规划的意见——高增培同志在内蒙古党委全体委员会（扩大）第四次会议上的报告》（1957 年 10 月 17 日），载内蒙古自治区党委政策研究室、内蒙古自治区农业委员会编印《内蒙古畜牧业文献资料选集》第二卷（上册），呼和浩特，1987 年，第 346 页。

4. 基本建设与技术措施没有赶上实际需要

牧区的水利草场、棚圈等基本建设和兽疫防治、品种改良等技术措施赶不上畜牧业发展的需要。1947—1953 年，内蒙古的牲畜总数曾经增加了两倍，但是牧区的水利建设和开辟牧场的工作发展得很慢，搭盖棚圈也不能适应需要，影响了畜牧业的发展。如伊克昭盟因为草场不好，牲畜几年来波动在 40 万头上下。[1] 部分农区、半农半牧区缺少全面规划，盲目开荒，缩小了牧场。有些草场开始逐渐退化。巴彦淖尔盟干旱缺乏水源也影响着牲畜的发展。牲畜疫病的防治工作落后于生产的发展。因此，牧区牲畜疫病很多，流行的范围也很广，严重地威胁着畜牧业的发展，品种改良工作也抓得不紧，影响着牲畜质量的提高和畜产品的增加。[2] 由于上述一系列的技术工作赶不上生产的需要，因而限制了畜牧业的发展，出现了牲畜数量减少的现象。

5. 人民群众牲畜消费量的增加

广大农牧民群众消费量的增加，使得牲口的宰杀出卖比过去增加了。据昭乌达盟调查，牧区 1953 年每户平均消费 1.9 头牲畜，1956 年提高到 3.6 头牲畜。在牲畜消耗较多的呼伦贝尔盟、锡林郭勒盟、察哈尔盟等地区每人平均每年消耗 6—8 头牲畜。[3]

---

[1] 《关于畜牧业生产政策及社会主义改造规划的意见——高增培同志在内蒙古党委全体委员会（扩大）第四次会议上的报告》（1957 年 10 月 17 日），载内蒙古自治区党委政策研究室、内蒙古自治区农业委员会编印《内蒙古畜牧业文献资料选集》第二卷（上册），呼和浩特，1987 年，第 347 页。

[2] 同上。

[3] 同上。

　　据内蒙古统计局统计，历年牲畜、皮张收购数字（详见表2—12）和群众宰杀牲畜数字（详见表2—13），可知在整个畜牧业的生产和消费比例上也存在着问题，即牲畜的各种消耗数量是增长很快的，特别是群众的屠宰量过大。

表2—12　　　　　　　　　　1952—1956年收购牲畜和皮张数

年份	收购大小牲畜数〔头（只）〕	占当年牲畜总数的比例（％）	收购皮张数（张）	占当年牲畜总数的比例（％）
1952	361085	2.29	319468	2.30
1953	484608	2.53	622344	3.95
1954	723957	3.29	1568257	7.12
1955	1075342	4.76	2521311	11.00
1956	2058676	8.54	29181047	11.90

　　资料来源：《关于畜牧业生产政策及社会主义改造规划的意见——高增培同志在内蒙古党委全体委员会（扩大）第四次会议上的报告》（1957年10月17日），载内蒙古自治区党委政策研究室、内蒙古自治区农业委员会编印《内蒙古畜牧业文献资料选集》第二卷（上册），呼和浩特，1987年，第348页。

表2—13　　　　　　　　　　1952—1956年群众宰杀牲畜数

年份	宰杀牲畜数〔头（只）〕	占当年牲畜总数的比例（％）
1952	634044	5.0
1953	1265403	8.0
1954	1842067	9.6
1955	2724388	12.9
1956	2716621	11.9

　　资料来源：《关于畜牧业生产政策及社会主义改造规划的意见——高增培同志在内蒙古党委全体委员会（扩大）第四次会议上的报告》（1957年10月17日），载内蒙古自治区党委政策研究室、内蒙古自治区农业委员会编印《内蒙古畜牧业文献资料选集》第二卷（上册），呼和浩特，1987年，第348页。

6. 领导工作问题

　　领导工作方面，对畜牧业的领导未能很好深入钻研，对于畜牧业生产中带有关键性的问题未能及时解决。包括自治区在内的各级领导"重农轻牧"的思想尚未彻底扭转，在农区和半农半牧区，多年来制定的生产方针还没有很好地贯彻执行。对自治区发展畜牧业重要性认识不足，对农牧结合互相支援的生产政策理解得不够深刻，对农牧业互相依存的内在联系理解得更加不够。[①]

另外，有些地区是书记亲自负责办合作社，有的地区则是书记依托生产合作部部长，部长依托各干事在办社，因之，不少地区对合作化进度情况都不能完全掌握，对所发生的问题都不能及时发现，对所发现的问题也不能采取积极措施，对许多新问题研究得很少，畜牧业社会主义改造的总方针还未贯彻到每个基层干部中去。办社干部还未完全配齐。呼伦贝尔盟、伊克昭盟、乌兰察布盟、昭乌达盟 4 个盟编制干部 251 名，只配齐了158 名。[②]

第四节　内蒙古牧区社会主义改造期间畜牧业的发展及其意义

一　发展畜牧业生产的措施

内蒙古自治区党委和政府针对内蒙古牧区社会主义改造中诸问题，实施了如下的方针、政策：必须正确地贯彻执行"依靠劳动牧民，团结一切可以团结的力量，在稳定发展生产的基础上，逐步实现对畜牧业的社会主义改造"的方针；在一定时期内只办低级形式的小规模的合作社；一定要在充分准备的条件下稳步发展；坚持民主办社、勤俭办社的方针，坚持群众路线的工作方法；采取各种措施，保证增畜增产；必须"书记动手、全

① 《关于畜牧业生产政策及社会主义改造规划的意见——高增培同志在内蒙古党委全体委员会（扩大）第四次会议上的报告》（1957 年 10 月 17 日），载内蒙古自治区党委政策研究室、内蒙古自治区农业委员会编印《内蒙古畜牧业文献资料选集》第二卷（上册），呼和浩特，1987年，第 348—349 页。
② 内蒙古自治区党委农村牧区工作部：《关于对牧区畜牧业社会主义改造和牧区建设问题的汇报》（1956 年 9 月 12 日），载内蒙古自治区党委政策研究室、内蒙古自治区农业委员会编印《内蒙古畜牧业文献资料选集》第二卷（上册），呼和浩特，1987 年，第 224 页。

党办社"；经常注意研究解决国家、集体、个人利益的关系，特别是集体与个人利益的关系。如劳畜分红比例、各队各个社员之间的生产安排、劳动力调整、自留畜、自留地、家庭副业等问题，都应本着自愿互利原则适当处理。①

同时，内蒙古自治区党委和政府为发展牧区畜牧业，采取了诸多举措。

（1）大力开展牧区水利建设。因地制宜，有计划地进行了多种多样的小型水利建设。在严重缺水的草场上，大力兴办大中型的供水工程；在地表水比较充沛的地区，积极地开发河流及其他蓄水工程。提出在1957年以后的五年内完成25万平方千米的流域规划，16万平方千米缺水草场的水利规划，完成其中10万平方千米草场的供水任务。共打机井40处，打井2400眼。以上共解决500万头牲畜的供水和12000公顷饲料基地的灌溉任务。另外，五年内打土井15000眼，加上其他小型水利工程，共解决300万头牲畜的供水任务。②

（2）积极地进行了草原勘察、规划和改良工作。制定了在第二个五年计划期间，对内蒙古自治区牧区大约76万平方千米草牧场进行勘察，并做出初步利用规划。同时，在草原退化比较严重的地区进行了草原改良工作；在沙丘草原地区进行了固沙工作；在兽害和毒草严重地区进行了捕灭兽害和拔除毒草；在放牧过度和牧草严重退化地区进行了封滩育草、划区轮牧和草原更新工作。③

（3）进行了提高牲畜质量、改良牲畜品种工作。例如，制定实施了到1962年改良羊300万只以上，细羊毛和半细羊毛的年产量最少要达到300

---

① 《关于畜牧业生产政策及社会主义改造规划的意见——高增培同志在内蒙古党委全体委员会（扩大）第四次会议上的报告》（1957年10月17日），载内蒙古自治区党委政策研究室、内蒙古自治区农业委员会编印《内蒙古畜牧业文献资料选集》第二卷（上册），呼和浩特，1987年，第349页；《内蒙古党委第五次牧区工作会议向中央的报告》（1957年10月24日），载内蒙古自治区党委政策研究室、内蒙古自治区农业委员会编印《内蒙古畜牧业文献资料选集》第二卷（上册），呼和浩特，1987年，第362—365页。

② 《关于畜牧业生产政策及社会主义改造规划的意见——高增培同志在内蒙古党委全体委员会（扩大）第四次会议上的报告》（1957年10月17日），载内蒙古自治区党委政策研究室、内蒙古自治区农业委员会编印《内蒙古畜牧业文献资料选集》第二卷（上册），呼和浩特，1987年，第354页。

③ 同上书，第354—355页。

万—400 万公斤的方案。①

（4）加强了兽疫防治工作。在加强各级党政对兽疫防治工作领导的同时，加强物资设备建设。例如，计划在 1960 年以前建成生物药品制造厂一处；争取 5 年内在每一个农牧业社内培养出固定的防疫员 1—2 名。②

（5）调整了生产积累和消耗的比例。据 1957 年之前几年的统计，内蒙古牲畜总增殖在正常年景约为牲畜总头数的 30% 左右，其中，灾害死亡在 8% 左右，群众宰杀在 12% 左右，收购数量为 5%—8%。可见，群众宰杀和灾害损失过大。对此，制定实施了把灾害死亡损失压缩到 5% 以下，把群众的宰杀控制在 10% 以下的对策。③

（6）加强了对畜牧业的领导工作。批判了"重农轻牧"的思想；各级党委和政府都应有一位书记和行政领导同志分管畜牧业，并深入苏木或牧业社、互助组进行调查，总结经验，解决问题，并向党委、政府做畜牧业问题的定期报告；建立自治区牧区建设委员会，由党委一位书记或是一位副主席负责领导，吸收有关部门参加，定期地研究、部署、检查牧区的建设工作。④

上述各项方针、政策，纠正了牧区社会主义改造中出现的问题，并使内蒙古牧区畜牧业生产得到了迅猛的发展，牧民生活水平得到了提高，其意义深远。

二　内蒙古牧区畜牧业的发展和牧民生活水平的提高

从表 2—14 可知，1952 年到 1958 年期间，除了 1957 年因自然灾害等原因有所减产外，内蒙古牧区各年度牲畜数都是逐年增加。牧区牲畜数由

---

① 《关于畜牧业生产政策及社会主义改造规划的意见——高增培同志在内蒙古党委全体委员会（扩大）第四次会议上的报告》（1957 年 10 月 17 日），载内蒙古自治区党委政策研究室、内蒙古自治区农业委员会编印《内蒙古畜牧业文献资料选集》第二卷（上册），呼和浩特，1987 年，第 355 页。

② 同上书，第 356 页。

③ 同上书，第 357 页。

④ 同上书，第 357—358 页。

1952 年的 6768300 头增加 11071600 头，总增牲畜 4303300 头，增加了 63.58%；平均每年总增 717200 头，平均每年递增 10.59%。

其中，1953—1956 年总增大牲畜和羊 21145000 头，平均每年总增 26.5%。到 1956 年牧业年度，内蒙古全区牲畜总头数达到 26045300 头，比 1952 年的 17761800 头增长了 46.63%，平均年增长 10.04%。从 1947 年至 1956 年，内蒙古全区牲畜总头数连续十年稳定增长。①

表 2—14　　　　1952—1958 年内蒙古牧区牲畜头数增长（6 月末）

单位：万头（只）

年份	大小牲畜总计	大牲畜						小牲畜		
		合计	牛	马	驴	骡	骆驼	合计	绵羊	山羊
1952	676.83	143.92	92.71	32.40	4.00	0.34	14.47	623.91	403.56	220.35
1953	893.29	159.97	103.72	35.67	4.59	0.40	15.59	733.32	468.90	264.42
1954	989.48	172.81	112.91	37.33	5.17	0.48	16.92	816.67	502.56	314.11
1955	1090.80	184.24	118.83	40.10	5.86	0.63	18.82	906.56	579.15	327.41
1956	1166.18	195.28	124.28	43.79	6.48	0.69	20.04	970.90	586.42	384.48
1957	1093.24	189.88	115.80	45.42	6.80	0.66	21.20	903.36	544.44	358.92
1958	1107.16	174.14	104.41	43.31	6.79	0.68	21.25	931.02	563.58	367.44

资料来源：内蒙古自治区畜牧局《畜牧业统计资料（1947—1986）》，1988 年，第 48—49 页。

同时，牲畜数量的增加和质量的提高，使畜牧业产值逐年上升。1952 年比 1947 年增加一倍，1957 年比 1952 年增加了 37%，1959 年比 1957 年又增加 18.5%，畜牧业总产值在农牧业总产值中的比重已占到 30% 左右。② 内蒙古全区畜牧业产值从 1952 年的 1.88 亿元（按 1957 年不变价格）增加到 2 亿多元，四年增长了 30.32%，平均年增长 6.9%。1956 年，主要畜产品产量为：牛奶达到 34.89 万吨、羊毛达到 8600 吨、皮张达到

① 内蒙古自治区畜牧业厅修志编史委员会编著：《内蒙古畜牧业发展史》，内蒙古人民出版社 2000 年版，第 138—139 页。

② 《关于内蒙古畜牧业生产与社会主义改造若干政策问题——王铎同志在西北地区民族工作会议上的汇报》（1961 年 7 月 24 日），载内蒙古自治区党委政策研究室、内蒙古自治区农业委员会编印《内蒙古畜牧文献资料选集》第二卷（下册），呼和浩特，1987 年，第 16 页。

482.67万张，分别比1952年增长了27.16%、48.92%和146.57%。[1]

随着内蒙古牧区畜牧业生产的发展，牧民的生活水平也得到了提高。牧区每一牧民平均占有大小牲畜由1952年的24.76头，上升为1956年的38.8头。[2]牧民群众的收入显著增加。据1956年对10个牧业旗100户牧民的典型调查，每户年平均收入达1506元，人均年收入386元；生活消费每户平均达到1245元，每人平均消费粮食130公斤，奶制品100公斤，肉类66.5公斤，棉布17.70米。[3]锡林郭勒盟牧民的年平均购买力，由1952年的46元，提高到1956年的215元；呼伦贝尔盟陈巴尔虎旗胡和诺尔生产合作社原来的贫困户都提高到中等牧户的水平，1956年户均收入达到1200元。[4]

三　内蒙古牧区畜牧业发展对国家建设的贡献

内蒙古畜牧业的发展，给国家和自治区的工业、农业以及其他各项社会主义建设事业，提供了大量的牲畜和畜产品。仅据第一个五年计划期间的统计，内蒙古自治区卖给国家的牲畜达857万头，各种绒毛8455万斤，各种皮张1500多万张；乳制品工业的产量增加了57倍。"大跃进"的三年又向国家提供商品畜565万头，自第一个五年计划时期到1960年八年共提供商品畜1422万头，其中牧区向国家提供的商品牲畜达1000万头，收购的皮张中，70%以上是从牧区收购的。牧区输出区内外的牲畜和各种畜产品价值达2.5亿元。[5]

1952—1958年，内蒙古牧区支援国家绒毛12924.04万斤，皮张

---

① 内蒙古自治区畜牧业厅修志编史委员会编著：《内蒙古畜牧业发展史》，内蒙古人民出版社2000年版，第138—139页。

② 《内蒙古自治区第一个五年计划畜牧生产执行情况今后工作打算——程海洲同志在全国畜牧业工作会议上的发言》（1957年12月20日），载内蒙古自治区党委政策研究室、内蒙古自治区农业委员会编印《内蒙古畜牧业文献资料选集》第二卷（上册），呼和浩特，1987年，第380页。

③ 内蒙古自治区畜牧业厅修志编史委员会编著：《内蒙古畜牧业发展史》，内蒙古人民出版社2000年版，第139页。

④ 同上。

⑤ 《关于内蒙古畜牧业生产与社会主义改造若干政策问题——王铎同志在西北地区民族工作会议上的汇报》（1961年7月24日），载内蒙古自治区党委政策研究室、内蒙古自治区农业委员会编印《内蒙古畜牧业文献资料选集》第二卷（下册），呼和浩特，1987年，第16页。

2209. 86 万张，肠衣 595. 74 万根，鬃毛 694. 46 万斤，总值达 24713. 65 万元；分别平均每年递增 22. 53% 、75. 68% 、98. 22% 、25. 79% 、32. 74% （见表 2—15）。其中，1953—1956 年，全区向区内外提供耕役畜和肉畜 625 万头，鲜蛋 3640 万公斤，毛绒 3640 万斤、皮张 816 万张，外贸直接出口的冻肉达 3000 多万公斤，有力地支援了国家社会主义建设。[①] 此外，其间向累计国家缴纳牧业三项税合计 7015 万元，其中，牧业税 2026 万元，牲畜交易税 2588 万元，屠宰税 2491 万元（见表 2—16）。

表 2—15 　　　　　　　1952—1958 年内蒙古支援国家畜产品情况

年份	绒毛（万斤）	皮张（万张）	肠衣（万根）	鬃毛（万斤）	总值（万元）
1952	1051. 28	81. 49	17. 28	53. 66	1812. 7
1953	1369. 16	171. 02	39. 72	47. 96	2212. 5
1954	1730. 44	259. 13	67. 06	59. 77	292. 83
1955	2099. 49	432. 24	111. 68	114. 41	3985. 54
1956	2330. 77	457. 73	140. 77	153. 67	4319. 48
1957	1870. 28	357. 43	100. 11	128. 29	4015. 85
1958	2472. 62	450. 82	119. 12	136. 7	5374. 75
总计	12924. 04	2209. 86	595. 74	694. 46	24713. 65
平均每年递增（%）	22. 53	75. 68	98. 22	25. 79	32. 74

资料来源：浩帆主编《内蒙古蒙古民族的社会主义过渡》，内蒙古人民出版社 1987 年版，第 220 页。

表 2—16 　　　　　1952—1958 年内蒙古自治区上缴牧业税情况[②] 　　　　单位：万元

年份	牧业三项税合计	牧业税	牲畜交易税	屠宰税
1952	944	286	542	116
1953	808	181	411	216
1954	1034	333	394	307

---

① 内蒙古自治区畜牧业厅修志编史委员会编著：《内蒙古畜牧业发展史》，内蒙古人民出版社 2000 年版，第 139 页。
② 内蒙古自治区畜牧局：《畜牧业统计资料（1947—1986）》，1988 年版，第 35 页。

续表

年份	牧业三项税合计	牧业税	牲畜交易税	屠宰税
1955	945	304	298	343
1956	1336	434	285	617
1957	983	238	303	442
1958	1055	250	355	450
累计	7015	2026	2588	2491

资料来源：内蒙古自治区畜牧局《畜牧业统计资料（1947—1986）》，1988 年版，第 35 页。

四　内蒙古牧区畜牧业发展显示出生产合作社的优越性

社会主义改造的顺利进行和畜牧业经济的发展，使牧区畜牧业经济的面貌发生了巨大而深刻的变化。过去封建的、落后的个体畜牧业已经为社会主义畜牧业所代替，在牧区畜牧业经济成分中，社会主义国营的畜牧业经济占 6.3%，社会主义集体所有的经济成分占 84.2%；属于个人所有的自留畜占 9.5%。畜牧业经济中的社会主义成分已占绝对优势。[①] 这就为进一步发展社会主义现代化的畜牧业，从根本上改变畜牧业的落后面貌，打下了牢固的基础。

以昭乌达盟翁牛特旗为实例，1954 年全旗共有畜牧业生产合作社 9 个，社员 192 户，共有马、牛、羊、驴、骆驼等各种牲畜 9533 头（只）。其中，入社的 7641 头（只）（马 234 匹，牛 2736 头，绵羊、山羊 4671 只），占入社户总牲畜数的 80.2%。社员自留各种老弱牲畜 1792 头（只）（马 212 匹，牛 674 头，绵羊、山羊 733 只，驴 155 头，骆驼 18 峰），占总牲畜数的 18.8%。公有牲畜 103 头（马 14 匹，牛 10 头，绵羊、山羊 79 只），占总牲畜数的 1%。全旗 3 个纯牧区，区区有社，最多的 5 个，最少的 1 个。22 个纯牧业村中，有社的村占 12 个（其中有 3 个村每村有两个

---

① 《关于内蒙古畜牧业生产与社会主义改造若干政策问题——王铎同志在西北地区民族工作会议上的汇报》（1961 年 7 月 24 日），载内蒙古自治区党委政策研究室、内蒙古自治区农业委员会编印《内蒙古畜牧业文献资料选集》第二卷（下册），呼和浩特，1987 年，第 16 页。

·143·

社，其余6个村每村1个社）。参加合作社的户数，占全旗总牧业户3299户的5.8%。①

从牧业生产合作社的规模上看，每社平均16户，最少的11户，最多的29户。从牲畜数量上看，每社平均有各种牲畜800头（只）左右（包括社员自留的牲畜）。两个老社有牲畜1700头（只）左右，10个新社有牲畜7800头（只）左右。最少的是三区的前进社，有牲畜213头（只）。全旗12个畜牧业生产合作社，都是在常年互助组基础上建立起来的。②

这些牧业生产合作社，都已经试办成功，显示出优越性，成为广大牧民完成社会主义改造的必要过渡形式。这12个牧业生产合作社所显示出的优越性，主要表现在以下几个方面：

（1）牧业生产合作社把极端分散落后的个体牧业经济，改变为集体经营的半社会主义的合作制的牧业经济。由于统一经营，统一计划，民主管理，统一支配劳动力，解决了个体分散经营时代的盲目经营和劳动力不足的困难。一般牧业社，比互助组和单干牧民增产20%—30%。③这是发展畜牧业的"花钱少，收效大，收效快"的最好办法，也是使个体牧业生产过渡到社会主义的唯一正确道路。牧民对牧业社的印象很好，都说牧业社人多力量大，生产门路多，牲畜肥，繁殖得多，死得少。

（2）牧业社改善经营管理，提高饲养技术，增加牲畜增殖率。由于合作社建立了放牧、接羔、防疫等专责制度，用细致科学的管理方法，代替了过去粗放的靠天吃饭的经营方法，用人工帮助交配代替了自然繁殖，牲畜数量增加很快，降低了死亡率。合作社根据牲畜种类、头数、牧场远近和牧工放牧能力，做到合理分群，专人放牧，改变了牧区一直以来散撒、散放的习惯。在饲养方面，实行"春放甸子，夏放沼地，秋放沙窝"，按季移场放牧，合理使用牧场的方法，提高了牲畜的育肥率。各社在草原上打井，盖畜圈、畜棚，增加牲畜的体重和抗灾的能力。在配种上，合作社又有力量精挑细选，留足种畜，能组织定期交配，改进配种技术，掌握母畜发情期，减少空肚，使幼畜健壮、成活率高。

① 《翁牛特旗建立了十二个畜牧业生产合作社使牲畜大为发展起来》（1955年9月20日），载内蒙古自治区党委政策研究室、内蒙古自治区农业委员会编印《内蒙古畜牧业文献资料选编》第二卷（上册），呼和浩特，1987年，第161页。
② 同上。
③ 同上书，第161—163页。

例如，昭乌达盟翁牛特旗红光一社和红旗一社，各种母畜繁殖率比当地牧民自养的提高1.5%，死亡率减少10.9%。全旗12个社的配种受胎率都在95%以上，红旗二社、红星二社在100%。到1954年末，牲畜头数比刚建社的时候增加47%，纯增殖率提高8.7%，并且提高了牲畜质量。①

再如，昭乌达盟全盟牲畜总头数从1957年的近352万头（只）的基础上，1958年发展到400万头，纯增14%。1957年冬天至1958年6月，内蒙古牧区打井1195眼，开渠132道，修建8个小型水库，共挖88个泉子。这些工程除解决15万头（只）牲畜饮水外，还能灌溉很多草场和饲料地，出现了4个水利化苏木，78个牧业社做到了有草就有水。②

（3）合作实行了初步分工分业的规划，充分发挥了牧民剩余劳动潜力，并使合作社以畜牧为主，开展了多种经营，增加社员收入。在分工分业中，社务管理委员会进行分工负责，健全财务会计制度和财务管理，改善经营，按照个人特长合理调整劳动组织，合理评工记分，实行奖励制度，逐步进行季节包工制，贯彻执行按劳取酬的原则，提高了劳动积极性，增加了社员收入。以昭乌达盟翁牛特旗为例，4个老社在没有建社以前，个体经营农业和副业，收入共4400多元，1954年收入5400元，比没有建社以前增加22.7%。该旗召克图合作社，1955年合理组织了46个男女劳动力共46人，做好了分工劳动安排。有9人专门放牧牲畜，7人搞牛奶加工厂，其余人根据季节，帮助移动、接羔、盖棚圈、打井，并在夏季和秋季割草320万斤。有20人在生产空隙时间种园子120亩，收入1132元。③

（4）加强了防疫、灭狼、抗灾保收工作。畜牧业生产的技术性较强，疫病多，危害性大。例如，牛肺疫、炭疽病、流产菌、寄生虫、狂犬病、马鼻疽、羊癞等，对于牲畜的发展威胁性很大，靠牧民个人力量防治，是非常困难的。合作社分群放牧，便于技术指导，能及时进行预防注射，封锁隔离，适当治疗，使疫畜和非疫畜分别管理，减少疫病蔓延和死亡。牧

① 《翁牛特旗建立十二个畜牧业生产使牲畜大为发展起来》（1955年9月20日），载内蒙古自治区党委政策研究室、内蒙古自治区农业委员会编印《内蒙古畜牧业文献资料选编》第二卷（上册），呼和浩特，1987年，第161—163页。
② 中共昭乌达盟盟委：《昭乌达盟牧业生产和牧业社会主义改造情况报告》（1958年6月28日），内蒙古档案馆藏，资料号：11—12—394。
③ 《翁牛特旗建立十二个畜牧业生产使牲畜大为发展起来》（1955年9月20日），载内蒙古自治区党委政策研究室、内蒙古自治区农业委员会编印《内蒙古畜牧业文献资料选编》第二卷（上册），呼和浩特，1987年，第162—163页。

区狼害严重，集体经营以后，由于各社都组建了打狼组，并且和邻社、邻组和邻村建立了联防组织，基本上控制了狼害。例如 1949 年，翁牛特全旗因狼害损失大小牲畜 11271 头（只）。牧业合作社建立起来以后，加强了打狼组织，使得社中牲畜基本上不再受狼害，并且带动互助组和单干牧民开展了打狼运动。1954 年全旗狼害损失降到 912 头，比 1949 年减少 92%。①

（5）牧业合作社在国家领导下，根据工农业发展需要，打破保守思想，进行品种改良，使用割草机等新式机械和发展小型牛乳加工业等，增加工业原料，巩固工农联盟。以昭乌达盟翁牛特旗为例，1955 年该旗国营种畜场，有荷兰牛 27 头，短角牛 7 头，美利奴细毛羊 190 只，帮助合作社配种。1952 年帮助召克图牧业生产合作社配种绵羊 42 只，1953 年产仔 42 只；1953 年又配种 91 只，产仔 72 只，并且成活率达 100%。②

（6）牧业合作社成立之后，根据生产需要，使社员由分散到集中，不但便于经营、经验交流，而且便于组织政治文化的学习，提高社员的社会主义觉悟。组织起来以后，促进了牧民的适当集居，人有房，畜有棚，人畜两旺。不但改变了过去各户独自生活、不多来往的习惯，而且牧民文化、卫生水平逐渐提高。例如，昭乌达盟翁牛特旗召克图合作社，在合作社化运动之前，只有 2 人能写简单的字，其余都是文盲。到 1955 年，有 23 名社员脱离了文盲状态，其中有 7 人能写简单的书信，能看懂蒙古文报纸。③

（7）建立起来的牧业合作社都逐渐积累了公积金和公益金，分别用于牲畜的防疫设备和防疫费用，添置小型器械以及社员的福利事业，有效克服了分散经营时代的脆弱性，保证了畜牧业的健康发展。

第五节　内蒙古牧区社会主义改造的启示

内蒙古合作化运动取得了一定的成绩，凡是牧业生产合作社办得好的

---

① 《翁牛特旗建立十二个畜牧业生产使牲畜大为发展起来》（1955 年 9 月 20 日），载内蒙古自治区党委政策研究室、内蒙古自治区农业委员会编印《内蒙古畜牧业文献资料选编》第二卷（上册），呼和浩特，1987 年，第 163 页。
② 同上书，第 165 页。
③ 同上书，第 164 页。

地方，都显示出巨大的优越性。例如，大部分牧业社发展了生产，增加了社员的收入；牲畜头数有的增加20%以上；劳动力的作用得到了充分发挥，种植了饲料、粮食，初步实现了多种经营；改进了生产技术，进行了品种改良，加强了兽疫防治工作；推行了定居游牧，有利于人畜两旺。同时，合作化带动了互助组的发展和对牧主经济的改造；锻炼了干部，提高了领导水平，取得了经验。内蒙古畜牧业社会主义改造的基本经验与启示，归纳为如下几点：

第一，内蒙古牧区社会主义改造，必须正确地贯彻执行"依靠劳动牧民，团结一切可以团结的力量，在稳定发展生产的基础上，逐步实现对畜牧业的社会主义改造"的方针。这一方针是从内蒙古畜牧业社会主义改造的经验中总结出来的，实践证明符合牧区畜牧业经济特点和牧区社会的实际情况，凡是正确地贯彻执行了这一方针的地区和合作社，都突出地显示了合作社的优越性。反之就使畜牧业生产和合作化受到了损失，甚至是严重的损失。

1956年，内蒙古牧区认真贯彻执行了上述方针，一方面使畜牧业合作化运动健康地发展起来，同时又做到畜牧业生产的稳步上升。到年底，内蒙古已有18000多户蒙古族、达斡尔族、鄂温克族等牧民加入了合作社；并有59000多户牧民参加各种类型的互助组。全自治区参加合作社的牧户占总牧户数的22%，连同参加互助组的牧户和组织起来的牧户，占总牧户数的83%。这些互助合作组织，绝大部分增加了生产，牧民生活得到进一步的改善。内蒙古牧区的大小牲畜，1956年内净增加将近110万头（只），1957年牲畜头数比1952年增加了54.5%。[①]

第二，从贯彻畜牧业生产政策的角度来看，最主要的教训在于内蒙古牧区社会主义改造的政策措施，是否照顾了畜牧业生产的特点，是否普遍地发挥了农牧民发展畜牧业生产的积极性。内蒙古牧区畜牧业生产的基本特点是它具有很大的脆弱性和不稳定性。从这一基本特点出发，对畜牧业必须采取慎重的态度，并积极采取多种措施，使脆弱的、不稳定的畜牧业逐渐改变为可以稳定发展的畜牧业。

---

① 《内蒙古党委负责人谈畜牧业改造的经验》（1957年2月9日），载内蒙古自治区党委政策研究室、内蒙古自治区农业委员会编印《内蒙古畜牧业文献资料选集》第二卷（上册），呼和浩特，1987年，第263—264页。

历史教训是，农牧民对发展畜牧业的积极性和兴趣有任何降低，都足以造成巨大的损失。例如，在农区和半农半牧区畜牧业合作化过程中，忽视了畜牧业经济的特点，没有贯彻执行在稳定发展生产的基础上进行社会主义改造的方针，使农区和半农半牧区的牲畜遭受了重大损失。当时，由于违反自愿原则，不加区别地对牲畜一律采用作价入社的办法，挫伤了农牧民发展畜牧业的积极性，引起了农牧民对牲畜的非正常大量宰杀和出卖。以地泉行政区为例，1956 年 6 月有 260 万头（只）牲畜，到年末减少 1/3；到 1957 年 6 月，用新繁殖的幼畜补偿后，还比 1956 年 6 月末减少了 49 万头（只）。农区牲畜 1957 年比 1956 年减少 109 万头（只），下降了 15.3%。[①] 实践证明，受损失严重地区，没有两三年的时间是恢复不了的。

第三，建社办社都必须坚持群众路线的工作方法。一切强迫命令、违反自愿互利原则的做法，都会造成极其不良的后果。在牧区社会主义改造中，内蒙古自治区党委和政府，根据牧区的具体情况，比较普遍地宣传了总路线和牧业社会主义改造的道路、方针、政策，训练了互助合作的干部，采取了在互助组的基础上有准备、有步骤的建社方法，凡是采取了这样的群众路线方法建起的社，一般都比较巩固。在办社工作中凡遇事能与社员群众商量，特别是重大问题，如入社办法、分红比例、生产计划、劳动定额、大的基本建设、财务收支计划、重大的技术改进措施等能经过社员反复酝酿协商的，问题都容易解决，而且解决的都比较恰当。相反，有些地方不采取群众路线的工作方法，企图一哄而起，或盲目追求高级形式，不根据自愿互利原则办事的，都给工作造成了损失，甚至是严重的损失。

经常地注意研究解决国家、集体、个人利益的关系，特别是集体与个人利益的关系。如劳畜分红比例、各队各个社员之间的生产安排、劳动力调整、自留畜、自留地、家庭副业等问题，都应本着自愿互利原则适当处理。实践证明，凡是这方面工作做得好的，合作社就得以顺利巩固和发展。

---

① 《内蒙古自治区第一个五年计划畜牧业生产执行情况和今后工作打算——程海洲同志在全国畜牧业工作会议上的发言》（1957 年 12 月 20 日），载内蒙古自治区党委政策研究室、内蒙古自治区农业委员会编印《内蒙古畜牧业资料选编》第二卷（上册），呼和浩特，1987 年，第 381 页。

第四，如果各项基本建设和技术措施跟不上去，是很难保证大量增加牲畜的。在第一个五年计划期间，遇上了三个灾年，畜牧业遭受的损失是严重的。据统计，1953—1957 年，内蒙古牧区因各种灾害损失的牲畜达670 万头（只），平均每年损失 134 万头（只）。①

　　牲畜之所以损失惨重，与畜牧业抗灾能力薄弱、靠天成分很大和经营方式落后有直接联系。事实证明，这种十分落后的畜牧业生产方式，是不可能保证大量增殖牲畜的。要改变内蒙古畜牧业的脆弱性和不稳定状态，除必须对畜牧业进行社会主义改造，变个体为集体以外，还必须进行一系列的技术改造工作。其中关键性的问题是牧区水利建设、草原的勘察规划和改良、提高牲畜质量和加强兽疫防治等。当然，进行畜牧业的基本建设，除注意充分发挥群众的人力、物力、财力的潜在力量以外，由于牧区劳动力十分缺乏和生产技术落后，还必须国家给予人力和财力的支援。1953—1957 年，牧区因各种灾害损失的牲畜达 670 万头（只），其中大牲畜 110 万头（只），小牲畜 560 万头（只）。如按大牲畜平均每头值 50 元，小牲畜值 10 元计算，约值 1 亿元以上，给国家和人民造成的损失是十分巨大的。② 如果多搞一点基本建设，把抵御自然灾害和病害的能力提高一步，使牲畜的损失减少1/4 或 1/3 是可能的。同时，进行畜牧业的基本建设，不但对减少损失是有利的，而且对于牲畜的繁殖、成活、提高质量等都有直接联系，是畜牧业生产的百年大计问题。

　　第五，必须关心经济工作，取得有关经济部门的密切配合，以便把牲畜的出卖率、屠宰率控制在一定范围以内，使消耗与积累保持一个正常比例。实施教训告诉我们，如果有关经济工作做不好，就不能使畜牧业生产得到正常发展。例如，交通方便的地区收购过多，就直接影响牲畜增殖；商业政策是否恰当，也影响牲畜的增殖。呼伦贝尔盟新巴尔虎右旗 1955年末共有牲畜 47.6 万头（只），1956 年消耗（出卖、宰杀）17.7 万头（只），占牲畜总数的 37.5%；新巴尔虎左旗 1956 年消耗牲畜 23.5 万头（只），占牲畜总数的 39.5%，但是全年总增殖牲畜 18.4 万头（只），消

① 《内蒙古自治区第一个五年计划畜牧业生产执行情况和今后工作打算——程海洲同志在全国畜牧业工作会议上的发言》（1957 年 12 月 20 日），载内蒙古自治区党委政策研究室、内蒙古自治区农业委员会编印《内蒙古畜牧业资料选编》第二卷（上册），呼和浩特，1987 年，第382 页。
② 同上。

耗数量大大超过了增殖数量。①

　　积累与消耗保持一个正常比例是非常必要的，因为这是扩大再生产的基础。根据过去多年的经验，在全部牲畜中适龄母畜的比例是可以保持在45%以上的，繁殖成活率一般都可以保持在70%以上，这样每年牲畜的增殖率可达到30%以上。② 为了保持一定的纯增率，除了力争把损失减少到最小以外，主要应该在出卖和宰杀率上做文章。1953年全区共收购牲畜48万头（只），1956年收购数字达到200多万头（只），占牲畜总量的8.54%。1953年群众自宰牲畜126万头（只），1957年达到285万头（只），占牲畜总数的12.7%。③ 出卖和屠宰的数字都显得过高，两项合起来已超过牲畜总数的21%以上。如果再加上每年不可避免的灾害损失（一般都在8%左右），就不可能有什么增殖了。

　　第六，牧区合作化的速度和合作社的规模要适合牧区实际情况，速度不宜过快，规模不宜过大。1956年，中共内蒙古自治区委员会对各牧区提出了几项原则：要求保证在分配中做到牲畜多劳动力少、劳动力多牲畜少的牧户都能得到合理利益，要求将牧业收入中的80%—90%分配给社员，保证绝大多数社员、争取所有社员都能增加收入。④ 按照这一原则，根据内蒙古牧区牧业社办社不久、经验不足等具体情况，合作化的速度取决于能否增加生产这一根本问题。畜牧业合作化速度快慢，由畜牧业生产发展趋势是否稳定来决定，同时还要依据不同地区提出不同速度。⑤

———————

① 《内蒙古自治区第一个五年计划畜牧业生产执行情况和今后工作打算——程海洲同志在全国畜牧业工作会议上的发言》（1957年12月20日），载内蒙古自治区党委政策研究室、内蒙古自治区农业委员会编印《内蒙古畜牧业资料选编》第二卷（上册），呼和浩特，1987年，第382页。

② 同上书，第383页。

③ 同上书，第384页。

④ 《内蒙古党委负责人谈畜牧业改造的经验》（1957年2月9日），载内蒙古自治区党委政策研究室、内蒙古自治区农业委员会编印《内蒙古畜牧业文献资料选集》第二卷（上册），呼和浩特，1987年，第266页。

⑤ 例如，在互助基础较好、各种条件具备的牧区可以稍快些，否则宁可放慢，以避免不必要的损失。内蒙古牧区牧业社的规模，根据牧区辽阔、居住分散的现实情况，一般在游牧区以10—20户、最高不超过30户为宜，定居区一般以20—30户、不超过40户为宜。参见《内蒙古党委负责人谈畜牧业改造的经验》（1957年2月9日），载内蒙古自治区党委政策研究室、内蒙古自治区农业委员会编印《内蒙古畜牧业文献资料选集》第二卷（上册），呼和浩特，1987年，第267页）。

小　结

国民经济恢复后的内蒙古牧区，实现畜牧业的社会主义改造成为过渡时期党在牧区的中心任务和解决民族问题的根本工作。内蒙古自治区党委和政府依据内蒙古牧区的畜牧业经营状况和牧区阶级状况，制定实施了对个体牧民经济进行互助合作；对牧主经济继续贯彻"不斗、不分、不划阶级，牧工牧主两利"政策；对召庙经济，采取了比对牧主经济更慎重、更宽厚的政策和一系列稳妥的牧区社会主义改造的政策、方法。

在牧区社会主义改造过程中，内蒙古各级党委和政府，客观地分析、总结了内蒙古牧区社会主义改造过程中牲畜增长率下降的原因，贯彻执行"依靠劳动牧民，团结一切可以团结的力量，在稳定发展生产的基础上，逐步实现对畜牧业的社会主义改造"的方针。同时，实施了如下的政策：在一定时期内只办低级形式的小规模的合作社；一定要在充分准备的条件下稳步发展；坚持民主办社、勤俭办社的方针，坚持群众路线的工作方法；采取各种措施，保证增畜增产；必须"书记动手、全党办社"；经常地注意研究解决国家、集体、个人利益的关系，特别是集体与个人利益的关系等。

同时，大力开展牧区水利建设，积极地进行草原勘察规划，提高牲畜质量，改良牲畜品种，加强兽疫防治，适当地掌握生产积累和消耗的比例，加强对畜牧业的领导等具体举措。

一方面，诸方针、政策与举措，促进内蒙古牧区畜牧业生产得到了迅猛的发展，牲畜头数逐年增加，不仅使牧民生活水平得到了提高，也为国家提供了大量畜产品，支援了国家建设。另一方面。通过社会主义改造建立的牧业生产合作社把极端分散落后的个体牧业经济，改变为集体经营的半社会主义的合作制的牧业经济，改善经营管理，提高饲养技术，增加牲畜增殖率，分工分业的规划能充分发挥劳动潜力，在加强防疫、灭狼、抗灾保收工作等方面，显示了牧业合作社的优越性。

第三章 经济调整时期内蒙古牧区草原生态的治理与建设

"大跃进"运动期间,内蒙古草原生态环境遭到严重破坏,影响了畜牧业生产的正常、稳定发展。20世纪60年代国民经济调整时期,内蒙古自治区党委和政府针对"大跃进"运动期间的内蒙古草原生态环境破坏问题,采取、实施了一系列治理政策与措施,纠正、解决了生态环境破坏问题,不仅使内蒙古的畜牧业生产得到恢复和稳定发展,牧民收入得到提高,而且也支援了国家建设和其他地区。本章探讨"大跃进"运动期间的内蒙古草原生态环境问题、原因以及影响,考察调整与治理内蒙古草原环境问题的政策和措施,论述内蒙古草原生态环境问题的治理和草原建设及其意义。

第一节 内蒙古牧区"大跃进"运动的展开

关于"大跃进"运动政策的提出到实施过程及其展开,国内外学界已有了透彻的研究,所以,在此做一简要的概述。1958年1月11—22日,中共中央在南宁召开部分中央政治局常委和委员以及省、市、自治区负责人参加的中央工作会议。会议上批评反冒进,急于求成的"左"的思想迅速发展起来,有些地区和部门开始提出一些不切实际的"大跃进"计划。

1958年3月8—26日,在成都召开毛泽东、刘少奇、周恩来等中央领导人及中央各部门一些负责人,各省、市、自治区党委第一书记参加的中央政治局扩大会议。毛泽东在会议继续反冒进的基础上，提出了"鼓足干劲，力争上游，多快好省地建设社会主义"的总路线。

1958 年 5 月 5—23 日，中国共产党第八次全国代表大会第二次会议在北京召开。会议通过了毛泽东提出的"鼓足干劲，力争上游，多快好省地建设社会主义"的总路线；会议通过了十五年赶上和超过英国的目标，通过了提前五年完成全国农业发展纲要，还通过了"苦干三年，基本改变面貌"等不切实际的口号，发动"大跃进"的重大决策最后确定了下来。

1958 年 8 月 17—30 日，在河北省北戴河召开各省、自治区、直辖市党委第一书记和政府各有关部门党组的负责人员参加的中国共产党中央政治局会议。会议全面制定了"大跃进"运动的各项主要计划，掀起了全国性的"大跃进"运动高潮。

内蒙古畜牧业"大跃进"运动始于 1958 年 2 月 4—10 日召开的内蒙古自治区党委第一届代表大会第二次会议。

首先，乌兰夫在会议报告中关于发展农牧业"大跃进"及其重要性，指出如下几点：（1）内蒙古自治区 80% 以上的人口从事农牧业，牧业更是蒙古民族长期以来从事的产业。大力发展农牧业，对改善农牧民生活、解决民族问题、巩固工农联盟、促进民族团结有重要意义。农牧业是轻工业的原料来源，农村和牧区是轻重工业的最广阔的市场；农牧业、轻工业又为发展重工业积累基金。所以，农牧业的发展将直接促进工业的发展。（2）农牧业必须大跃进。否则，就不能使农牧业的发展和工业的发展相符合，就不能进一步满足人民生活水平不断提高的需要。（3）1958 年畜牧业必须有一个大跃进。要想尽一切办法，提高牲畜的繁殖成活率和纯增率。繁殖成活率即牲畜的总增率越高，生产的成就越大；纯增率越高，扩大再生产的条件就越好，要求牲畜纯增率大大提高，不如此就赶不上去，就不能叫大跃进，也就不能为今后大发展打下基础。①

---

① 《争取整风全胜，克服右倾保守思想，掀起生产建设高潮——中国共产党内蒙古自治区委员会向内蒙古自治区第一届党代表大会第二次会议的工作报告》，内蒙古档案馆藏，资料号：11—12—9。

其次，乌兰夫在会议总结发言中，提出了"争取八年、七年或更短的时间内，全面实现十年规划的任务"的口号，并提出了畜牧业生产大跃进目标："畜牧业生产，要求 10 年内达到 5000 万—6000 万头（只），牲畜每年递增 10%—12%；三年实现牧业合作化，五年基本解决人畜用水，消灭无水草原。五年内实现定居游牧。"①1958 年 2 月 10 日，这一目标在中国共产党内蒙古自治区第一届代表大会第二次会议上通过。②

再次，杨植霖（时任内蒙古自治区党委书记、自治区人民委员会副主席）在会议报告中，提出了内蒙古畜牧业第二个五年计划目标：采取发展数量和提高质量的方针，牲畜总头数 1962 年达到 3300 万头（只），较 1957 年增长 47.4%，每年平均增长 8.1%。并具体指出实现这一任务的内容和条件：（1）第二个五年计划期间，完成畜牧业的社会主义改造，实现定居游牧。（2）加强各项有效措施，大力兴修牧区水利［五年内完成 41 万平方千米缺水草原规划，五年内解决 800 万头（只）牲畜饮水问题和改善 490 万头（只）牲畜饮水设备］，建立饲料基地。（3）加强防疫工作，改善经营管理，提高保畜率，减少死亡、消耗。（4）从工业与商业上促进和保证畜牧业生产的发展，彻底克服重农轻牧思想。

同时，提出了 1958 年内蒙古全区牲畜总头数 2406 万头（只），较 1957 年［2238 万头（只）］增长 7.2%。③1958 年 2 月 10 日，这些目标在中国共产党内蒙古自治区第一届代表大会第二次会议上得到通过。④

1958 年 5 月 29 日至 6 月 4 日召开的内蒙古自治区党委一届七次全委扩大会议做出了《关于贯彻执行社会主义建设总路线的决议》，号召全

---

① 《乌兰夫同志在中共内蒙古自治区第一届代表大会第二次会议上的总结报告》，内蒙古档案馆藏，资料号：11—12—11。

② 《争取整风全胜，克服右倾保守思想，掀起生产建设高潮——中国共产党内蒙古自治区委员会向内蒙古自治区第一届党代表大会第二次会议的工作报告》，内蒙古档案馆藏，资料号：11—12—9。

③ 《杨植霖同志在中共内蒙古自治区第一届代表大会第二次会议上关于内蒙古自治区第二个五年计划轮廓建议和 1958 年国民经济计划的报告》，载内蒙古自治区党委学习编委会编《学习》（党内刊物，发至区、营级），第 249 期（党代表大会专刊），1958 年 3 月 10 日，内蒙古档案馆藏，第 39—44 页。

④ 《中共内蒙古自治区第一届代表大会第二次会议上关于内蒙古自治区第二个五年计划轮廓建议和 1958 年国民经济计划的报告的决议》（1958 年 2 月 10 日），载内蒙古自治区党委学习编委会编《学习》（党内刊物，发至区、营级），第 249 期（党代表大会专刊），1958 年 3 月 10 日，内蒙古档案馆藏，第 74 页。

区各族人民掀起生产建设高潮，实现跃进、再跃进、大跃进，并对工业、农业、牧业都分别提出了大跃进的具体要求。并决定：（1）立即组织全区干部学习总路线，并且组织10万干部深入工厂、矿山、农村、牧区、街道、连队、学校、商店等一切基层，着重宣传社会主义建设总路线的基本点，并发动群众根据总路线精神，检查工、农、牧业生产、基本建设和文化教育工作，以促进生产建设和文化建设以更大规模、更快速度前进，掀起一个更大的生产建设和文化建设高潮。（2）各级党组织必须集中更大力量放到社会主义建设方面来，必须像领导民主革命和社会主义革命那样，把社会主义建设事业、技术革命和文化革命坚决领导起来。以"八大"二次会议的文件为武器来检查工作，检查思想作风，进行在社会主义建设中的两条路线、两种方法的辩论，克服各种妨碍贯彻执行社会主义建设总路线的思想作风，进一步促进共产主义思想的全面高涨，进一步正确处理人民内部矛盾，调动一切力量为贯彻执行总路线而奋斗。[①]

会后，内蒙古"大跃进"运动，由制定农业、工业、畜牧业等各个领域的"大跃进"计划全面展开。"大跃进"运动，首先由"大跃进"计划开始的。以内蒙古畜牧业第二个五年计划的变化为例，1957年12月20日，程海洲（时任自治区畜牧厅副厅长）在全国畜牧业工作会议提出了内蒙古畜牧业第二个五年计划：到1962年全区、大小牲畜由1957年2239万头（只）达到3067万头（只），五年内纯增37％，第二个五年计划期间全区大小牲畜总增殖达到3688.6万头（只），其中大牲畜503万头（只），小牲畜3185.6万头（只）。纯增殖大、小牲畜827万头（只）。生猪发展到340万头，比1957年纯增102.5％。[②]

据1957年的研究统计，正常情况下内蒙古自治区牲畜年总增约在30％左右，消耗的情况是：损失5％左右，食用6％—7％，出卖10％左

---

① 《内蒙古党委关于贯彻社会主义建设总路线的决议》（1958年6月4日），《内蒙古日报》1958年6月12日；内蒙古自治区畜牧厅修志编史委员会编著：《内蒙古畜牧业发展史》，内蒙古人民出版社2000年版，第153页。

② 《内蒙古自治区第一个五年计划畜牧生产执行情况和今后工作打算——程海洲同志在全国畜牧业工作会议上的发言》（1957年12月20日），载内蒙古自治区党委政策研究室、内蒙古自治区农业委员会编印《内蒙古畜牧业资料选编》第二卷（上册），呼和浩特，1987年，第394—395页。

右。因此，每年递增率保持在8%—10%是合理的。而且必须力争年纯递增率不低于8%，如正常年不能保持8%的年纯递增率，灾害年就可能赔本，是不利于生产的。①

但是要保持8%—10%的年纯递增率，需要付出很大的努力。当时，至少需要如下几方面的工作：（1）要稳定政策，牧区实行合作化是一个经济上的大改组，很容易遭受损失，必须稳。农业区已经挫伤了群众发展生产的积极性。要充分发挥群众发展生产的积极性，畜牧业这种需要辛苦经营而又很脆弱的生产，没有群众的高度积极性是难以发展的。（2）需要根据不同地区的情况，在生产与消费上保持一个比例，同时要求完成总增和纯增两项指标，使生产与消费的比例有利于扩大再生产。假如，常年卖出10%，纯增8%的话，灾年卖出数就应该略低，才能保持一个稳定的局面。（3）经济工作和政治工作赶上去。例如适当多供应粮食布匹，减少肉食、穿用皮毛，增加牲畜和畜产品输出。又如，教育勤俭治家，减少不必要的消耗等。（4）饲养管理、水、草、防疫四大工作上要赶上去。②

可以说，上述内蒙古畜牧业第二个五年计划的生产目标是可能实现且符合畜牧业发展规律和现状的。但是，在全国性的"大跃进"运动高潮中，1958年2月11—13日召开的内蒙古自治区党委第六次牧区工作会议提出了新的内蒙古畜牧业第二个五年计划生产目标：第二个五年计划期间，使内蒙古牲畜头数达到4000万头（只）。③试计算，实现这一计划，五年间平均每年递增率需要达到12.3%，已经超过了合理的8%—10%的年递增率。

1958年6月20日至7月9日，召开内蒙古自治区第七次牧区工作会议。会议认为，革命的任务是最迅速地发展社会生产力，牧区工作面前最重要的问题就是高速发展畜牧业生产。为此，提出"十年计划五年完成"

---

① 《内蒙古自治区第一个五年计划畜牧业生产执行情况和今后工作打算——程海洲同志在全国畜牧业工作会议上的发言》（1957年12月20日），载内蒙古自治区党委政策研究室、内蒙古自治区农业委员会编印《内蒙古畜牧业资料选编》第二卷（上册），呼和浩特，1987年，第302页。
② 同上书，第302—303页。
③ 《内蒙古党委关于第六次牧区工作会议向中央的报告》（1958年3月20日），内蒙古档案馆藏，资料号：11—12—157。

的口号，即到 1962 年内蒙古牲畜头数要保证达到 5000 万头（只）（其后四年每年递增率为 20%），争取达到 6000 万头（只）（其后四年每年递增率为 25%）。① 显然，这个目标与指标，从以往的研究数据判断不可能实现。但是，为这一目标的实现，在意识形态方面强调，发展畜牧业生产方面同样存在着"多、快、好、省"和"少、慢、差、费"的两条路线斗争。要高速发展牲畜数量和大量提高牲畜质量，就必须与"少、慢、差、费"的错误路线做坚决的斗争。并要求要反对"自然灾害不可战胜论"；反对"牧场饱和论"；反对内蒙古人少，不能大量发展畜牧业的论点；反对单纯依靠国家进行牧区建设的论点等。②

同时，这些目标与指标，以"高速度发展畜牧业生产（社论）"为题，刊载于 1958 年 7 月 30 日的《内蒙古日报》。1958 年 7 月 31 日，内蒙古自治区党委发出《中国共产党内蒙古自治区委员会关于高速发展畜牧业生产的指示》，要求其后四年每年的递增速度达 20%—25%，到 1962 年使内蒙古的牲畜达到 5000 万—6000 万头（只）。③

可知，"大跃进"运动中，内蒙古畜牧业生产计划与指标越变越高。这些过高的计划与指标，显然是脱离内蒙古畜牧业客观实际，违背畜牧业经济规律的。也就是说，使可能实现的生产计划，变为根本不可能实现的生产计划。

农业、工业、教育等领域也同样制订出了"大跃进"计划。例如，内蒙古农业生产第二个五年计划目标为粮食总产量达到 300 亿斤，比 1957 年的 60.5 亿斤增长近 5 倍。再如，1958 年提出，教育争取年内扫除青壮年文盲和普及小学教育，五年内普及中等教育，10—15 年普及高等教育的目标。④

上述过高"大跃进"的目标与指标，导致了浮夸风。例如，扎赉特旗（时属呼伦贝尔盟管辖）满都拉图人民公社，1958 年的牲畜比 1957

---

① 《鼓足干劲，力争上游，多快好省地建设社会主义新牧区——乌兰夫同志在第七次牧区工作会议的总结报告》（1958 年 7 月 7 日），内蒙古档案馆藏，资料号：11—12—146。
② 同上。
③ 《中国共产党内蒙古自治区委员会关于高速发展畜牧业生产的指示》（1958 年 7 月 31 日），内蒙古档案馆藏，资料号：11—12—145。
④ 中共内蒙古自治区委员会党史研究室编：《"大跃进"和人民公社化运动》，中共党史出版社 2008 年版，第 3—7 页。

年递增 49.86%。① 巴彦淖尔盟乌拉特中旗乌兰斯太乡阳光民族联合人民公社，1958 年每亩耕地产粮 1196.2 斤，比 1957 年产粮 110 斤增产 10 倍。②

以上的牲畜、粮食的增长率，显然是不可能实现的。事实证明，增长率内容纯属虚报。例如，1958 年内蒙古自治区公布的农业总产值达到了 18.4 亿元，比 1957 年增长 55%，粮食总产量达到了 118 亿斤，比上年增长一倍；牧业年度牲畜头数达到 24470000 头（只）。后经核实，农业总产值为 15.6 亿元，虚报数 2.8 亿元，占 17.9%，粮食总产量为 96.5 亿斤，虚报数 21.5 亿斤，占 22.29%；牲畜头数为 24304000 头，虚报数 166000 头，虚报数为 0.67%。③

再如，1958 年牧业年度牲畜头数为 2447 万头（只），但经核实挤掉虚报的水分，牲畜总头数只有 1973.7 万头（只），虚报了 23.4%。④

再如，据统计，1958 年内蒙古全区参加大炼钢铁人数超过 70 万人，占当时全区人口 10%。年终，内蒙古全区共炼钢 13800 吨，炼铁 88300 吨，号称提前四天超额完成了中央下达自治区 10000 吨钢、80000 吨铁的任务。但后经核实，钢只有 7000 吨，为上报数字的 50.7%，虚报水分竟达 49.3%；铁只有 50000 吨，为上报数字的 56.6%，浮夸水分占 43.4%。⑤

综上所述，"大跃进"运动中，提出过高的、不切实际的"大跃进"目标和浮夸风等，内蒙古和全国其他地区没有什么区别。内蒙古与其他地区不同的、更值得注目的是"大跃进"运动期间的草原生态环境问题。

① 《呼盟牧业生产的"卫星"上了天》，《内蒙古日报》1958 年 7 月 20 日。
② 《巴盟各族人民大放"卫星"》，《内蒙古日报》1958 年 11 月 1 日。
③ 郝维民主编：《内蒙古自治区史》，内蒙古大学出版社 1991 年版，第 182 页。
④ 中共内蒙古自治区委员会党史研究室编：《"大跃进"和人民公社化运动》，中共党史出版社 2008 年版，第 4 页。
⑤ 同上书，第 6 页。

第二节 内蒙古牧区草原生态问题及其影响

一 内蒙古牧区草原生态环境问题的背景与原因

内蒙古牧区"大跃进"运动的一个最重要特点和内容，是过度开垦草原而引发的草原生态环境问题。以第二个五年计划为例，1957年制订的"第二个五年计划"中，全国开垦耕地面积指标为4000万亩。但在"大跃进"运动中的"以粮为纲"和农业"大跃进"与"多、快、好、省"的方针下，提出"第二个五年计划国家计划委员会提出给农垦事业20亿元，开荒指标为可以保证6000万亩，争取完成8200万亩至1亿亩"的开垦计划。①

制订这一开垦计划的另外一个理由是，我国人均占有耕地面积少于苏联、印度等国。1958年，我国总耕地面积16.8亿亩，占国土面积的11.7%，人均耕地面积2.7亩，而当时的苏联人均耕地面积11亩，美国人均耕地面积19亩，印度人均耕地面积4.5亩。②

同时，边疆民族地区或省区成为开垦的主要地区。1958年，农垦部部长王震在中国农业水利工会第一次全国代表大会上的讲话中指出：我国可以开垦的土地，大约有15亿亩；全国各省区都有几百万亩或千万亩的可开垦土地，但是最广大的可开垦地还是在内蒙古、新疆、青海、黑龙江。并号召"开垦荒地，可以使亿万年沉睡的荒原变成良田"③。

内蒙古"大跃进"运动中，不论农区还是牧区一律强调"以粮为纲"，牧区执行"以农业为基础"的方针。④ 在1958年2月中旬召开的内蒙古

---

① 《农业工作的基本情况与今后任务的意见——张林池副部长在全国国营农牧场社会主义建设积极分子会议上的报告》，《中国农垦》1958年第5期。
② 《鼓足革命干劲实现国营农牧场生产大跃进——王震部长在中国农业水利工会第一次全国代表大会上的讲话》，《中国农垦》1958年第2期。
③ 同上。
④ 中共内蒙古自治区委党史研究室编：《六十年代国民经济调整（内蒙古卷）》，中共党史出版社2001年版，第70页。

自治区第六次牧区工作会议提出了"所有地区，都进行饲料基地建设，争取三五年内牧区粮食、饲料自给"的牧区全范围开垦草原的方针。①

1958年6月20日至7月9日，召开内蒙古自治区第七次牧区工作会议。首先，会议在发展畜牧业生产方面，以大量的事实批判以下的错误观点："自然灾害不可战胜论"（即牧区牲畜因发生自然灾害而死亡是不可避免的论点），"牧场饱和论"（即内蒙古农区和牧区草原载畜量已经达到饱和点了，水满自溢，再发展牲畜非大批死亡不可的论点），"内蒙古人少，不能大量发展牧业的论点"（即内蒙古地广人稀，劳动力不足，继续发展牲畜也必然遭至牲畜的大量死亡的论点），"单靠纯依靠国家进行牧区建设的论点"（即牧区各项生产建设非依靠国家建设不能的论点），"农业区无发展畜牧业前途论"（即"重农轻牧"思想）。②

其次，会议认为牧区的草原改良和建立饲料基地工作必须抓紧进行，牧区的饲料基地有很大的发展，1958年已由1957年的15万亩发展到100万亩以上，并进一步提出了内蒙古牧区具体的开垦目标以及奖励措施：（1）建立饲料基地。牧业饲料基地由1957年的15万亩增加到100万亩，1958年争取再开垦。1959年要求每个牧区人民公社的饲料基地争取开垦500—1000亩。（2）为了在牧区迅速发展为畜牧业服务的农业生产，在两年内基本解决牧区粮食、饲料的自给问题，对牧区人民公社种植的粮食、饲料继续执行不计征、不计购的政策。（3）为了在农区发展畜牧业，对农区种植饲草和饲料作物一律不计征、不计购的政策。（4）为了奖励国营农牧场在牧区种植饲料和粮食，执行三年内不计征、不计购的政策，其耕种土地的数量一律不加限制。国营农牧场的粮食卖给国家，收购价格以国家不取商业利润为原则。③

如上所述，"大跃进"运动中，由于对"以农业为基础"方针的片面理解，不顾客观环境、自然条件的开垦牧区草原的方针与措施，显然违背

① 《内蒙古党委关于第六次牧区工作会议向中央的报告》（1958年3月20日），内蒙古档案馆藏，资料号：11—12—157。
② 《鼓足干劲，力争上游，多快好省地建设社会主义新牧区——乌兰夫同志在第七次牧区工作会议的总结报告》（1958年7月7日），内蒙古档案馆藏，资料号：11—12—146。内蒙古自治区党委：《关于第七次牧区工作会议向中央的报告》（1958年7月31日），内蒙古档案馆藏，资料号：11—12—157。
③ 《鼓足干劲，力争上游，多快好省地建设社会主义新牧区——乌兰夫同志在第七次牧区工作会议的总结报告》（1958年7月7日），内蒙古档案馆藏，资料号：11—12—146。

了内蒙古自治区一贯坚持的牧区"禁止开荒、保护牧场"的政策和指示、法令等。①

但是，《内蒙古党委关于高速度发展畜牧业生产的指示》（1958 年 7 月 31 日）中，指出高速度地发展畜牧业生产，是牧区社会主义建设中的一项极为重大任务。口号是"十年计划五年完成"。为了保证畜牧业高速发展，必须大力进行牧区畜牧业生产各项基本建设。建立饲料基地作为基本建设的内容之一，1959 年要求每个牧业人民公社都有 500—1000 亩的饲料基地，1960 年达到 1000 亩以上。② 为保证这一任务完成，特做如下指示：

第一，必须坚决进行在发展畜牧业生产上的两条路线和两种方法的斗争。在发展畜牧业生产方面将长期存在"多、快、好、省""少、慢、差、费"的两条路线和两种方法的斗争。要高速发展畜牧业数量和迅速普遍地提高牲畜质量，就必须与"少、慢、差、费"路线的各种错误论调做坚决的斗争。

---

① 以绥远省为例，在 20 世纪 50 年代制定实施的"禁止开荒、保护牧场"的政策和指示、法令，主要有：（1）《绥远省人民政府关于保护牧场的指示》（1952 年 4 月 5 日）规定：农业生产与牧业生产都是重要的，种地开荒，不许破坏牧场，蒙汉牧民依靠牧场放牧为生，必须保护牧场；必须维护政府的法纪，凡于解放后强垦的牧场，原则上均应封闭，其对牧业妨害不大或封闭困难太多，群众要求不闭或缓闭者，必须呈请绥远省人民政府批准，始得变更。今后如发现破坏牧场行为，必须依法严惩；在土地改革地区，尚未完成的调整牧场工作，必须按照既定方针，认真完成，牧场划定以后，必须严守农牧地界，保护牧场，不准破坏（参见绥远省人民政府办公厅编《法令汇编》第六期，1953 年 2 月，第 78—79 页）。（2）绥远省人民政府为认真检查处理开垦牧场事件的通报》（1952 年 9 月 4 日）规定：1952 年 2 月以后，未经政府许可被开垦的牧场一律封闭；1951 年 4 月以后被开垦的牧场，除一律封闭外，并应查明情况，分清责任，有关责任干部，做出书面检讨报省议处；区、村干部由县负责作适当处理（参见绥远省人民政府办公厅编《法令汇编》第六期，1953 年 2 月，第 80—82 页）。（3）《绥远省蒙旗土地改革实施办法（草案）》（1952 年 12 月 5 日）第四条规定："土地改革必须照顾牧业的发展，坚决保护牧场、牧群，绝对禁止开垦牧场，并应适当的满足蒙汉人民的牧场要求，划出一定数量的牧场。"［参见内蒙古自治区党委政策研究室、内蒙古自治区农业委员会编印《内蒙古畜牧业资料选编》第二卷（上册），呼和浩特，1987 年，第 55 页］（4）《绥远省人民政府关于重申保护牧场的指示》（1953 年 7 月 25 日）中规定：1953 年开垦之牧场，一律封闭，并应给予主持开荒而严重破坏牧场的干部适当处分；1950 年秋以后至 1952 年所开的牧场，原则一律封闭；嗣后如发现再有开垦牧场者，不论任何人一律依法处理；对主张开垦牧场，或决定办法导致开垦了牧场的干部，应分别情节轻重，给予处分（参见绥远省人民政府办公厅编《法令汇编》第七期，1954 年 2 月，第 223 页）。

② 《内蒙古党委关于高速度发展畜牧业生产的指示》（1958 年 7 月 31 日），载内蒙古自治区党委学习编委会编印《学习》（党内刊物，发至区、营级），第 262 期，内蒙古档案馆藏，第 41 页。

第二，为克服自然灾害，保证牧区畜牧业高速发展，必须大力进行牧区畜牧业生产的各项基本建设。即建立饲料基地；改良草原；大力发展牧区水利建设；加强牧区保畜的物资基础；推行定居游牧等。

第三，采取有力措施，高速度发展牧区和半农半牧区的畜牧业，批判"重农轻牧"思想，加强对畜牧业生产的领导。

第四，加强对国营农牧场和合营牧场的领导。

第五，普遍提高牲畜质量和加强兽疾防治工作。[①] 即重申内蒙古自治区第七次牧区工作会议提出的具体的开垦目标以及奖励措施，并以内蒙古自治区党委指示形式发布、实施。[②]

1959 年 7 月，召开内蒙古自治区第八次牧区工作会议。首先，提出了"大力发展牲畜数量，提高牲畜质量，逐步实现农牧林相结合和畜牧业现代化"的畜牧业生产总方针。其次，关于牧区劳动力问题，指示：根据牧区各方面生产的需要，各盟可从农区往牧区调动一部分劳力；农村向牧区自动流入的人，应该予以安排工作，愿意长期居住牧区者，应该予以迁移证。最后，关于牧区粮食解决问题，必须坚持逐步做到牧区粮食自给的方针，并要求在两三年内实现。牧区人民公社应集中主要力量搞好牧业生产。有农业基础的旗，应在一两年内做到饲料或全部粮食自给，没有农业基础的旗应有计划地建立和发展国营农场，逐步解决全旗的粮食问题。并明确指出牧区粮食自给，是指一个盟一个旗的范围而言，不是要求每个公社、生产队都能做到粮食自给。[③] 这样，内蒙古迎来了大量开垦草原、大办农业的高潮。

二 内蒙古牧区草原生态环境问题事例分析

1. 国营农牧场开垦事例

1947—1957 年，内蒙古共建立了 19 个国营农牧场、38 个国营牧场。

---

① 《内蒙古党委关于高速度发展畜牧业生产的指示》（1958 年 7 月 31 日），载内蒙古自治区党委学习编委会编印《学习》（党内刊物，发至支、营级），第 262 期，内蒙古档案馆藏，第 42—45 页。

② 同上书，第 41 页。

③ 《巩固建设牧区人民公社，贯彻执行牧业八项措施，为稳定地、全面地、高速地发展畜牧业而奋斗——王铎同志在第八次牧区工作会议上的总结报告》（1959 年 7 月 24 日），载内蒙古自治区党委政策研究室、内蒙古自治区农业委员会编印《内蒙古畜牧业资料选编》第二卷（上册），呼和浩特，1987 年，第 493—519 页。

其间共开垦土地 661249.5 亩，其中，国营农场开垦 199662 亩，国营牧场开垦 461587.5 亩（占开垦总面积的 70%）。①

"大跃进"运动中，1958 年的内蒙古自治区国营农牧场的工作方针："巩固整顿提高，大力提高生产，实现农牧业生产大跃进，尽力开荒，扩大饲料基地，积极勘查测量，为大面积开垦荒地建立国营农牧场准备条件。"② 根据方针，1958 年一年间，共建立了 19 个国营农牧场。同时，随着新增国营农牧场的建设，国营农牧场的开垦计划随之变更。具体如下：1958 年原计划开垦 49500 亩，提高到争取开垦 400000 亩，比原计划扩大85%（350500 亩）；第二个五年计划原计划开垦耕地 1996000 亩，争取开垦 4465000 亩，比原计划扩大 22%（2469000 亩）；第三个五年计划原计划耕地达 6000000 亩，提高到 10000000—15000000 亩。③

1960 年，新成立的内蒙古自治区农牧场管理局提出了全区农牧场发展总原则、方针：1961 年在牧区普遍建立农牧场，争取 1961 年牧区粮食基本自给；有公私合营农牧场的地区，在合营农牧场的基础上扩建，没有公私合营农牧场的地区新建；大兴安岭要争取 3—5 年内做到粮食自给，完成开荒 311 亩，使年末总耕地面积达 466 亩，粮食作物、饲料产量 225700万斤，蔬菜总产量 24530 万斤，牲畜存栏 163 万头（只），以及畜产品、加工业、主要农牧产品的内销和出口任务。④

这是国营农牧场建设向牧区和林区推进，以牧区和林区粮食自给为目的的大量开垦方针。在上述总原则、方针的指导下，到 1960 年末，内蒙古国营农牧场建设速度明显加快，国营农牧场总数由 1959 年的 71 个增加到 100 个，职工数也由 1958 年的 32456 人增加到 83864 人。⑤ 据统计，内蒙古全区国营农牧场 1958—1959 年开垦土地 55.05 万亩，1960 年开垦 480

① 菅光耀、李晓峰主编：《穿越风沙线：内蒙古生态备忘录》，中国档案出版社 2001 年版，第146—148 页；张林池主编：《当代中国农垦事业》，中国社会科学出版社 1986 年版，第 48 页。
② 《克服保守，反对浪费，鼓起干劲，大胆跃进，赶上先进——内蒙古农业厅副厅长张昌龄》，《中国农垦》1958 年第 3 期。
③ 同上。
④ 菅光耀、李晓峰主编：《穿越风沙线：内蒙古生态备忘录》，中国档案出版社 2001 年版，第149 页。
⑤ 同上。

万亩。1958—1960 年共计开垦 535.05 万亩,① 这个数字,相当于 1958—1960 年内蒙古全区总开垦土地 1600 万亩的 1/3。1961—1963 年,全区国营农牧场共开荒 326.9 万亩(1961 年 56.7 万亩,1962 年 13.8 万亩,1963 年 256.4 万亩)。②

2. 呼伦贝尔盟牧区四旗开垦事例

呼伦贝尔盟是传统的牧业地区,全盟总面积为 3.8 亿亩,占内蒙古总面积的 22.2%,天然草原面积为 1.69 亿亩,占全盟总面积的 45.5%,占内蒙古全区草原总面积的 14.4%。其中,牧业四旗(新巴尔虎右旗、新巴尔虎左旗、陈巴尔虎旗、鄂温克族自治旗)的天然草原面积为全盟草原总面积的 74%,牲畜占全盟牲畜总数的 71%。1960 年以前,呼伦贝尔盟牧区四旗(包括海拉尔市、满洲里市)一共有 30 多万亩耕地,其中国营农牧场有 9 万亩耕地,大部分是饲料基地。1959 年内蒙古党委提出在大兴安岭以北建立粮食基地,改变南粮北调长途运输的状况,就地解决粮食问题。在 1959 年 10 月报告中央请农垦部协助在呼伦贝尔盟原有国营农牧场基础上建设一个农产品商品基地。经中央同意,从 1960 年 6 月开始,在农垦部的帮助下,短短几个月内,牧业四旗由原来的 9 个国营农场,新建扩建成为 18 个国营农牧场,开垦草原 239 万亩。③

3. 中央农垦部开垦事例

在 1960 年新建、扩建国营农牧场的过程中,中央农垦部因黑龙江省牡丹江直属垦区遭涝灾,无法进行生产和开垦。为充分利用设备,支援内蒙古呼伦贝尔牧区建立畜牧业生产基地和解决大兴安岭北部地区的缺粮问题,由牡丹江农垦局抽调 1023 台拖拉机、部分运输汽车、储油等设备以及技术人员 3500 人,到呼伦贝尔盟开垦。共开垦草原 296 万亩,占 1960 年呼伦贝尔全盟开垦面积的 384 万亩的 77%。④

① 中共内蒙古自治区委党史研究室编:《六十年代国民经济调整(内蒙古卷)》,中共党史出版社 2001 年版,第 82 页。
② 菅光耀、李晓峰主编:《穿越风沙线:内蒙古生态备忘录》,中国档案出版社 2001 年版,第 148—152 页。
③ 《内蒙古党委关于调整呼伦贝尔盟大兴安岭以北牧业区农牧关系的报告》(1963 年 4 月 4 日),载内蒙古自治区党委政策研究室、内蒙古自治区农业委员会编印《内蒙古畜牧业资料选编》第一卷,呼和浩特,1987 年,第 130 页。
④ 菅光耀、李晓峰主编:《穿越风沙线——内蒙古生态备忘录》,中国档案出版社 2001 年版,第 150 页。

据统计，"大跃进"运动期间，至 1960 年末内蒙古全区共开垦 1600 万亩。① 1961 年开垦 570 万亩（其中，呼伦贝尔盟 250 万亩，通辽 45 万亩，赤峰 50 万亩，锡林郭勒盟 60 万亩，乌兰察布盟 45 万亩，鄂尔多斯市 20 万亩，巴彦淖尔盟 60 万亩，呼和浩特市 5 万亩，包头市 35 万亩），1962 年开垦 342.9 万亩，1963 年 256.4 万亩。② 即 1958—1963 年，共开垦 2769.3 万亩。

如上所述，"大跃进"运动中，在内蒙古大量开荒、大办农业所带来的影响与后果，可归纳以下几点：

第一，"大跃进"运动期间进行大量开垦内蒙古草原，不但没有能够实现粮食增产，反而使粮食减产。以内蒙古国营农牧场为实例，1958—1960 年共计开垦草原 535.5 万亩。耕地面积由 1958 年的 150 万亩，增加到 1960 年的 636 万亩。但是，粮食平均亩产量由 1958 年的 77 公斤，降至 1959 年的 66.5 公斤，1960 年降至 18.1 公斤。③

内蒙古全区开垦土地面积连年递增，由 1959 年 8090 万亩，增至 1960 年 9030 万亩、1961 年 9145 万亩。④ 但是，内蒙古全区粮食总产量却连年递减：1958 年 48.25 亿公斤，1959 年降至 43.4 亿公斤，1960 年降至 35.9 亿公斤，1961 年降至 34.4 亿公斤，1962 年降至 32.55 公斤。⑤ 即 1958—1962 年四年间减产 32.5%，减产总数达 15.7 亿公斤。

第二，因在牧区发展农业的目的不明，缺乏全面规划，不是因地制宜而是大面积开垦，严重破坏了发展畜牧业的基础，出现了一系列严重的生态问题和社会问题。具体如下：

（1）已开垦的草原中大约 30% 是不宜开垦的草场，破坏了牧场，造成了既不能种植农作物也不能放牧的结果。⑥ 例如，据统计，1960 年以后，呼伦贝尔盟大兴安岭以北牧区开垦的 239 万亩多耕地中，不适宜种植的沙

① 甘光耀、李晓峰主编：《穿越风沙线：内蒙古生态备忘录》，中国档案出版社 2001 年版，第 142 页。

② 同上书，第 143—152 页。

③ 中共内蒙古自治区委党史研究室编：《六十年代国民经济调整（内蒙古卷）》，中共党史出版社 2001 年版，第 82 页。

④ 甘光耀、李晓峰主编：《穿越风沙线：内蒙古生态备忘录》，中国档案出版社 2001 年版，第 142—143 页。

⑤ 王铎主编：《当代内蒙古简史》，当代中国出版社 1998 年版，第 176—177 页。

⑥ 《鼓足干劲战胜困难，争取畜牧业发展新的胜利——王铎同志在内蒙古党委第十次畜牧业会议上的总结讲话》（1961 年 9 月 15 日），内蒙古档案馆藏，资料号：11—15—293。

地达39万多亩；对畜牧业生产影响较大的约184万亩，其中，开垦放牧道和饮水道34万多亩，碱泡附近地5万亩左右，牧场或打草场145万多亩。① 再如，鄂尔多斯境内的乌兰布和沙漠前沿，刚经封沙育草，把流沙治理成固定和半固定的沙地，以"沙漠变农田"为名，1961年也被开垦190万亩。② 其结果，使草原生态平衡失调，许多地方形成了"一年开草原，二年打点粮，三年变沙梁"，"农业吃掉牧业，沙子吃掉农业"的恶性循环。③ 例如，"大跃进"运动期间开垦的伊克昭盟鄂托克前旗的大二坑到南三道几百里、鄂托克旗的阿山，都是非常好的草场。但是，开垦后，都仅种植了一年，第二年全部沙化了。④ 从20世纪60年代到80年代，内蒙古沙化面积由3.4亿亩扩大到4.5亿亩，占全区总面积的16%，平均每年扩大550多万亩。全区的90个旗县中有66个旗县在沙化区。全区草原面积13亿亩，位居全国第一，但可利用的草原面积只有9亿多亩。全区天然草场严重沙化的已达3.5亿亩，占可利用草场的1/3以上。⑤

（2）牧场是畜牧业生产不可缺少的、极为重要的生产资料，过度开垦的结果是能利用的牧场面积缩小，使单位牲畜占有草场的面积锐减。例如，1952—1962年，呼伦贝尔盟草原被开垦的面积达313万亩，特别是1961年牧业四旗开垦300万亩（其中，陈巴尔虎旗为170万亩，鄂温克族自治旗为50万亩，新巴尔虎左旗为30万亩，新巴尔虎右旗为50万亩）。结果，1961年该四旗畜均占有草场面积大为减少。牧区四旗1952年畜均占有草场面积分别是：陈巴尔虎旗为529.9亩/头（只），鄂温克族自治旗为43亩/头（只），新巴尔虎左旗为206.6亩/头（只），新巴尔虎右旗为177.4亩/头（只）。可是，到1961年该四旗畜均占有草场面积分别是：陈

① 《内蒙古党委关于调整呼伦贝尔盟大兴安岭以北牧业区农牧关系的报告》（1963年4月4日），载内蒙古自治区党委政策研究室、内蒙古自治区农业委员会编印《内蒙古畜牧业资料选编》第一卷，呼和浩特，1987年，第132页。
② 菅光耀、李晓峰主编：《穿越风沙线——内蒙古生态备忘录》，中国档案出版社2001年版，第143页。
③ 沈斌华：《人口迁移对蒙古族经济的影响》，载内蒙古自治区蒙古族经济史研究组编印《蒙古族经济发展史研究》第2集，1988年，第112页。
④ 《暴彦巴图访谈录》，载肖瑞玲等《明清内蒙古西部地区开发与土地沙化》，中华书局2006年版，第167页。
⑤ 厚和、陈志远：《放垦与土地沙化》，载刘海源主编《内蒙古垦务研究》第1辑，内蒙古人民出版社1990年版，第52页。

巴尔虎旗减少到244.6亩/头（只），减少了53.5%；鄂温克族自治旗减少到19.7亩/头（只），减少了77.4%；新巴尔虎左旗减少到190.9亩/头（只），减少了5.9%；新巴尔虎右旗减少到145.7亩/头（只），减少了17.9%。①

（3）随着草场的减少，内蒙古畜牧业生产衰退，牧民的人均年收入也随之下降，1957年牧民人均年收入为510元，1962年降到278元，下降了45.5%。②

（4）1957年7月至1960年6月期间，河北、山西等13个省、地区的自发性移民872600人流入内蒙古。其中，46.7%的自发性移民是从事农耕生产的农业人口。③特别是牧区人口增加更为显著，1960年的牧区人口比1957年增加了55.22%。④以锡林郭勒盟为实例，该盟牧业人口由1958年89000人到1960年猛增到154400人，增加了58%。⑤牧区农业人口及其他人口大量增加，反而加重了牧区粮食供应的负担，在大办农业中平调了牧民的生产和生活资料，挤掉了一部分畜牧业生产上的劳动力；农业队和牧业队统一分配，减少了牧民的收入，发生了平均主义；一部分农业队的经营管理不善，粮食生产还不能自给，没有起到支援畜牧业生产的作用。⑥

第三节　内蒙古牧区草原生态环境问题治理和建设成就

一　内蒙古牧区草原生态环境问题的治理

1960年9月22日，乌兰夫在内蒙古自治区第九次牧区工作会议上的

① 敖日其楞：《内蒙古民族问题研究与探索》，内蒙古教育出版社1993年版，第159—160页。
② 内蒙古自治区畜牧局：《畜牧业统计资料（1947—1986）》，1987年，第32—33页。
③ 宋廼工主编：《中国人口——内蒙古分册》，中国财政经济出版社1987年版，第174—176页。
④ 内蒙古自治区畜牧业厅修志编史委员会编著：《内蒙古畜牧业发展史》，内蒙古人民出版社2000年版，第155页；中共内蒙古自治区委党史研究室编：《六十年代国民经济调整（内蒙古卷）》，中共党史出版社2001年版，第79页。
⑤ 中共内蒙古自治区委党史研究室编：《六十年代国民经济调整（内蒙古卷）》，中共党史出版社2001年版，第78页。
⑥《鼓足干劲战胜困难，争取畜牧业发展新的胜利——王铎同志在内蒙古党委第十次畜牧会议上的总结讲话》（1961年9月15日），内蒙古档案馆藏，资料号：11—15—293。

讲话中，对忽视畜牧业的观点批评指出：忽视自治区的民族特点、地方特点，不了解在自治区发展畜牧业的政治意义和经济意义，不了解在自治区发展畜牧业，加速牧区建设，是解决牧业区民族问题的一个重要方面，不了解自治区是祖国畜牧业重要基地之一的重要意义的"重农轻牧"的主观主义观点，在牧区任何忽视畜牧业的做法都是极端错误的。①

1960 年 10 月 8 日，内蒙古自治区党委转发了乌兰夫《关于在牧区、林区贯彻执行以农业为基础的方针和开垦草原发展农业中应注意的几个问题的意见》（以下简称《意见》）。

首先，《意见》指出了牧区贯彻执行以农业为基础方针应注意的问题：部分牧区干部对贯彻执行以农业为基础的方针中，出现了若干忽视畜牧业，把农业和畜牧业对立起来或孤立看待的现象。例如，锡林郭勒盟东乌珠穆沁旗、西乌珠穆沁旗农业有了一些发展，但是畜牧业却下降了；锡林郭勒盟阿巴嘎旗有的干部，对"以牧为主，以畜为纲，农牧结合，发展多种经营"的方针发生动摇；有一个旗办国营农牧场，开辟了一部分农田之后，就认为这个旗的发展前途是农业。

其次，《意见》强调，内蒙古自治区是祖国的重要畜牧业基地，现在是，将来是，并且永远是。无论将来工业怎样发展，农业怎样发展，畜牧业都必须大力地、高速度地向前发展。在牧区，任何时候忽视畜牧业都是极端错误的。同时，要求坚定地执行"以牧为主，以畜为纲，农牧结合，发展多种经营"的方针。

再次，《意见》关于草原开垦问题，指出在牧区要发展农业，要开一部分草原，要做到粮食、蔬菜、饲料自给，发挥潜力大力生产农产品，是完全肯定的。但是，要看到在牧区发展农业，有不同于一般地区的特点，开垦的都是放牧草原，而可以做最好农耕地的一般都是最好的牧场。农牧之间的合理布局，全面规划是至关重要的。

最后，《意见》指示，在牧区发展农业、开垦草原，不能是盲目的无计划的，必须遵守以下几条规定：

第一条，发展农业开垦草原，首先是为发展畜牧业服务的。

---

① 《乌兰夫同志在第九次畜牧业工作会议上的讲话要点》（1960 年 9 月 22 日），载内蒙古自治区党委政策研究室、内蒙古自治区农业委员会编印《内蒙古畜牧业资料选编》第二卷（上册），呼和浩特，1987 年，第 553—554 页。

第二条，发展农业开垦草原的时候，必须进行全面规划，因地制宜地来办。不但选择宜于开垦的地区来发展农业，还必须把打草地和放牧地统一安排，切不可为发展农业，妨碍了畜牧业。

第三条，开垦必须在有水利条件的地方。开荒是为了增产粮食及各种经济作物，没有水利保证，就不能达到增产的目的。

第四条，绝对禁止开垦沙地、陡坡地，以免水土流失，造成沙荒，造成严重后果。已开的沙地，要迅速种草种树，加以弥补挽救。

第五条，凡是开垦农田，就要同时造防护林带，不但为保护农田、防止水土流失所必需，也是根本改变自然面貌、造福后代子孙的大问题。

第六条，在牧区开垦荒地举办国营农牧场，必须和牧区的社会主义改造、社会主义建设和牧区人民公社的建设结合起来，并为公社由基本队有向基本社有过渡创造条件。

第七条，开垦草原必须与牧区交通建设统一安排，凡是交通不便，生产了粮食运不出来的地方，目前除实现自给，并有相当储备外，暂不大量发展。待交通条件解决后，再有计划、有步骤地开垦。[①]

并要求各地一律按上述七条进行检查，没有规划的补规划，应该弥补的迅速弥补。上述七条规定，是1960年12月4日内蒙古自治区党委第十二次全体委员扩大会议通过的《内蒙古党委关于牧区人民公社当前政策问题的若干规定》中第九条的主要内容。[②] 这些规定制止了继续在牧区大量开垦草原的行为。

但是，已经形成的农牧矛盾没有能够得到认真调整与解决。据1963年4月4日内蒙古自治区党委向中央、华北局提交的《关于调整呼伦贝尔盟大兴安岭以北牧业区农牧关系的报告》，1960年以来，内蒙古自治区大办农业、大办粮食的过程中，有些地区过度开垦草原，影响到畜牧业生产的发展，影响到民族间和民族内部的团结。其中，突出表现在呼伦贝尔盟大兴安岭以北的鄂温克族自治旗、陈巴尔虎旗、新巴尔虎右旗、新巴尔虎左旗牧业四旗。

---

① 《乌兰夫同志关于在牧区、林区贯彻执行以农业为基础的方针和开垦草原发展农业中应该注意的几个问题的意见》（1960年10月8日），内蒙古档案馆藏，资料号：11—14—165。

② 《内蒙古党委关于牧区人民公社当前政策问题的若干规定》（1960年12月4日），载内蒙古自治区党委政策研究室、内蒙古自治区农业委员会编印《内蒙古畜牧业资料选编》，第二卷（上册），呼和浩特，1987年，第603—604页。

1960 年以前，呼伦贝尔盟牧区四旗，共有 30 多万亩耕地（国营农牧场有 9 万亩耕地），其中大部分是饲料基地。1959 年内蒙古自治区考虑到大兴安岭森林工业有很大发展，海拉尔、满洲里等城镇办了一些工业，增加了不少职工，设想在大兴安岭以北建立粮食基地，改变南粮北调长途运输的状况，就地解决粮食问题。曾经在 1959 年 10 月报告中央请农垦部帮助在呼伦贝尔盟原有国营农牧场基础上建设一个农产品商品基地。经中央同意，从 1960 年 6 月开始，在农垦部的帮助下，短短几个月内，就在牧业四旗由 9 个国营农牧场扩建成为 18 个国营农牧场，开垦草原 239 万亩。由于工作过程中忽视了该地区的地区特点、民族特点以及缺乏通盘规划，没有很好地贯彻群众路线，造成了严重的农牧矛盾，即缩小了该地区牧场、打草场。同时，内蒙古自治区成立以来畜牧业发展很快，牲畜数量由 1946 年的 64 万头（只），增加到 1962 年的 195 万头（只）。这样必然导致农牧矛盾的发生。另外，从呼伦贝尔盟牧区四旗内国营农牧场新开垦的耕地来看，有些由于土地瘠薄和气候干旱、无霜期短等原因不适宜种植，有些由于国营农牧场力量不足，经营不过来，如 1962 年播种 225 万亩，只收了 180 万亩。[①]

1962 年 7 月，乌兰夫陪同华北局书记李雪峰到呼伦贝尔盟检查工作时，发现了上述情况，随即协助呼伦贝尔盟委召开了牧区四旗委书记、国营农牧场党委书记、场长联席会议，检查总结在牧区开垦草原的问题，讨论制定调整农牧关系的办法，并向中央、华北局做了报告。之后，内蒙古自治区党委又责成胡昭衡等协助呼伦贝尔盟委召开了牧业四旗和公社党委会议、人民代表会议以及其他一系列会议进行讨论。

经过上述讨论，首先，提出了把呼伦贝尔盟牧区四旗建设成为畜牧业基地，必须坚决地、全面地贯彻"以牧为主，围绕畜牧业生产，发展多种经济"的生产方针。[②] 其依据是：第一，畜牧业是蒙古族和其他几个少数民族历史上长期从事的生产，发展畜牧业可以繁荣自治区经济，增进民族团结，有利于消灭少数民族在经济文化上事实上的不平等状况。第二，畜牧业是牧区人民的主要生产，发展畜牧业是繁荣牧区经济、改善

---

① 内蒙古自治区党委：《关于调整呼伦贝尔盟大兴安岭以北牧业区农牧关系的报告》（1963 年 4 月 4 日），载内蒙古自治区党委政策研究室、内蒙古自治区农业委员会编印《内蒙古畜牧业资料选编》第一卷，呼和浩特，1987 年，第 130—133 页。
② 同上书，第 130 页。

和提高各少数民族人民生活的重要保证。第三，牲畜和畜产品是国家社会必需的重要物资，发展畜牧业对国家经济建设和改善人民生活至关重要。第四，牧区人民有着经营畜牧业的丰富经验和良好条件，应该大力发展畜牧业。第五，牧民经营畜牧业比经营农业生产产值大、收入高，因此不论从国家利益、集体利益还是社员个人利益出发，都要求以牧为主，大力发展畜牧业。

其次，原来把牧区四旗既要建设成为畜牧业基地，又要建设成为农产品商品基地的设想，是不符合实际和群众的觉悟水平的。在相当长的时期内，只能作为国家的一个畜牧业基地来进行建设。①

1962 年 7 月 14 日，乌兰夫又针对呼伦贝尔盟国营农牧场在牧区开垦草原 239 万亩，造成农牧矛盾进行检查处理：严重妨碍畜牧业生产的耕地一律封闭；对畜牧业妨碍不大，牧民意见不多的，经过同当地群众商量，在有利于发展畜牧业生产的原则下，适当地收缩和调整；对畜牧业无妨碍的，在有利于发展畜牧业的原则下，争取办好。对弃耕的土地，应由原单位负责平整，有条件的要种上牧草，以利草原更新，已开垦的沙地要迅速种树种草。②

1963 年 4 月 4 日，内蒙古自治区党委在经过进一步调查研究的基础上，向中共中央、华北局上报《关于调整呼伦贝尔盟大兴安岭以北牧业区农牧关系的报告》，决定：对大兴安岭以北原有 26 个国营农牧场（包括牧业四旗的 18 个场、林区的 3 个场和林区边沿的 5 个场），除了其中与牧民放牧关系影响不大的 5 个国营农牧场（三河马场、拉布大林、呼和达巴、室伟、苏沁），稍加调整予以保留外，将其中农牧矛盾突出的 4 个国营农牧场（架子山、特尼河、南屯、满洲里）予以撤销；将 3 个国营农牧场（湖北、乌兰塔拉、鸿雁）的土地封闭，保留畜牧业生产队同其他场合并。经过调整后，剩下的 19 个国营农牧场中，转为经营畜牧业为主的良种繁殖场和种畜场 14 个，拥有大小牲畜 144 万头，保留耕地 60 多万亩，其中

① 内蒙古自治区党委：《关于调整呼伦贝尔盟大兴安岭以北牧业区农牧关系的报告》（1963 年 4 月 4 日），载内蒙古自治区党委政策研究室、内蒙古自治区农业委员会编印《内蒙古畜牧业资料选编》第一卷，呼和浩特，1987 年，第 133 页。

② 同上书，第 130 页。

牧业区保留饲料基地25万亩左右,共计封闭开垦地220多万亩。[1] 同年8月25日,中共中央批复,同意自治区党委的调整意见,指出可即按报告中的意见执行。[2]

1963年5月13日,内蒙古自治区党委、自治区人民委员会发出《关于调整农牧关系保护牧场的规定》,主要内容可归纳为以下几点:

(1)关于如何处理好内蒙古农牧关系,指出,牧区作为国家畜牧业基地,按照内蒙古的地区特点和民族特点,合理规划和安排农牧业生产,正确发挥农牧业相互支援的积极作用,避免和克服农牧矛盾,是内蒙古加快农牧业发展和增强民族团结的一个重大问题。

(2)关于牧区工作的中心任务,指出,畜牧业是牧区的主要经济,发展畜牧业是牧业区工作的中心任务;牧业区工作,千条万条增加牲畜是第一条。同时强调,在牧业区必须坚定不移地执行"以牧为主,围绕畜牧业生产,发展多种经济"的生产方针。

(3)关于草原开垦方面存在的问题,指出,近几年来,在部分地区,盲目地大量地开垦草原,不切实际地举办并扩大国营农牧场,它不仅妨碍了畜牧业的发展,而且也影响了民族的团结。这是违反牧业区生产方针的必然结果。在牧业区,国家只能够举办国营牧场,发展畜牧业和种植直接为畜牧业服务的饲料地,而不能举办国营农场,大量开垦草原,建立商品粮基地。

(4)在此基础上,指示近几年来国营农牧场和机关、团体、学校、企业、事业、部队等单位在牧业区开垦草原所引起的农牧矛盾,必须妥善处理。并明确规定:开垦的主要放牧场、打草场、牲畜舔碱(盐)地和堵塞了的放牧道、饮水道,凡是妨碍畜牧业发展的,应该一律封闭;凡是不宜种植的沙荒地、陡坡地、盐碱地和毁林地,破坏水土保持和可能造成沙化的垦地,应该一律封闭;无霜期短,或雨量很少,不宜种植作物或作物不易成熟的垦地,应当封闭;宜于种植,经过协商,牧民仍然坚持要封闭的

---

[1] 内蒙古自治区党委:《关于调整呼伦贝尔盟大兴安岭以北牧业区农牧关系的报告》(1963年4月4日),载内蒙古自治区党委政策研究室、内蒙古自治区农业委员会编印《内蒙古畜牧业资料选编》第一卷,呼和浩特,1987年,第134页。

[2] 《中共中央关于调整呼伦贝尔盟大兴安岭以北牧业区农牧关系的报告的批复》(1963年8月25日),载内蒙古自治区党委政策研究室、内蒙古自治区农业委员会编印《内蒙古畜牧业资料选编》第一卷,呼和浩特,1987年,第135页。

耕地，应当按照牧民意见予以封闭；经过调整，应当确定国营牧场的经营规模，划定场、社界限，防止越界开垦；凡有条件保留一定数量饲料地的国营牧场，应当切实种好，做到粮、料自给或逐步自给，或自给有余。

（5）进一步要求，所有封闭的耕地，都必须由原开垦单位或原开垦单位的上一级机关，制定切实可行的规划，做好善后工作；该种草的种草，该种树的种树，该平整的平整，以利恢复和更新牧场，避免沙化水土流失，影响草场利用；牧区人民公社、生产大队和生产队，近几年来开垦的耕地，如不利于畜牧业发展，或可能造成沙化与水土流失的，也应当经过群众民主讨论，进行调整和封闭。①

1965 年 4 月 30 日的《内蒙古自治区草原管理暂行条例（草案）》，主要内容如下：

首先，关于草原所有权，规定：自治区境内所有草原均为全民所有，由各旗（县、市）人民委员会根据畜牧业生产发展的需要和有利于生产、有利于经营管理、有利于团结的原则，固定给国营企事业单位（包括国营农牧场、合营牧场、军马场、牧草种子繁殖场、林场等单位）和人民公社的生产队（基本核算单位）经营使用。在草牧场比较宽裕的地区，旗（县）人民委员会在固定草牧场的同时，也可以划出一定数量的机动牧场，并直接掌握作为临时调剂使用；但在自然条件较差、草牧场窄小的地区，也可以固定给人民公社或几个生产队联合使用。

其次，关于草牧场的固定与变动，规定：草牧场的固定，必须做到界限明确、范围清楚、一致承认，经登记造册后，由旗（县、市）人民委员会发给使用单位使用证。使用单位有长期使用的权利和经营保护、培育建设的义务。草牧场固定后，如必须变动时，应按下列规定办理：（1）国家建设需要占用草牧场时，按国家征用土地办法的规定办理，本旗（县）以外的一切单位兴办各种企、事业占用草牧场时，必须先征得有关旗（县）、社队同意后报自治区人民委员会批准。（2）根据生产发展需要，相互调剂草牧场、改变革牧场使用权限时，应当本着自愿、互利的原则经过协商，经旗（县）人民委员会批准。对原使用单位投资兴修的各项基本建设，应

---

① 内蒙古自治区党委、自治区人民委员会：《关于调整农牧关系保护牧场的规定》（1963 年 5 月 13 日），载内蒙古自治区党委政策研究室、内蒙古自治区农业委员会《内蒙古畜牧业文献资料选编》第四卷，呼和浩特，1987 年，第 164—165 页。

予合理补偿。（3）遇有干旱、风雪灾害等特殊原因需要临时调剂草牧场时，由有关方面相互协商解决。（4）对于草牧场纠纷，要按内蒙古自治区党委"关于解决自治区内土地、行政界限纠纷问题的指示"，应本着利于生产、利于团结的原则，在互谅互让的基础上协商解决。

再次，关于开垦草原发展畜牧业，规定：旗（县）以内开垦草原，发展种植业，在商得社同意后，按规定办理审批手续，每片在1000亩以内的由旗（县）人民委员会批准；1000亩以上的由盟公（市人民委员会）批准；5000亩以上的由自治区人民委员会批准。绝对禁止开垦沙地、陡坡。对于弃耕的土地，要由原开垦单位负责平整，种草植树，恢复植被。

最后，关于草原植被保护，规定：要认真保护草原植被。砍柴挖药材，应由社、队统一安排，指定地区，有组织、有领导、有计划地进行，并要做到随挖随填，防止破坏草原植被。对现有林木应加强经营管理和保护，柴草兼用的灌木和树木，更应严加管理。砍柴应当砍死不砍活、砍枯不砍青、砍枝不砍根；搂草不准搂根；严禁挖草根，非挖不行时，要随挖随补种，不得破坏植被。①

上述诸多调整、治理草原生态问题的政策、措施的实施，使牧区开垦草原问题基本上得到了治理和解决。从内蒙古全区来看，1958—1960年，在牧区（不包括国营农场）开垦草原52.76万公顷，经过几次调整到1963年总计封闭了不宜耕作的耕地近40万公顷，保留13.33万公顷作为饲料基地。②

以伊克昭盟为实例，1960年至1964年1月期间，伊克昭盟对草原工作有所忽视，因而使草场受到严重破坏。每头牲畜占有天然草场由原来的31.6亩降到12.3亩，产草量也相对减少，畜牧业生产不够稳定。即1949—1954年畜牧业生产直线上升，但1955年下降12%，1956年开始回升，至1963年牲畜总头数发展到594万头（只），超过1954年总头数50万头（只），但大畜头数仍低于1954年。为了扭转这一情况，伊克昭盟盟委在1962年12月的盟委扩大会议确定了"以牧为主"的生产方针，接着

---

① 《内蒙古自治区草原管理暂行条例（草案）》（1965年4月30日），载内蒙古自治区党委政策研究室、内蒙古自治区农业委员会编印《内蒙古畜牧业资料选编》第四卷，呼和浩特，1987年，第183—186页。

② 内蒙古自治区畜牧业厅修志编史委员会编著：《内蒙古畜牧业发展史》，内蒙古人民出版社2000年版，第178页。

召开了三级干部会议贯彻这一方针。同时盟政府发布了《禁止开垦，保护牧场》的布告，有效地防止了滥垦草原、破坏草原的现象，取得显著成绩。1961—1963 年封闭了开垦的草场 112 万亩，占 1958 年以后开垦的 38.8%；有些地方已经把草场使用权落实到社、队或者畜群。不仅化解了农牧矛盾，固定了草牧场使用权，而且在群众中订立了"保护牧场"的公约，有的地方积极开展了群众性的种草改良牧场工作。据不完全统计，仅 1963 年内就封滩（沙、山、沟）育草 34600 亩，建立人工打草场 16000 亩，种植苜蓿、草木樨等优良牧草 47000 亩；打井 397 眼。①

二　内蒙古牧区草原生态环境建设成就

首先，内蒙古牧区草原改良建设。以伊克昭盟为例，把草场使用权落实到社、队或者畜群，不仅化解了农牧矛盾，固定了草牧场使用权，而且在群众中订立了"保护牧场"的公约，有的地方积极开展了群众性的种草改良牧场工作。

同时，在改良牧场的过程中，也积累了很多的典型经验。例如，该盟格尔旗纳林公社纳林大队牧工陈官柱同志，1958 年以来，利用放羊实践时间一手拿羊铲开沟、一手撒子的办法，共种草 700 亩、植树 4000 株，解决了 1—3 群羊的放牧场和冬春补贴饲草问题的经验；杭锦旗四十里梁公社，提高农业单产、压缩耕地的办法，扩大牧场 4 万亩，并利用耕地大力种草固沙 24000 亩，从而提高了草场载畜量 30% 的经验；牧区鄂托克旗查布公社，加强领导，变定居游牧的习惯，80% 以上的牲畜走场放牧，使已退化牧场的产草量提高了 0.5—1.5 倍，减少了牲畜死亡；鄂托克旗，采取依靠群众，自力更生，集中力量打歼灭战的方法，1963 年内打井 126 眼，提高草场利用率；乌审旗乌审召公社，发动群众铲除醉马草 86 万亩，封滩育草 1000 亩，提高牧场产草量 10—12 倍，种植饲料基地 25814 亩，其中水浇地 1085 亩，做到了饲料自给有余，植树造林 80600 株，除树叶、嫩枝喂牲畜外，林木也开始为搭棚盖圈、建筑房屋利用。通过上述综合措

---

① 内蒙古自治区人民委员会工作组：《关于伊盟草原工作会议情况的报告》（1964 年 1 月 31 日），载内蒙古自治区党委政策研究室、内蒙古自治区农业委员会《内蒙古畜牧业文献资料选编》，呼和浩特，1987 年，第 169—170 页。

施使牲畜由 1958 年的 30550 头（只），1963 年达到 67718 头（只）。[①]

再从全区来看，积极开展了以水利为中心的加强合理利用天然草牧场的同时，积极进行了水利、棚圈、草原改良等草原建设。1964 年全区新打牧业用井 2728 眼，整修更新旧井 6209 眼，开辟缺水草场 15361 平方千米，改善了 16925 平方千米草场的牲畜饮水问题。其中，昭乌达盟巴林右旗白音查干公社，从 1958 年以来新打牧业井 138 眼，到 1964 年已有水井 229 眼，平均每 5.75 平方千米有 1 眼井，最稀的地方每 100 平方千米也有 1 眼井，实现了牧场井网化。阿拉善左旗，树业队和群众相结合，从 1962 年以来坚持用土办法打井 100 多眼，开辟缺水草场 4000 平方公里，促进了畜牧业发展。[②]

1964 年内蒙古全区草原改良 1005 万亩，共中封滩育草面积 822 万亩，累计改良草原 2000 余万亩。由于各地加强领导，从实际出发，因地制宜地采取措施，收到了良好的效果。例如，昭乌达盟克什克腾旗达里诺尔公社，专门组织 7 人领导小组，在退化碱草、冰草草场封滩育草 6.4 万亩。制定了奖罚制度，并指定专人巡回检查护场，收到了实效。封闭第一年，据实测产草量比未封闭的草场高 28%。该盟翁牛特旗海自苏公社灌溉改良草场 5.2 万亩，经实测灌溉的草场千草产量提高 73.68%，覆盖度增加 26.3%。巴彦淖尔盟额济纳旗大面积引洪灌溉草场 109 万亩，植物覆盖度由 30% 增加到 50%。[③]

其次，草原造林，实行林草结合有了进一步的发展。例如，1964 年，哲里木盟科左后旗甘旗卡公社束力古台大队，连续苦干 15 年，通过封育残林遗地，造林育草，扩大草场利用面积 5.2 万亩，有力地促进了畜牧业生产，牲畜比解放初期增长八倍；荒漠地区的巴盟阿拉善左旗嘉尔戈勒赛汉公社红井子大队，坚持九年在腾格里沙漠上结合封育草场，营造护牧林 550 亩，每年林间草地可打草 15 万—20 万斤，还可收集嫩枝叶，生产沙枣子，解决部分烧柴和提供棚圈用材；伊克昭盟乌审旗乌审召公社在风沙侵袭严重的沙区，七年间种植柠条、沙蒿、沙柳 35600 多亩，植树 45000

① 《内蒙古人委工作组关于伊盟草原工作会议情况的报告》（1964 年 1 月 31 日），载内蒙古自治区党委政策研究室、内蒙古自治区农业委员会编印《内蒙古畜牧业资料选编》第四卷，呼和浩特，1987 年，第 171—172 页。
② 同上书，第 176 页。
③ 同上书，第 177 页。

株，控制流沙 7 万多亩，开渠 54 华里，排出 15 万亩草场的水涝灾害，铲除醉马草 86 万亩。七年内，全社共投入 32 万个劳动日进行草原建设，不仅初步改变了自然面貌，而且有力地促进了生产的发展。1958—1964 年，该公社的牲畜每年平均递增 8.8%，其中大牲畜平均递增 10.3%。[①]

最后，全区饲料基地经过进一步的巩固提高，1964 年播种面积 137 万亩，总产粮料约 7571 万斤，饲草约 15937 万斤，各地对于饲料基地的经营管理及耕作技术有了较大提高。例如，昭乌达盟巴林右旗幸福之路公社敖尔盖有饲料基地 5000 亩，固定劳动力 178 名，耕畜 223 头，修渠 18 千米，有效灌溉面积达到 98%，实现了水利化，平均单产达 120 斤，实现了高产；巴彦淖尔盟乌拉特中后联合旗桑根达赉公社饲料基地，1958—1964 年，平均每年为牧区提供饲草 345000 斤，料 37000 斤，酥油 700 斤，有力地支援了当地畜牧业生产，很受牧民欢迎，为牧区发展人工种草，实现农牧林结合积累了经验。[②]

1964 年人工种植优良牧草发展很快，新种 32 万亩，达到 78.7 万亩。全区生产苜蓿、草木樨等优良牧草种子 1983 万斤（其中国营草子场生产 29.7 万斤），为草原建设提供了雄厚的物质基础。群众草子生产基地，伊克昭盟准格尔旗播种苜蓿、草木樨优良牧草 31.47 万亩，生产草子 90 余万斤，除满足自需外，支援兄弟旗（县）61.5 万斤。[③]

昭乌达盟敖汉旗，深入开展了人工种草的群众运动，播种面积 6 万多亩。该旗林家地公社，鼓足干劲，一举完成种草 8418 亩，加上原有牧草达到 1 万多亩，占集体耕地的 20%。1964 年全社仅种草一项收入就达 14.7 万元，提高了社员生活，巩固和发展了人民公社集体经济。[④]

1964 年全区打储草 81.11 亿斤。不少地区总结、吸取了过去的经验教训，实行丰年多打，以丰补歉，年年有余，贮草备荒，取得了抗灾主动权。例如，锡林郭勒盟镶黄旗 1964 年打草 5055 万斤，长年贮存的备荒草

① 《内蒙古人委工作组关于伊盟草原工作会议情况的报告》（1964 年 1 月 31 日），载内蒙古自治区党委政策研究室、内蒙古自治区农业委员会编印《内蒙古畜牧业资料选编》第四卷，呼和浩特，1987 年，第 177—178 页。

② 同上书，第 179 页。

③ 同上。

④ 《内蒙古自治区 1964 年草原工作情况》（1964 年 12 月），载内蒙古自治区党委政策研究室、内蒙古自治区农业委员会编印《内蒙古畜牧业资料选编》第四卷，呼和浩特，1987 年，第 179 页。

增至 1200 万斤，平均每头（只）牲畜有备荒 35.5 斤，有效地增强了抗灾能力。1964 年虽然遭到严重灾害，但牲畜的繁殖成活率仍达 95.9%，死亡率仅为 1.9%，保证了畜牧业的连年丰收。[①]

小　结

　　"大跃进"运动中，提出过高的、不切实际的"大跃进"目标和浮夸风等，内蒙古和全国其他地区没有什么区别。内蒙古与其他地区不同的是"大跃进"运动期间的草原生态环境问题。"大跃进"运动期间，在极"左"思潮的影响下，内蒙古的地区特点、民族特点被忽视，片面地要求"以粮为纲"，不切牧区实际地提出、实施"牧区进行饲料基地建设，牧区粮食、饲料自给"等政策，过度开垦草原，草原生态环境遭到了严重破坏。

　　其结果，首先，"大跃进"运动期间内蒙古草原进行大量开垦，不但没有能够使粮食增产，反而使粮食减产。其次，因在牧区发展农业的目的不明，缺乏全面规划，不是因地制宜而是大面积开垦，严重破坏了发展畜牧业的基础，也带来了一系列严重的生态问题和社会问题：（1）已开垦的草原中大约 30% 是不宜开垦的草场，破坏了牧场，造成了既不能种植农作物，也不能放牧的结果。（2）牧场是畜牧业生产不可缺少的、极为重要的生产资料，过度开垦的结果，使能利用的牧场面积缩小，使单位牲畜占有草场的面积锐减。（3）随着草场的减少，内蒙古畜牧业生产衰退，牧民的年均收入也下降。（4）牧区农业人口及其他人口大量增加，反而加重了牧区粮食供应的负担，在大办农业中平调了牧民的生产和生活资料，挤掉了一部分畜牧业生产上的劳动力；农业队和牧业队统一分配，减少了牧民的牧入，发生了平均主义；一部分农业队出现了经营管理不善，粮食生产还不能自给，没有起到支援畜牧业生产的作用。

[①]　《内蒙古人委工作组关于伊盟草原工作会议情况的报告》（1964 年 1 月 31 日），载内蒙古自治区党委政策研究室、内蒙古自治区农业委员会编印《内蒙古畜牧业资料选编》第四卷，呼和浩特，1987 年，第 178 页。

对此，内蒙古自治区党委和政府规定、实施了关于在牧区发展农业，开垦草原时必须遵守的七条原则、《内蒙古党委、自治区人委关于调整农牧关系保护牧场的规定》《内蒙古自治区草原管理暂行条例（草案）》等一系列严禁开荒，保护草原生态环境的原则、规定与条例。并对被开垦的呼伦贝尔草原，采取了封闭、调整等措施，使草原生态环境问题基本得到纠正和解决，从而为内蒙古畜牧业生产的发展创造了客观条件。

第四章 内蒙古牧区人民公社的
建立及其调整

20世纪，中国社会经历了50年代的社会主义过渡与70年代末开始的改革开放政策实施的两次历史性的大转变。持续了20余年的牧区人民公社的建立及其调整，不仅是这一转变与再转变的一个重要内容和有机组成部分，而且与党的民族政策、牧区的繁荣、和谐发展与稳定以及农牧关系等密切相关。本章内容，首先，梳理内蒙古牧区人民公社化运动的形成及其发展，并分析内蒙古牧区人民公社化的加速及其背景与要因。其次，考察内蒙古牧区人民公社的特点。再次，探讨内蒙古牧区人民公社存在的问题及其纠正的方针政策与措施。最后，考察了国民经济调整期间内蒙古畜牧业的稳定发展及其意义。

第一节 内蒙古牧区人民公社化运动的
形成及其发展

一 内蒙古牧区人民公社化高潮

众所周知，毛泽东在1958年3月8—26日成都会议上提出了"鼓足干劲，力争上游，多快好省地建设社会主义"的社会主义建设总路线，在5月5—26日中国共产党第八届第二次全会上通过，并成为党的方针。总路线的核心内容之一就是人民公社化。8月29日北戴河会议通过《中共中央关于在农村建立人民公社问题的决议》，并发表在9月10日的

《人民日报》上，由此人民公社化运动正式开始。① 至 10 月底，全国农村基本上实现了人民公社化。据 1958 年 11 月初统计，占全国农民 99.1% 的 1 亿多户，加入了 2 万多个人民公社，每个人民公社平均 4766 户。②

少数民族地区农村人民公社化进程与一般汉族地区农村人民公社化进程同步。

例如，1958 年 9 月，广西壮族自治区基本实现了农村人民公社化，全区建成大型人民公社 918 个，入社农户占总农户的 97% 以上;③ 1958 年 10 月，宁夏回族自治区基本实现了农村人民公社化，全区建立农村人民公社 157 个，入社农户 31 万多户，占全区农户的 95.91%;④ 1958 年 10 月，新疆维吾尔自治区和宁夏回族自治区实现了农村人民公社化。⑤

同样，1958 年 9 月 21—29 日，内蒙古建立了 465 个农村人民公社。10 月，由 1528499 户农户组成的 11049 个农业生产合作社，建立了 803 个农村人民公社，实现了农村人民公社化。⑥ 内蒙古农村人民公社最小规模为 200 户，最大规模为 14000 户。⑦ 每个农村人民公社平均 1903 户，是农业生产合作社（平均 13 户）的 14 倍。同时，建立了 12353 个公共食堂、19067 个托儿所和幼儿园、2063 个缝纫组。⑧

随着全国农村人民公社的建立，内蒙古牧区也迎来了牧区人民公社的高潮。1958 年 6 月 20 日至 7 月 9 日，在锡林浩特召开内蒙古自治区党委第七次全区牧区工作会议，关于两条路线斗争、合作化、生产建设等问题进行了热烈讨论，巩固和发展社会主义制度成为会议讨论的中心议题之一。乌兰夫做了题为"鼓足干劲，力争上游，多快好省地建设社会主义的新牧区"的会议总结报告。报告主要内容可概括为

---

① 关于人民公社运动背景、进程等，参见安贞元《人民公社化运动研究》，中央文献出版社 2003 年版；宋连生《总路线、大跃进、人民公社化运动始末》，云南人民出版社 2002 年版等。
② 《人民日报》1958 年 11 月 31 日。
③ 当代中国民族工作编辑部：《当代中国民族大事记 1949—1988》，民族出版社 1989 年版，第 123—124 页。
④ 同上书，第 124 页。
⑤ 同上书，第 124—125 页。
⑥ 同上书，第 124 页。
⑦ 常振玉：《内蒙古农村人民公社化运动的初步总结》，《内蒙古日报》1958 年 10 月 9 日。
⑧ 同上。

以下几点：

第一，报告首先指出，总路线下的新的革命任务是："在继续完成经济战线、政治战线和思想战线的社会主义革命的同时，积极实现技术革命和文化革命，把我国建设成为一个有现代工业、现代农业和现代科学文化的社会主义国家。"① 报告进一步指出，总路线下的内蒙古牧区最主要的任务是：继续完成畜牧业的社会主义改造，巩固和发展畜牧业经济的社会主义制度；加强党的领导，继续开展两条路线的斗争，积极完成政治、思想战线上的社会主义革命；积极实现技术革命和文化革命，高速发展畜牧业生产；实现农牧结合，大力发展工业，逐步消除牧区与一般地区的基本差别。②

第二，报告提出，继续完成对畜牧业的社会主义改造。认为畜牧业的初级形式合作化，只是实现了半社会主义性质的合作化，还需要过渡到完全社会主义的合作化。初级合作社，在政治、经济、组织上得到完全巩固之后，才能逐步转变为高级合作社。因此，巩固大量初级合作社是当时的迫切任务，妥善解决合作社内部的矛盾——集体制度和私有经济的矛盾；社会主义思想和非社会主义思想的矛盾；生产大跃进和合作劳动组织、基本建设方面不相适应的矛盾；牲畜少、劳动力多和牲畜多、劳动力少的社员之间利益上的矛盾；领导和社员之间的矛盾。适当解决这些矛盾，可以使生产关系适应生产力的发展，可以使上层建筑比较适应经济基础的需要，可以在合作化的基础上实现畜牧业生产的高速发展。③

第三，报告提出，合作社的规模必须适应生产"大跃进"的需要，合作化的目的就是解放生产力，组织大规模的生产；过去提倡办小社，生产"大跃进"的形势下，合作社的规模过小不适合生产力的发展，因此有必要扩大合作社规模；合作社规模大小，应照顾到牧场、居住条件，以有利于生产和便利领导为原则。大社一般在 50—80 户，根据各地情况也可略大一点或略小一点。初办的合作社一般以 20—30 户为宜，同时也可以一

---

① 《鼓足干劲，力争上游，多快好省地建设社会主义新牧区——乌兰夫同志在第七次牧区工作会议的总结报告》（1958 年 7 月 7 日），内蒙古档案馆藏，资料号：11—12—146。

② 同上。

③ 同上。

个社为中心组织几个小社建立联社，准备将来合并。①

第四，报告提出试办高级合作社，高级合作社化的标准是大部分牲畜转归集体所有制，实行按劳分配的原则。具体可以使用以下几种办法：逐步降低分红比例的办法；大量发展公有牲畜，在一定时期使公有牲畜数超过入社牲畜数，再采用适当方式，把入社牲畜转归合作社集体所有，分级采用作价归社，付给固定利息的办法，把利息降低到一定比例。②

第五，同时指出，无论采取哪种办法，在高级合作社中仍然允许社员保留少量自留牲畜。自留多少，由试办地区的旗委根据社员的自愿商定。试办高级合作社由盟批准。③ 由此可以看出，内蒙古自治区党委对于建立高级合作社是谨慎的。

上述报告，提出了由初级合作社向高级合作社转变的理论根据及其组织方法，并强调了其转变重要性。报告被内蒙古自治区党委视为："社会主义建设总路线在内蒙古牧区工作上的具体化，解决了内蒙古牧区社会主义改造和社会主义建设中一系列的根本性的问题，内蒙古牧区一定时期内的工作纲领"，并号召各级党委、政府和党组织认真加以讨论并贯彻执行。④ 1958 年 7 月 31 日，内蒙古自治区党委发出指示、命令："过去一切与此会议精神相抵触的法令，要照此修订或废除。"⑤

综上所述，可以说，到 1958 年 7 月末，总路线在内蒙古牧区实施的主要内容之一是初级合作社转变为高级合作社，并且内蒙古自治区党委对于建立高级牧业合作社是谨慎的。⑥ 可是，《中共中央关于在农村建立人民公社问题的决议》发布之后，随着全国性的人民公社化运动的展开，内蒙古牧区人民公社化也拉开了序幕。

1958 年 8 月中旬，内蒙古自治区党委在通辽召开东部区盟、市委书记会议。8 月下旬，内蒙古自治区党委在呼和浩特召开西部地区盟、市委书

① 《鼓足干劲，力争上游，多快好省地建设社会主义新牧区——乌兰夫同志在第七次牧区工作会议的总结报告》（1958 年 7 月 7 日），内蒙古档案馆藏，资料号：11—12—146。

② 同上。

③ 同上。

④ 同上。

⑤ 内蒙古自治区党委：《关于第七次牧区工作会议向中央的报告》（1958 年 7 月 31 日），内蒙古档案馆藏，资料号：11—12—157。

⑥ 《鼓足干劲，力争上游，多快好省地建设社会主义新牧区——乌兰夫同志在第七次牧区工作会议的总结报告》（1958 年 7 月 7 日），内蒙古档案馆藏，资料号：11—12—146。

记会议，开始研究建立大合作社、人民公社问题。8月31日，内蒙古自治区党委召开盟、市委第一书记会议，要求积极地有秩序地领导人民公社化运动。

1958年9月9—10日，内蒙古自治区党委召开盟、市委书记电话会议，就兴办人民公社问题做了政治思想动员。9月10—21日，内蒙古自治区党委召开一届八次全委扩大会议，根据中共中央政治局北戴河会议精神和《中共中央关于在农村建立人民公社问题的决议》，研究了内蒙古地区大办人民公社问题，于9月21日通过了《内蒙古党委关于实现人民公社化的初步规划的决议》（以下简称《决议》）。

首先，《决议》指出，人民公社是农村、牧区人民的共同方向。随着生产的发展和牧民群众觉悟的提高，牧业地区也要逐步举办人民公社。但是，由于牧业地区1958年才实现合作化，大多数合作社建立不久，需要整顿。同时，农业人民公社化运动才开始，缺少成熟经验。因此，1958年内牧区暂不举办人民公社。①

其次，《决议》提出，牧区还暂不办人民公社，但是工、农、商、学、兵合一的若干内容，可以逐步充实到合作社中去。其大体做法是：畜牧业还继续用当时各合作社采用的办法，但是可以以一个社或联合社为中心，扩大合作社的工业生产，建立商店，办学校，组织民兵，以及办可能的为牧民群众迫切要求的某些福利事业，以促进畜牧业的高速发展。同时，强调所有这些，都必须有利于畜牧业的高速发展，而不能妨碍生产的发展。②

可见，以上政策、方针是内蒙古自治区党委结合内蒙古畜牧业合作社化的进展状况以及所产生的问题等提出的。但是，会后内蒙古牧区由于受到农村人民公社化运动的冲击，同样掀起了牧区人民公社化的高潮。

例如，1958年9月23日，锡林郭勒盟正蓝旗建立起全区第一个牧区人民公社——上都河人民公社，当时被誉为"共产主义之花"。同年12月，锡林郭勒盟将616个牧业生产合作社和24个公私合营牧场合并为36个人民公社、11个公私合营牧场，入社牧户占全盟总牧户的99.8%，在

---

① 《内蒙古党委关于实现人民公社化的初步规划的决议——内蒙古党委召开一届八次全委扩大会议通过》（1958年9月27日），《内蒙古日报》1958年9月27日。

② 同上。

内蒙古牧区率先实现了人民公社化。①

例如，1958 年 11 月，伊克昭盟杭锦旗牧区阿色朗图和哈老柴登两个苏木建成人民公社，原有的 20 个合作社的 1766 户（7658 人）牧民已经全部加入人民公社。该牧区人民公社有大小牲畜 104116 头（只），其中，小牲畜 96662 头（只），大牲畜 7454 头（只）。②

再如，1958 年 11 月建立的呼伦贝尔盟新巴尔虎右旗达赖人民公社，由 11 个牧业生产合作社、2 个公私合营牧场合并而成，共 414 户（1804 人），是一个由蒙古族、汉族、达斡尔族、满族、鄂温克族等民族组成的多民族人民公社。③

人民公社由多民族构成，与农业区和半农半牧区一样。

例如，伊克昭盟杭锦后旗永胜人民公社全社由原来的 3 个乡的 22 个高级农业生产合作社组成的多民族人民公社。1959 年有蒙古族、汉族、回族社员 5434 户，23831 人。人民公社有水浇地 19 万多亩，大小牲畜 50000 多头（只）。④

再如，哲里木盟科左中旗架码吐人民公社，是在蒙古族、汉族杂居区办起来的一个大规模的半农半牧人民公社，蒙古族、汉族人民共有 44500 余人，其中蒙古族有 18000 多人。⑤

1958 年末，内蒙古牧区有牧民 79334 人（占总牧户的 94%），分别加入了 152 个牧区人民公社（详见表 4—1）。至 1959 年春，内蒙古牧区牧民全部加入了牧区人民公社。⑥

---

① 内蒙古自治区畜牧业厅修志编史委员会编著：《内蒙古畜牧业发展史》，内蒙古人民出版社 2000 年版，第 158—159 页。

② 《暴彦巴图同志关于牧区人民公社当前的情况、存在的问题和解决意见的报告》（1959 年 1 月 26 日），载内蒙古自治区党委政策研究室、内蒙古自治区农业委员会编印《内蒙古畜牧业文献资料选编》第二卷（上册），呼和浩特，1987 年，第 468 页。

③ 中共内蒙古自治区委员会调查组：《达赖湖畔的新面貌——内蒙古新巴尔虎右旗达赖人民公社调查》（1960 年 5 月 10 日），载新华通讯社编印《农村人民公社调查汇编》上册，第 186 页。

④ 中共内蒙古自治区委员会调查组：《阴山红日——内蒙古杭锦后旗永胜公社一年巨变》（1960 年 5 月 10 日），载新华通讯社编印《农村人民公社调查汇编》上册，第 181 页。

⑤ 中共内蒙古自治区委员会调查组：《蒙汉协作的强大威力——内蒙古科左中旗架码吐人民公社的新景象》（1960 年 5 月 10 日），载新华通讯社编印《农村人民公社调查汇编》上册，第 191 页。

⑥ 内蒙古自治区畜牧厅修志编史委员会编：《内蒙古畜牧业大事记》，内蒙古人民出版社 1997 年版，第 92 页。

表4—1　　　　　　　　1958年末内蒙古牧区人民公社情况

地区	人民公社数（个）	参加牧民户数（户）
内蒙古牧区	152	79334
呼伦贝尔盟	28	7380
哲里木盟	3	1447
昭乌达盟	28	22686
锡林郭勒盟	34	21514
乌兰察布盟	20	5007
伊克昭盟	23	12256
巴彦淖尔盟	16	9044

资料来源：内蒙古自治区统计局《内蒙古自治区国民经济统计资料（1947—1985)》，内部资料。

二　内蒙古牧区人民公社化高潮的背景与要因

1958年9月21日通过的《内蒙古党委关于实现人民公社化的初步规划的决议》中，内蒙古自治区党委决定1958年不建设牧区人民公社。但是，实际上内蒙古牧区人民公社化迅速发展，短短的几个月内实现了牧区人民公社化。其背景与要因有哪些呢？

第一，在"鼓足干劲，力争上游，多快好省地建设社会主义"总路线的指导下，伴随着全国范围内农村人民公社化的高潮来临，除西藏以外的所有少数民族牧区也被卷入人民公社化浪潮之中。1957年底，全国少数民族牧区的社会主义改造尚处在起步阶段，牧区加入合作社的户数占牧区总户数的比重，内蒙古、新疆和青海分别为27%、38%和18%，而发展慢的甘肃和四川只有3%和0.2%。① 但是，从1958年9月到年底的短短几个月时间，各少数民族地区在这股人民公社化洪流的冲击下，不顾各民族的发展水平和各方面的条件有多大差别，都一律小社并大社，建立起了

---

① 《当代中国》丛书编辑委员会：《当代中国的民族工作》下册，当代中国出版社1993年版，第79页。

"一大二公"的人民公社。有些尚未完成民主改革或虽已完成民主改革，但刚刚组织初级合作社甚至互助组的少数民族牧区，也在"跑步进入共产主义"的口号下，实现了"人民公社化"。

第二，从少数民族广大干部和群众的内在原因来看，强烈希望在经济和文化上也能迅速地改变落后状态。走上社会主义合作化道路以后，农牧业生产都有较快的发展，他们认为只要大规模地把群众组织起来，在生产资料所有制上进一步提高公有化水平，并采取群众运动的办法，就能够速度建成社会主义，能够在短短的时间内达到或接近先进民族的发展水平。正是这种对社会主义前途的美好向往和迫切要求改变贫困落后面貌的强烈愿望，构成了少数民族地区人民公社化运动的始发动力。

第三，政治上和思想上的强大压力。1957下半年至1958年之间，少数民族地区普遍开展了整风运动和反对地方民族主义运动。并在一些重大问题上，如关于民族的发展道路问题——是走社会主义道路，还是走资本主义道路，关于如何建设社会主义的问题——是执行"多、快、好、省"的路线，还是执行"少、慢、差、费"的路线，以及少数民族地区能不能大跃进等问题先后开展了群众性的大辩论。在辩论中，对于那些虽然赞成社会主义道路，但在社会主义建设的方式方法和发展进程上，主张按照不同民族和地区的特点及其他条件，从实际出发办事的正确意见被看作右倾保守思想，并给这些正确意见贴上所谓民族地区"特殊论""落后论""条件论""渐进论"等政治标签加以批判。[1]

例如，在内蒙古展开的整风运动、反对民族右派与地方民族主义斗争中，关于在牧区和半农半牧区"禁止开垦，保护牧场"的政策没有能够得到彻底贯彻执行的意见，被命名为"农牧矛盾论"加以批判；社会主义改造过程中，民族联合社内的蒙古族农民收入减少的意见被称为"反民族联合社论"加以批判。[2] 这样一来，就形成了政治上、舆论上的一种压力。在这种压力下，正确意见不敢坚持，甚至也不敢提出了。

① 《当代中国》丛书编辑委员会：《当代中国的民族工作》下册，当代中国出版社1993年版，第127页。

② 参见ボルジギン・リンチン《反右派闘争におけるモンゴル人「民族右派」批判》，《アジア経済》第48卷第8号，2007年，第14页。

在这种"大辩论、大批判"的背境下，1958 年 9 月下旬，在广西壮族自治区的三江侗族自治县举行由中共中央统战部和中央民族事务委员会主持的全国民族工作现场观摩会议，主要内容是批判民族工作中的所谓"右倾保守思想"，目的是要把全国少数民族地区的"大跃进"和人民公社化运动进一步推向高潮。因此，在会议总结中着重强调，少数民族地区的大跃进不仅要有两条道路斗争的胜利作为基础，还要打破在建设速度上的右倾保守思想，彻底扫除"特殊论""落后论""条件论"，并号召全国民族工作者和少数民族的广大干部和群众，要"解放思想，破除迷信"。①

1958 年 12 月召开的第十一次全国统战工作会议，提出了"我国的社会主义民族关系，正在迅速地形成和发展。各民族之间的共同性越来越多，差别性越来越少，民族融合的因素正在逐步增长"的"民族融合论"，并提出"要加速少数民族地区的社会主义建设，争取在今后 15 年、20 年或者更长一点时间内，使少数民族能够在经济和文化方面先后赶上或接近汉民族的发展水平，共同建成社会主义"②。

这一"民族融合论"的依据是，只要坚持"大跃进"和人民公社的组织形式，落后的少数民族就能够很快赶上先进民族的发展水平。而民族间的差别，也将会在"大跃进"和人民公社的进一步发展中很快消失。当时在一些少数民族地区，主要是汉族人口占多数的民族杂居地区，刮起了一股"民族融合风"，所谓民族间的"共同性越来越多，差别性越来越少"的说法，在民族工作者中一度成了主流论调。③

在少数民族地区当中，特别是内蒙古"民族融合风"最为强烈。例如，对在"大跃进"运动和人民公社化运动中发生的问题，提出意见的人被贴上"反对三面红旗，反对社会主义制度，反对党的民族政策"的罪名，而受到批判和处分。不难想象，内蒙古牧区人民公社化的政治和思想的压力之大。

---

① 《当代中国》丛书编辑委员会：《当代中国的民族工作》上册，当代中国出版社 1993 年版，第 128 页。
② 同上书，第 131—132 页。
③ 同上书，第 132 页。

第二节 内蒙古牧区人民公社化形式及其 经营管理形式

一 内蒙古牧区人民公社牲畜入社形式及畜股报酬

牲畜既是牧区广大牧民群众的生产资料，也是生活资料。如前所述，在牧区民主改革时，考虑到牲畜的这一特殊性与特点，实施了"三不两利"政策，没有像农区土地改革那样进行牲畜再分配。在牧区社会主义改造中，牧民的劳动报酬是根据牲畜数和劳动力，或者把牲畜换算成货币付给一定利息等方法进行的。依据牧民的牲畜数进行分配的方法，从合作社一直贯穿实施到牧区人民公社时期。

以牲畜入社统一经营取得畜股报酬、按劳分配的畜牧业生产合作社，在牲畜入社办法上一般采用了以下几种办法：第一种，母畜计头数入社，劳动力、牲畜按比例分益和"苏鲁克"等办法；第二种，牲畜折股或评分入社，牲畜股报酬按劳动力、牲畜的比例分益；第三种，牲畜作价入社，付给固定利息；第四种，牲畜作价入社，分期偿还。同时，允许一个社内几种办法同时兼用。[①]

这几种办法都是依据牧民的接受程度，牧民亲身体验和集体经济巩固程度，在不同阶段分别采用的。第一种办法在合作社初期最受牧民欢迎，是大量、普遍存在的。第二种办法也有部分地区采用。第三种办法很少采用，到1958年冬人民公社时才普遍采用。第四种办法只作为辅助办法（对耕畜、种畜），群众不表示欢迎。

所有制改变的程度上，合作社时多采用第一种办法。开始入社牲畜较少，占牧民所有牲畜的40%—50%，在全面合作社化后才把牧民90%以

---

① 《关于内蒙古畜牧业生产与社会主义改造若干政策问题——王铎同志在西北地区民族工作会议上的讲话》（1961年7月24日），载内蒙古自治区党委政策研究室、内蒙古自治区农业委员会编印《内蒙古畜牧文献资料选编》第二卷（下册），呼和浩特，1987年，第26页。

上的牲畜纳入合作社。① 但是纯增的牲畜归谁还没有解决。当初由于采用了母畜入社、仔畜比例分红、其余牲畜由畜主出代放费的办法，不仅原入社牲畜为个人所有，而且每年纯增的牲畜也大部分不能变为集体所有。

采用第二种办法的合作社，原入社的和纯增的牲畜已转为社有。但是由于牲畜既是生产资料，又是生活资料和产品，所以所有制的改变程度上就不完全取决于牲畜的入社办法，增殖牲畜的收益分配在其中也起一定的作用。有些社把口齿增益也算为收入，实际上是把纯增算为收入，当作社员生活费用分给社员，而社员也不能拿走，于是采用了增股办法，仍使社员私有部分逐渐扩大。

人民公社化后普遍采用了第三种办法，对牧主除了按入社时牲畜折股的多少付给固定报酬外，使每年纯增转为公有。对入社牲畜虽然还给一定报酬，但由于集体牲畜和集体收入逐年增加，畜股报酬比例也逐年相对缩小。畜股报酬在合作社时期一般占消费部分的 30%—40%，只有少数占20%。人民公社化后畜股报酬降到 10% 左右，每年付给社员入社的畜股报酬规定为入社牲畜折款总额的 2%—5%。②

从合作社到人民公社，对牧民牲畜入社的几种办法是一样的，几种办法同时采用，只是在不同时期采取办法的侧重点不同。

例如，新巴尔虎右旗达赉人民公社的三个生产队，各自采取了不同的入社形式：第一生产队是按中等户（500 只羊折合 100 头大牲畜）折合标准牲畜作价入股，超过标准的另付定息，不足的不补；第二生产队是采取牲畜平均计头入股，不给畜股报酬的办法，因为这个生产队实行半工资半供给的试点队；第三生产队是农副业队，多数社员是汉族或外旗迁入的蒙古族社员，没有或只有很少的牲畜，对原来专为运输的役畜 3 头以下采取了作价入股分期还本的办法，3 头以上采取定息办法。陈巴尔虎旗完工人民公社采取了两种形式：大部分社的牲畜是作价入股付 2% 利息，有的社付 3% 利息，但对少数有优良品种牲畜的社员（汉族多）也采取了牲畜作

① 《关于内蒙古畜牧业生产与社会主义改造若干政策问题——王铎同志在西北地区民族工作会议上的讲话》（1961 年 7 月 24 日），载内蒙古自治区党委政策研究室、内蒙古自治区农业委员会编印《内蒙古畜牧业文献资料选编》第二卷（下册），呼和浩特，1987 年，第 26 页。
② 同上书，第 27 页。

价入股分期还本、不留自留畜等办法。①

　　再如，鄂温克族自治旗和新巴尔虎左旗一律采取牲畜作价入股的形式，对一般社员年付畜股报酬2%—2.5%，个别也有3%的，对牧主牲畜年付定息1%—1.5%。至于加入人民公社的牧主，一般的定息标准与加入牧场的相同，个别能达到3%。但是，也有根据牲畜多少的具体情况，采取分别对待的办法，一般牧主和社员定息大体相等，而对个别的大牧主只给年息1%。例如，新巴尔虎左旗吉布胡郎图公社的牧主普日布入股1万头（只）牲畜，折合价20万元，年付定息1%，计得定息2000元。②

　　对入社牲畜的畜股作价的具体办法，以呼伦贝尔盟新巴尔虎左旗为实例，各类牲畜分为三等九级，或按成年、育年、幼年作价。乳牛每头核价50元，犍牛、骒马、骆驼为120元，役马180元。塔日根诺尔公社是按牲畜分类，不分大小平均作价计算，山羊每只7元，绵羊每只10元，牛50元，马100—120元，骆驼100元。后又重新作价改为略低于市场价：马150—220元，母马120—170元，小马50—80元；牛110—150元，乳牛60—80元，散牛20—40元；绵羊12—15元，母绵羊10—12元，幼绵羊4—6元；山羊10—12元，母山羊8—10元，幼山羊4—5元。③

　　那么，为什么从合作社到人民公社，都实行给牧民入社牲畜一定报酬的政策？

　　这是由于：（1）牲畜既是生产资料，又是生活资料，它不同于土地。（2）牲畜是牧民的劳动成果，不能无代价入社，剥夺牧民。（3）牧区不同于农区，没有像农区土地改革时期分配过土地那样分配过牲畜。牧民入社时占有的牲畜的数量和质量差别很大，应当承认这种差别。付给牧民适当数量的牲畜报酬，是承认牧民过去的劳动和生产差别的具体政策。（4）给予适当的畜股报酬，有利于稳定社员生产情绪，有利于社会主义改造。（5）付给牧民适当数量的畜股报酬，只是对牧民入社牲畜

---

①　内蒙古自治区党委、呼伦贝尔盟牧业生产调查组：《呼伦贝尔盟牧区人民公社牲畜入社形式、畜股报酬和实行定息情况的报告》（1959年6月13日），内蒙古档案馆藏，资料号：11—13—531。
②　同上。
③　同上。

部分价款的返还，对牧民入社的劳动所得的一种报酬。①

还有，关于畜股报酬和定息，牧民群众是怎样认识的？

关于畜股报酬和定息问题方面，对畜股报酬和定息政策、规定的宣传贯彻和群众的认识上都比较明确。但是由于牧区各阶层、各阶级的立场、思想和经济基础不同，他们的理解程度也各不相同。在一部分牧民中间还有错误认识，牧主和喇嘛中也有一些人借机歪曲政策精神，故意模糊阶级界线的表现。例如，贫困牧民对定息不感兴趣，他们比较注意的是劳动收入，中等以上的牧户有的担心要了牲畜报酬将来被当"白旗"批判，有的牧主将牲畜报酬和定息混为一谈，不承认自己有剥削成分的存在，要求付给定息越高越好。例如，提出每年7%—10%的利息，等等。② 总之，群众则注意劳动工分多少、每分值多少，而富裕牧户以上则要求多定息、高工资。

畜股报酬由合作社时期比例分益到人民公社时期的固定报酬，只是改造的加深，而不是取消，同时也是吸取历史经验的结果。在社会主义改造初期曾经有过三种偏向：第一种，不承认牧民的劳动成果，完全不给报酬，一律拉平。第二种，全部偿还，全部照顾，即采用作价归社、分期偿还的办法。这种办法既不符合合作社的理论，又不符合合作社的发展和建设。所以，这两种办法都遭到了群众的反对，没有行得通。第三种，在一个合作社内或在一个核算单位内的付酬比例规定不统一，对牲畜多的低，对牲畜少的高，结果使一部分原来占有牲畜差别很大不同的牧户，实际得到的畜股报酬一律拉平，甚至有牲畜多的少得报酬，而牲畜少的多得报酬。③

二　内蒙古牧区人民公社规模及其经营状况

（一）内蒙古牧区人民公社规模

人民公社化前，内蒙古牧区共有195个苏木，牧区面积约90万平方千

---

① 内蒙古自治区党委、呼伦贝尔盟牧业生产调查组：《呼伦贝尔盟牧区人民公社牲畜入社形式、畜股报酬和实行定息情况的报告》（1959年6月13日），内蒙古档案馆藏，资料号：11—13—531。

② 同上。

③ 《关于内蒙古畜牧业生产与社会主义改造若干政策问题——王铎同志在西北地区民族工作会议上的讲话》（1961年7月24日），载内蒙古自治区党委政策研究室、内蒙古自治区农业委员会编印《内蒙古畜牧业文献资料选编》第二卷（下册），呼和浩特，1987年，第28页。

米，其中草牧场面积 70 多万平方千米。从事牧业户数 99687 户，人口415725 人，劳动力 200281 人，共有牲畜 1500 万头（只）（其中，包括牧区的国营牧场和公私合营牧场），占全区牲畜的 50%。①

牧区解放后，在民主改革的基础上，于 1949 年、1950 年即开始办互助组，在 1952 年试办了 2 个牧业生产合作社（以下简称"合作社"），入社 32 户，互助组发展到 689 个，入组户数 4625 户。到 1955 年末，办起20 个合作社，入社户数 321 户，占总户数的 1%，互助组增加到 5654 个，入组户数 32651 户，占总户数的 40.9%。1956 年在全国农业合作化的推动下，合作社有了较大的发展，同时试办了公私合营牧场。1958 年在"大跃进"运动影响下，内蒙古牧区全面实现了合作社化，共办起 2295 个合作社，入社户数 67855 户，占总户数的 80%；办起 122 个公私合营牧场，参加的牧主共 458 户，占全区牧主 940 户的 48.7%，加上合营牧场的牧工和互助组的牧户，共有 81969 户参加了合作社、公私合营牧场和互助组，占总牧户数的 96.8%。②

互助合作运动中贯彻执行了"依靠劳动牧民，团结一切可以团结的力量，在稳定发展生产的基础上，逐步地实现对畜牧业的社会主义改造"的改造方针和阶级路线。在互助合作运动中，绝大多数劳动牧民是拥护党的互助合作政策的，因为互助合作有利于生产的发展和生活的改善，而不损害他们中的哪个阶层的任何利益。其中，贫困牧民和不富裕牧民最积极，他们最迫切要求走互助合作道路。在 1955 年参加互助合作的牧户占全区牧户的 51.3%，而他们占有的牲畜仅占全牧区牲畜的 30% 多。③ 说明首先参加互助合作是贫困牧民和不富裕牧民。

团结一切可以团结的力量，是因为在牧区除了劳动牧民外，还有 940多户牧主，把他们当作牧区的资产阶级处理，采取了类似对资产阶级的政策；有喇嘛 18000 多人，对他们实行了宗教信仰自由政策，对其中少数上层喇嘛和召庙财产，也采取了类似对待牧主的办法，对一般喇嘛则基本上按劳动人民对待，办喇嘛学校，鼓励他们参加生产劳动，鼓励他们办手工业，鼓励喇嘛医生为社会服务；此外还有相当数目的民族上层，在民主改

---

① 内蒙古自治区党委农村牧区工作部：《内蒙古牧区人民公社参考资料》（1961 年 5 月 10 日），内蒙古档案馆藏，资料号：11—15—207。

② 同上。

③ 同上。

革中把他们的代表人物集中到上边来，有利于深入基层发动群众。在合作化中对他们继续执行团结改造的方针，对牧区顺利实现社会主义改造，稳定发展生产起到了重大作用。

牧区的社会主义改造，采用了比较和缓的方式逐步进行。从组织互助组算起，用了8—9年的时间，从办合作社算起用了6—7年的时间。具体做法上，对牧民采取了以牲畜入社，取得合理报酬，统一经营，按劳分配为特点的合作社的办法，对牧主和庙仓等采取了以公私合营牧场为主，也允许一部分小牧主参加合作社和放"苏鲁克"的办法。

合作社的办法有以下几种：母畜计头入社，劳畜按比例分益；牲畜折股（或评分）入社，劳畜按比例分益；牲畜作价入社，付固定报酬；牲畜作价归社，分期偿还。

到1961年，内蒙古全区共有喇嘛13089人，其中参加公社9862人，参加合营牧场的1320人，共计11182人。参加劳动的11594人，其中从事工矿企业的354人，农业的2330人，畜牧业的6400人，医生的1200人，其他1300人。①

1959年1月，正式建成牧区人民公社158个，入社户数95730户，其中牧业户79334户，人民公社有152个（因并社和并入国营牧场减少6个），生产大队853个，生产队2857个，户数110225户，牲畜1300万头（只），耕地312万亩。每个公社平均有5.7个大队，19个生产队，735户，8万头（只）牲畜，24000亩耕地，4000平方千米左右的面积。②

每个公社相当于1.3个苏木（按192个计算，因为有3个苏木并入国营牧场），另外还有一批划入农村。155个公社统计如下：

200户以下的1个公社，147户，59941头（只）牲畜，3394亩耕地；

201—400户的15个公社，每个公社平均有338户，69926头（只）牲畜，12079亩耕地；

401—600户的32个公社，每个公社平均有496户，99208头（只）

① 内蒙古自治区党委农村牧区工作部：《内蒙古牧区人民公社参考资料》（1961年5月10日），内蒙古档案馆藏，资料号：11—15—207。

② 同上。

牲畜，20473 亩耕地；

　　601—800 户的 12 个公社，每个公社平均有 685 户，73685 头（只）牲畜，27494 亩耕地；

　　801—1000 户的 16 个公社，每个公社平均有 884 户，12917 头（只）牲畜，42451 亩耕地；

　　1000 户以上的 39 个公社，每个公社平均有 1316 户，94391 头（只）牲畜，49435 亩耕地。①

　　户数最多的公社有 2289 户，牲畜 123177 头（只）；拥有牲畜最多的公社有 264000 头（只），1035 户。户数最少的公社有 118 户，牲畜 22122 头（只）；拥有牲畜最少的公社有 5000 头（只），424 户。②

　　每个生产大队平均有 3.4 个生产队，129 户，18000 头（只）牲畜；生产大队户数最多的有 269 户，最少的有 40 户，牲畜最多的有 42124 头（只），最少的有 2000 头（只）；每个生产队平均 39 户，4000 多头（只），户数最多的 108 户，最少的 5 户，牲畜最多的 13000 多头（只），最少的 500 头（只）。③

　　畜股报酬按政策规定为 2%—5%，一般执行 2%—3%。据统计，巴彦淖尔盟 134 个大队中畜股报酬付 2% 的有 27 个大队，付 2.5% 的有 12 个大队，付 3% 的有 95 个大队；乌兰察布盟 59 个大队中畜股报酬付 3% 的有 40 个大队，对一般牧民付 3% 的有 19 个大队。对牲畜特别少的大队其报酬按比例分配，占分配给社员的消费部分的 20%—30%，对牧区"苏鲁克"付 2%；呼伦贝尔盟畜股报酬付 1.5%—2%；乌拉特前旗有 3 个大队采取牲畜作价归社，分期偿还；新巴尔虎右旗有 2 个队已经取消了畜股报酬。全区畜股报酬占总收入的 5.6%，占分配给社员的消费部分的 9.2%。④

　　全区牧区的自留畜 692381 头（只），其中大牲畜 264413 头（只），自留牲畜占入社牲畜总数的 5.3%。据 81 个公社统计，有自留畜户 61628 户，占 81 个公社总户数 70909 户的 86.9%；平均每户的自留畜在 10 头

① 内蒙古自治区党委农村牧区工作部：《内蒙古牧区人民公社参考资料》（1961 年 5 月 10 日），内蒙古档案馆藏，资料号：11—15—207。

② 同上。

③ 同上。

④ 同上。

（只）左右，经过几年生产，有增有减，增加最多的达 104 头（只）。其中，哲里木盟有 2 个公社的 1784 户牧民中有自留畜户 1490 户，其中有马的 1490 户，有奶牛的 1356 户。[①]

1959 年，内蒙古牧区公社牲畜总增 30.4%，纯增 16.8%。收入分配，扣留 40.54%，消费 59.46%，每人平均年收入 113.7 元。84.1% 的社员收入增加，11.2% 的社员收入不增不减，4.7% 的社员收入减少。1960 年，全区畜牧业总增 24.5%，纯增 7.3%。其中，据呼伦贝尔盟、锡林郭勒盟、昭乌达盟、乌兰察布盟 91 个公社、522 个大队、1598 个生产队的统计，参加收入分配的共 70757 户、288675 人。[②]

各项收入增减情况，1960 年和 1959 年比较：总收入增加 36.6%，牧业收入增加 45.6%，农业收入增加 22.4%，副业收入增加 9.8%，工业收入增加 245%，其他收入减少 25.1%。91 个公社中，76 个公社收入增加，9 个公社不增不减，6 个公社收入减少；522 个大队中，420 个大队收入增加，60 个大队收入不增不减，43 个大队收入减少。[③]

（二）内蒙古牧区人民公社自留牲畜

作为牧民生活资料的牲畜一定要留给牧民当自留畜，是在合作化、人民公社化中一贯坚持的政策。社员加入合作社和人民公社后，其收入主要来源于集体劳动所得，但集体劳动所得还不能解决社员日常生活中的多方面的需要。自留畜主要是解决牧民的部分肉食、奶食、皮毛和牧民个人乘用、役用的牲畜。所以，自留畜一般包括乘马、役畜、奶牛、羊，牧民牲畜和祭祀用的牲畜也允许牧民自留。自留畜是根据群众的生活习惯和需要来留，每户留多少，留什么牲畜，根据各户入社时牲畜多少、人口多少和牧民的生活需要来确定。自留畜及其产品完全归个人支配，所产的仔畜也归个人所有。对自留畜在规定范围内，国家只是计产量，不征税，不派统购任务。

一个核算单位内自留牲畜一般为 5%—7%，最多的到 10%。具体规定：一般允许每户牧民留 1—2 匹马，1—2 头役畜（牛、驴、驼），1—4 头奶牛，10—20 只羊，全牧区自留畜平均占牲畜总数的 6%。这与一般农

---

① 内蒙古自治区党委农村牧区工作部：《内蒙古牧区人民公社参考资料》（1961 年 5 月 10 日），内蒙古档案馆藏，资料号：11—15—207。

② 同上。

③ 同上。

业地区的自留地占总耕地面积的 4% 相比，显然是多的。但是，与蒙古国农牧业合作社社员私有牲畜占牲畜总数的 50%—70% 相比，要少得多。①

　　例如，以呼伦贝尔盟为例，由于各旗牲畜占有情况不一，各旗自留畜比例也不同。新巴尔虎左旗人民公社化时，自留畜 11831 头（只），占社员入社牲畜的 3.95%，1959 年自留畜 15000 余头（只），占社员入社牲畜的 7%；新巴尔虎右旗人民公社化时，自留畜 2655 头（只），占社员入社牲畜的 0.8%，1959 年自留畜达 16700 头（只），占社员入社牲畜的 4.2%；陈巴尔虎旗人民公社化时，自留畜 2233 头（只），占社员入社牲畜的 31.5%，1959 年自留畜达 9136 头（只），占社员入社牲畜的 7%；鄂温克族自治旗人民公社化时自留畜 4150 头（只），占社员入社牲畜的 3.5%，1959 年自留畜达 6690 头（只），占社员入社牲畜的 5.72%。②

　　如上所述，自留畜比例每户可留乘马 1—2 匹，多的 3 匹，役牛 1—2 头，多的 3 头，乳牛 2—3 头，多的 4 头，少数牧户还有羊 10 只左右，平均每户计有自留畜 10 头（只）左右，最多可留 40 头（只），最少的 3 头（只）。呼伦贝尔盟牧业四旗自留畜由 24092 头（只）增加到 47445 头（只），比建人民公社前增加约一倍。各阶层牲畜占有不同，所留的也不同。据对新巴尔虎右旗的调查，大牧主所留的自留畜约占牲畜总头数的 1%，富裕户所留的自留畜约占牲畜总数的 3%，中等牧户和贫困户所留的自留畜比例更高。③

　　牧区流传着生活标准是："鞭下骑马要两匹；拉车犍牛六、七头；喝茶奶牛要三头；奶食另外有五头；有百只才能够顶着刀。"自留畜中比较突出是奶牛问题，牧民生活是"奶食半日粮"，④ 因此，留奶牛头数多少和日常生活有着密切关系。

　　呼伦贝尔盟牧区贯彻执行关于处理自留畜政策以来，人民公社化初期由于对牲畜具有两重性认识不足，而产生对自留牲畜卡得过紧，只许使

① ［日］二木博史：《農業の基本構造と改革》，载［日］青木信治编《変革下のモンゴル国経済》，アジア経済研究所 1993 年版，第 116 页。

② 内蒙古自治区党委、呼伦贝尔盟牧业生产调查组：《呼伦贝尔盟牧区人民公社处理自留畜情况的报告》（1959 年 6 月 12 日），内蒙古档案馆藏，资料号：11—13—531。

③ 同上。

④ 同上。

用，不许出卖，仔畜归社的所谓斩资本主义尾巴的做法。①

第三节　内蒙古牧区人民公社存在的问题及其纠正

一　内蒙古牧区人民公社存在的问题

牧区人民公社与农区人民公社一样，其特点也是"一大二公"。所谓大，即实行"政社合一"，工农商学兵五位一体，农牧林副渔全面发展，已经超出了单一经济组织的范畴；一个牧区人民公社大体在 500—600 户，甚至 1000 户以上，等于一个苏木（相当于一般汉族地区农村的乡）或更大的范围。所谓公，就是牧区人民公社比牧业生产合作社更加集体化，公有化程度更高，实行公社的直接所有制，由公社统一核算。

牧区人民公社除了与农牧人民公社有共性以外，有以下一些特点：第一，牧区人民公社是在初级合作社刚刚实现，但还没有来得及全面整顿与巩固的基础上建立的，大部分初级合作社建立时间很短，还未进行过分配，积累不多。大部分公社还程度不同地保存着畜股报酬，还不是完全的集体所有制。第二，牲畜既是生产资料，又是生活资料。第三，牧区居住分散，而且这种居住分散状态，在生产方法没有根本改变以前，也不可能有根本改变。

在人民公社化运动中，对上述特点有所忽略，以致产生了如下的缺点：在改变所有制方面，有的地区步伐迈得大一些，致使全牧区有 1/3 以上的牧区人民公社都取消了畜股报酬，这是与牧区的互助合作基础和牧民觉悟水平不相适应的；生产资料和生活资料混淆不清，有些地区把作为生活资料的自留畜全部入社，或者在自留畜问题上卡得太死，引起了群众不满；片面强调纯增数字，忽视广大牧民的吃肉习惯，限制过严，使牧区群众很有意见；平均主义和过分集中的倾向，只是由于牧区人民公社建立时

---

① 内蒙古自治区党委、呼伦贝尔盟牧业生产调查组：《呼伦贝尔盟牧区人民公社处理自留畜情况的报告》（1959 年 6 月 12 日），内蒙古档案馆藏，资料号：11—13—531。

间较短，还没有经过分配，所以问题暴露得还没有农村那样突出。①

根据上述情况，可以看出内蒙古区人民公社并不是"没有什么大问题"，其所存在的问题可归纳为以下几点：

第一，平均主义问题。1958 年末，以内蒙古牧区 79334 户牧民，分别加入了 152 个牧区人民公社来计算，平均每个公社 522 户牧民。内蒙古畜牧业合作化时间很短（具体讲，1958 年 7 月完成），随着牧区人民公社规模的扩大，不同经济条件、生产与经营状况的初级合作社和互助组、牲畜占有数量不同的牧区牧民，加入人民公社。在收益分配时，各个小社（即人民公社化后的生产队）的收入由人民公社收回，评级后统一发工资。这样，原来经营好、收入多的社，实际所得少了，原来经营不好、收入差的社，实际所得多了，结果打击了好的、奖励了坏的，形成有的占便宜、有的吃亏，产生了平均主义问题。

第二，"共产风"问题和公社供给制问题。在公社化运动的初期，大约有 1/3 的牧区人民公社取消了牲畜股报酬；对于社员的自留畜及肉食上，卡得过紧，部分地区盲目扩大供给范围，产生平均主义倾向；有个别地区对于生产资料及生活资料混淆不清，把社员家庭的生活资料也作价入了社。所有这些问题，都曾经造成了一些混乱现象，造成了一些不正常的滥杀牲畜的现象。②

还有个别地区不根据生产需要把蒙古包过分集中起来。例如，在呼伦贝尔盟海拉尔市和锡林郭勒盟锡林浩特市的周边，集中了 1000 多个蒙古包，过集体生活。人民公社化初期，这种集体生活否定各尽所能、按劳分配的社会主义分配原则，相当一部分人民公社实行包吃、包穿、包住、包用、包工资、包医疗、包婚丧、包子弟教育的所谓"八包"。呼伦贝尔盟牧区还提出"十三不要钱"。③

社员的食用肉畜、奶畜没有自留，由人民公社供给。牧民反映"少消

① 内蒙古自治区党委：《关于牧区人民公社的管理体制和若干政策问题的规定（修改稿）》（1959 年 3 月 26 日），内蒙古档案馆藏，资料号：11—13—358。

② 《巩固建设牧区人民公社，贯彻执行牧业八项措施，为稳定地、全面地、高速度地发展畜牧业而奋斗——王铎同志在第八次牧区工作会议上的总结报告》（1959 年 7 月 24 日），载内蒙古自治区党委政策研究室、内蒙古自治区农业委员会编印《内蒙古畜牧业文献资料选编》第二卷（上册），呼和浩特，1987 年，第 492 页。

③ 内蒙古自治区畜牧业厅修志编史委员会编著：《内蒙古畜牧业发展史》，内蒙古人民出版 2000 年版，第 159 页。

耗,乡纯增,节约吃肉对的,但这点肉实在少了"。特别是由于没给留自留畜,出现了一些矛盾,社员日常生活需要不好解决,只能依靠人民公社;牧民要杀一只羊,也得找苏木书记批。① 还有,生产资料和生活资料的处理,在界限上划得不清,把一些生活用品都无偿归集体。

伊克昭盟杭锦旗阿色朗图人民公社、哈老柴登人民公社,1958 年冬至1959 年春的 6 个月期间,由人民公社供给每人 15—18 斤肉。据对松日布 6户牧民的调查,人民公社化之前的 1957 年宰杀牲畜 102 头(只),平均每人 3.77 头(只);1958 年宰杀牲畜数减少到 50 头(只),平均每人 1.9头(只)。② 这种做法把原来牧民食用牲畜的不同情况平均化了,不仅较富裕的牧户不满,而且食用量过于降低而一般牧民也不满意。

第三,"瞎指挥"风问题。牧区人民公社和农区人民公社一样实行"政社合一"体制,同时,实行"组织军事化,行动战斗化"。即把牧区人民公社的劳动力按军队编制为班、排、连、营,由公社统一领导、统一调配,采取大兵团作战方法从事生产和建设。完全无视牧区的地区特点和生产特点,并一下子把合作化初期推广的生产责任制也废掉了,形成了人民公社化初期的一种"瞎指挥"风。例如,在牧区水利建设中,挖了 6900 眼井和 67 条水道,但是,因方针不明确而盲目建设,多数为浪费。

第四,强迫命令问题。人民公社化后,干部中产生了一种简单化的工作方法,借用鸣放与辩论,组织军事化和插红旗、拔白旗,搞强迫命令,有些重大问题缺乏与群众认真商量的态度,干部主观草率地决定。对群众的思想问题不是采取耐心说服教育的办法,错误地用"整你一下""辩你一下"和"拔你白旗"的做法压服。还有的采用降级的做法,来征服群众。在评级中有个牧民被评为四级,但他说"从整个评级看,我够三级"。特别是基层干部以军事化为借口,到处乱用命令,也引起群众不满。③

第五,"一平二调"问题。牧区人民公社运动中出现了人民公社乱调

---

① 《暴彦巴图同志关于牧区人民公社当前的情况、存在的问题和解决意见的报告》(1959 年 11月 26 日),载内蒙古自治区党委政策研究室、内蒙古自治区农业委员会编印《内蒙古畜牧业文献资料选编》第二卷(上册),呼和浩特,1987 年,第 470 页。
② 同上。
③ 同上书,第 472 页。

基本核算单位的生产资料和劳动力问题，即不取得基本核算单位的同意，乱调牲畜和劳动力的现象。

在公社化运动中，由于大刮"共产风"，在组织规模和所有制上追求"一大二公"，有的地方甚至提出"要消灭生产资料私人所有制的最后残余"；在分配上违背按劳分配、等价交换的原则，搞"一平二调"，严重挫伤了少数民族广大农牧民的生产积极性，使民族地区本来就很脆弱的生产力受到了很大破坏。加上连续几年的自然灾害，致使少数民族地区的农牧业生产，从1959年到1961年连年下降。例如，广西壮族自治区1959年的粮食产量下降7.07%，1960年又比上年减产8.7%，全区粮食总产量甚至低于1952年水平。1961年又连续第三年减产，全自治区农业总产值降到了1950年水平。少数民族地区的畜牧业生产也连年下降，大量牲畜死亡。再如，青海省1960年全省的牲畜总头数，就比1958年下降了38%。[①]

二 内蒙古牧区人民公社体制与规模的调整

（一）内蒙古牧区人民公社体制与规模调整背景

为了解决"大跃进"运动和人民公社化运动中出现的问题，中共中央于1960年9月提出要对国民经济实行调整。同时，为了刹住人民公社在生产资料所有制和分配问题上刮起来的"共产风"，1960年11月3日，中共中央发出《关于农村人民公社当前政策问题的紧急指示信》，规定：三级所有，队为基础，是现阶段人民公社的根本制度；坚决反对和彻底纠正"一平二调"的错误等12条，开始纠正农村工作中的"左"的错误。[②]

1961年1月召开的八届九中全会正式确定对国民经济实行"调整、巩固、充实、提高"的八字方针。1961年3月制定了《农村人民公社工作条例（草案）》，明确了人民公社仍然属于社会主义的集体经济组织，规定要坚持以生产大队为基本核算单位的公社、生产大队和生产队三级所有

① 《当代中国》丛书编辑委员会：《当代中国的民族工作》上册，当代中国出版社1993年版，第130—131页。
② 《中共中央关于农村人民公社当前政策问题的紧急指示信》（1960年11月3日），载中共中央文献研究室《建国以来重要文献选编》第十三册，中央文献出版社1996年版，第660—676页。

制，制止那种急于向全民所有制过渡，不顾生产力的现实水平，在生产关系上搞超前发展的过激做法。

根据中共中央的指示，中央民族事务委员会于 1962 年起草了《关于少数民族牧区工作和牧区人民公社若干政策的规定（草案）》。中共中央书记处在讨论这个文件时，邓小平、彭真、谭震林、杨尚昆等都提出了重要的修改补充意见。例如，当讨论国家对牧区的帮助时，邓小平指出："国家对牧业区的扶助，应该加上技术改造。对牧业区的物资供应，只是吃的用的还不够，还需要供应机械等生产资料。"在讨论有关培育草原和合理利用草原时，彭真指出："大量破坏草原的开荒，必须坚决制止。只要草原发展了，发展生产也就好办了。"杨尚昆指出："开垦草原，应该关死。"①

根据中央和国务院的指示，1963 年 4 月 25 日至 5 月 13 日，农业部和中央民族事务委员会在内蒙古呼和浩特市召开了全国牧区工作会议。会议主要议程是学习中央批准的《关于少数民族牧业区和牧区人民公社若干政策问题的规定（草案）》，研究畜牧业生产的方针政策、发展规划、增产措施以及有关的科学技术等问题，总结交流了各地的先进经验。国务院副总理乌兰夫到会讲话，农业部部长廖日言做会议总结。

6 月 27 日，中共中央、国务院批转农业部党组、民族事务委员会党组《关于全国牧区会议情况的报告》（1963 年 6 月 3 日）、《乌兰夫同志在全国牧区工作会议上的讲话提纲》（1963 年 5 月 10 日）、廖鲁言《全国牧区会议总结》（1963 年 5 月 13 日）三个文件。② 其中，规定牧区的生产方针是：以牧为主，围绕畜牧业生产，发展多种经济；牧业区的生产方针：在牧业区应该因地制宜地发展多种经济，逐步实现畜牧业和农业、副业、林业、渔猎相结合；半农半牧区的生产方针：畜牧业比重大的半农半牧区，或畜牧业比重小的半农半牧区，都应当合理规划田和草场，大力发展畜牧业生产，都应该制定发展畜牧业和发展农副业生产的全面规划，合理

---

① 《当代中国》丛书编辑委员会：《当代中国的民族工作》上册，当代中国出版社 1993 年版，第134—135 页。
② 《中共中央、国务院批转全国牧区会议的三个文件》（1963 年 6 月 7 日），内蒙古档案馆藏，资料号：11—17—375。

安排。①

根据中央的指示，各民族自治地方，首先从恢复和发展农业生产入手，调整了人民公社的所有制和分配关系，规定生产大队或生产队有生产经营的自主权，公社不得干涉。生产队和社员个人所有的一切生产资料，公社和大队都不能调用。在队与队之间的生产协作和社员的收入分配上，重新坚持了自愿互利、等价交换和按劳分配的原则，解散了吃大锅饭的公共食堂，恢复了自留地、自留畜。允许社员发展家庭副业和手工、恢复了集市贸易。在那些地广人稀、交通闭塞、群众居住又很分散的少数民族山区，则实行包产到户。个别地方则干脆允许单干。

为了减轻农民的负担，国家从 1961 年起，减少了粮食征购任务，同时还提高了农副产品的收购价格。通过以上措施，特别是通过对人民公社所有制的调整，缓和了国家、集体和社员间的矛盾，重新调动了广大农牧民的生产积极性。

经过对国民经济的调整，少数民族地区农牧业生产下降局面得到了扭转，工农业生产在调整中有了发展。据统计，全国民族自治地方的工农业总产值，1962 年比 1957 年下降 5.1%，1965 年比 1957 年增长 70%。其中，农业总产值 1962 年比 1957 年下降 24.5%，1965 年比 1957 年增长 39.5%。② 随着农牧业的恢复和发展，以及工业生产的稳步增长，民族自治地方广大农牧民和职工的收入有所增加，人民生活逐步得到了改善。

（二）内蒙古牧区人民公社体制与规模的初步调整

1960 年 12 月 4 日，内蒙古自治区党委第十二次全体委员（扩大）会议通过了《内蒙古党委关于牧区人民公社当前政策问题的若干规定》，认为《关于农村人民公社当前政策问题的紧急指示信》中的政策、原则完全适合牧区的实际情况，关于牧区人民公社体制调整的主要规定如下。

第一，关于牧区人民公社的根本制度规定：（1）三级所有，队为基础，是现阶段牧区人民公社的根本制度。以生产队为基础的三级所有制，不仅是现阶段农村人民公社的根本制度，也是牧区人民公社的根本制度，

---

① 《乌兰夫同志在全国牧区工作会议上的讲话提纲》（1963 年 5 月 10 日），内蒙古档案馆藏，资料号：11—17—375。

② 《当代中国》丛书编辑委员会：《当代中国的民族工作》上册，当代中国出版社 1993 年版，第 135 页。

中央指示中规定从 1961 年算起，农区至少七年不变，牧区更需要长一些。（2）在此期间，不再新办基本社有制和全民所有制的试点。现有的三个基本社有制的试点，由各盟委进行认真检查，确实办好，群众满意的，可以继续办下去；办得不好的，应该坚决停止试验，重新恢复基本队有制。并入国营农牧场的牧业社、队，凡对发展生产有利，群众满意，可以办下去，否则，应该坚决分开；公私合营牧场，已经合并到国营农牧场的，应该坚决办好，办得不好的，也应该分开；公私合营牧场的过渡问题，应当慎重对待。（3）今后是否需要改变，看当时情况由内蒙古自治区党委做决定。就是人民公社将来有计划地、有步骤地、分批分期地变基本队有制为基本社有制的时候，也是"队共社的产"①，并不是社共队的产，更不是共社员的产，现在归队所有的畜群、役畜、牧具等生产资料和队营企业，到那时也不转归为社有，仍然归队所有，归队经营。属于个人的生活资料永远归个人所有。牧区牲畜股报酬，应将比例分益，改为固定报酬，此项报酬，至少七年不变。②

第二，关于纠正"一平二调"的错误，规定："一平二调"的"共产风"，严重地破坏以生产队为基础的公社三级所有制，破坏畜牧业生产力，必须坚决反对，彻底纠正。凡是从人民公社成立以来，旗和旗以上各级机关和企业、事业单位向公社、生产队、公私合营牧场和社队向社员个人平调的家畜、家禽、房屋、蒙古包、帐篷、家具、耕地、农具、车辆、农畜副产品和建筑材料等各种财物，过去曾经清算而有遗留问题的或一直未清理的都必须认真清理，坚决退还。凡国营农牧场和机关企业占用生产队牧场、打草场，确实妨碍生产发展的，应该退还或调整。在退还平调的财物时，有实物的退还实物，并且付给公平合理的租金、折旧费或修理费；实物已经消耗，无法退还的，作价补偿，付给现款。对调用的牲畜（不论役畜与群畜），如原生产队因人力不足，经营困难，群众自愿，可按照等价交换的原则，留在现在经营的单位，但必

---

① 所谓"队共社的产"，就是生产队共同所有，由社经营的拖拉机等大型农牧业生产资料和社营的工、农、牧生产企业。只有公社经营有了很大的发展并占有优势地位，再加其他条件才能实现基本社有制，就是实现社有制，它的性质还是社会主义的。即是说，还要实行各尽所能、按劳分配，而不是实行各尽所能、按需分配。

② 《内蒙古党委关于牧区人民公社当前政策问题的若干规定——内蒙古党委第十二次全体委员（扩大）会议通过》（1960 年 12 月 4 日），内蒙古档案馆藏，资料号：11—15—213。

须付给合理价款,其中的牲畜也可以参照"苏鲁克"办法实行比例分益。食堂、托儿所、敬老院等集体福利事业和生产队为移民借用社员的房屋、蒙古包和家具,必须坚决退还,立即退还确有困难,征得社员本人同意继续借用的,要切实负责维修保管,承认社员的所有权,并付给合理的租金。无偿调用的劳动力必须彻底清理,用付给报酬或换工方法给予补偿,清退的牲畜必须做好工作,保证不受损失。赔偿所需款项,应该从公积金中开支,不能从 1960 年的收入中开支,以免影响 1960 年的收入分配。①

    第三,关于生产队的基本所有制,规定:(1)牧区的生产队是基本核算单位。生产经营管理的权力应该主要归生产队。公社不要统得过死,不要乱加干涉。公社干部,应该认真地帮助生产队,迅速地改进和提高生产经营管理水平。公社的生产计划,应该建立在生产队和生产小队的包产计划的基础上。牲畜的总增、纯增、改良、出售、自食等主要指标和技术措施,应该经过社员群众讨论,由生产队和生产小队共同商量制定,由社员当家作主。公社有权根据国家计划向生产队提出建议,并且对生产队提出的计划做必要的平衡和调整,但是,公社不能不问实际情况,不听生产队、生产小队和社员的意见,任意提高生产指标和硬性推行技术措施。(2)生产队是统一分配的单位,生产小队增殖的牲畜,和每年应当处理的牲畜(当年增殖的幼畜,留在小队经营)、收获的畜产品和其他经营的收入,凡是在包产任务以内的,都应该如实上交生产队,统一分配,超产部分的收入应该上交 20% 给生产队,统一分配。公社和生产小队,都应该从上、下两方面来维护生产队的基本所有制,不能从两头去削弱生产的基本所有制。②

    第四,关于生产小队的小部分所有制,规定:(1)生产小队是组织生产和生活的基层单位,它有小部分所有制和一定的管理权限。在牧区居住分散和生产经营管理水平较低的情况下,生产小队的作用更大。生产小队的利益是社员群众最直接关心的。坚持生产小队的小部分所有制,对调动小队干部和社员群众的积极性是十分必要的。(2)劳动力、草场(包括打

① 《内蒙古党委关于牧区人民公社当前政策问题的若干规定——内蒙古党委第十二次全体委员(扩大)会议通过》(1960 年 12 月 4 日),内蒙古档案馆藏,资料号:11—15—213。
② 同上。

草草场、放牧牧场，下同）、畜群、役畜、工具、棚圈设备必须坚决实行
"六固定"，固定给生产小队经营和使用，并且登记造册，任何队间组织劳
动力协作的时候，必须自愿两利，等价交换，由受协作的单位以工换工或
评工记分，按劳付酬。草场一般应该以生产小队划定使用范围，并由小队
进行草场改良和水利建设。必须进行草场调剂时，也应该得到被调剂小队
的同意。草场没有固定使用的，由生产队统一规划，分配给小队固定放牧
和进行草场建设。（3）畜群，应该按小队为单位来组织，已经打破小队界
限组织的畜群，如果是为了合理放牧调整的，各小队完全自愿的，可以固
定下来，如果不应调整而调整，或者原小队不同意的，应该分开。小队之
间，由于劳多畜少或畜多劳少或种畜役畜不足，生产队在有利发展生产经
过小队同意的前提下可以调整。役畜固定给小队使用，补充、繁殖、饲养
管理均由小队负责。牧具、水井、棚圈、车辆、毡包等固定给小队使用，
修补添置也由小队负责。所需要的费用，应该计算在成本以内，包给小
队。（4）生产队对生产小队必须实行包产、包工、包成本和超产奖励制
度。凡收入较大的生产项目，均应因地制宜地实行三包一奖。三包必须落
实，奖罚必须兑现，包产指标必须经过群众充分讨论，一般按国民经济计
划指标90%（或前三年的生产实际平均数字），作为小队包产指标比较适
宜，一定要做到真正留有余地，让小队有产可超。（5）小队对生产小组或
社员，应该实行三定（定人、定畜群、定设备）五保证（保成畜保育率、
保仔畜繁殖率、保成活率、保畜膘、保畜产品）一奖励（完成定额或超产
奖励）。做到指标措施到群，责任到人。（6）生产小队除了参加基本核算
单位统一分配以外，下述几种收入由小队支配。超产奖励，包干生产费的
节余，在保证完成包产任务的前提下，经营的小型副业生产（如小型菜
园，小块饲料基地，种植树木，出卖牛粪、羊粪，采集野生植物果实、菌
类，短途运输，皮毛加工，打猎，饲养猪、禽、兔及收集零星畜产品等）
的收入。超产部分和包产任务以外的经营收入，可以提出20%归生产队统
一分配，80%归小队所有。小队也可以从中提出10%作为自己的公共积
累，10%作为奖金，其余的80%分配给社员。生产小队权限内经营的各项
生产用工，记在小队账上，由小队支付劳动报酬。各小队之间的工资水平
和劳动日的分值允许有高有低，这样差别是完全合理、必要的，对于发展

生产是极为有利的。①

　　第五，关于社员经营小量的自留畜、自留地和零星的家庭副业，规定：（1）自留畜是社员的生活资料，作为生活资料的牲畜应该留给社员。自留畜的数量以一个地区或一个公社为范围，可以掌握在5％—7％，最多不超过10％（一般每户允许养1—2匹乘马，3—4头奶牛，10—20只食用羊）。在规定范围内乘马应当根据骑用需要留；奶牛也应该根据社员家庭奶食需要，按户自留；食用羊，应该留一些母羊，让其繁殖；社员必需的役畜，如拉水拉燃料的役牛应当允许自留；牧民祭祀用的牲畜，要求自留也应允许。（2）公社化时，凡按上述规定留下自留畜的，或留得稍高一点稍低一点，社员没有意见的，可以一律不再变动。自留畜留得过少，或留了以后又收归社队的，应该补留或退还；留得过多，不符合上述规定的，应该向社员讲清政策，把多余部分重新作价入社。（3）自留畜应该由生产队统一放牧，畜主出合理的代放费，代放费交钱、交牲畜、交畜产品由畜主自定。自留畜和畜产品的使用、吃用、出卖、赠送均归社员个人支配，任何人不得干涉，但必须坚决贯彻执行保护母畜政策。自留畜只计产，不认年，不计购。另外，在不影响集体劳动的前提下，应该允许社员在宅旁种蔬菜、饲料、零星果木或其他树木，允许饲养猪禽和经营一些零星的家庭副业。②

　　上述内容，是根据自治区牧区和牧区人民公社的特点，根据过去规定政策的实际执行经验制定的。它明确规定了牧区人民公社所有制方面的一系列政策问题，对于纠正"共产风"，纠正牧区人民公社化运动以来实际工作中的错误、稳定牧区起到了积极作用。

　　（三）内蒙古牧区人民公社体制与规模的继续调整

　　根据中央《关于农村人民公社工作条例》有关调整社队规模和体制的规定，内蒙古自治区党委在牧区进行了专题调查与试点，召开了牧区三级干部会议。根据会议意见和内蒙古牧区的特点，对内蒙古牧区人民公社的规模和体制进行了调整。

①　《内蒙古党委关于牧区人民公社当前政策问题的若干规定——内蒙古党委第十二次全体委员（扩大）会议通过》（1960年12月4日），内蒙古档案馆藏，资料号：11—15—213。

②　同上。

1. 关于规模和体制的调整意见

1960 年末，根据中央《关于农村人民公社工作条例（草案）》有关调整社队规模和体制的规定，内蒙古自治区党委在牧区对贯彻"三级所有，队为基础"的制度，纠正"一平二调"的错误并组织退赔，落实社员经营少量的自留畜、自留地和零星的家庭副业的政策等进行了专题调查，进行了试点。依据内蒙古自治区党委召开的三级干部会议做了讨论，根据会议讨论意见和牧区特点，1961 年 4 月 24 日制定了《内蒙古党委关于牧区人民公社规模和体制的调整方案（草案）》，对内蒙古牧区人民公社的体制与规模，提出了如下的调整意见。

（1）调整原则：牧区社、队规模与体制的调整，总的原则必须是从有利生产，有利经营管理，有利牧区建设，有利组织生活，有利团结出发；必须适应牧区人口少、牲畜多，每个社队都需要有一定范围的草场、水源和建设饲料基地的条件，适于畜牧业经济的特点，便于农牧结合，便于调剂劳力，加强抗灾保畜斗争；区分已经定居和没有定居以及历史情况和民族习惯等具体条件，从实际出发，因地制宜，大中小结合，不要强求一致。根据这种精神，进行调整。

（2）社队规模：牧区公社一般可按原苏木的范围为单位，苏木小的一个苏木一个社，苏木大的一个苏木数个社，每社的规模可因地制宜，分大中小；生产大队（基本核算单位）一般按原来的高级社为单位建立，没有建立高级社而实行公社化的，也可以以原来的几个初级社合并为一个核算单位。就是把现在的生产队，根据群众自愿的原则合并组成，一般的户数在 50 户左右。生产队的规模，可按乌苏浩特组成，可以以几个浩特或以一个乌苏为中心组成，一般以十几户或二十几户为宜。

（3）体制问题：牧区人民公社一般分为公社、生产大队和生产队三级，以生产大队为基础的达三级所有制，是现阶段人民公社的根本制度。为了调整社员和生产队干部的积极性，必须确定和保障生产队一级的所有制。规模过小的生产大队，也可以不设生产队，由大队直接管理几个乌苏或浩特，实行以队为基础的两级管理、两级核算的管理制度。乌苏或浩特可实行包工包产，超产奖励。

（4）经济处理：对畜群、车棚等有关生产资料在原来"六固定"的基础上，按照畜群、劳动力（牧工）、工具不动的原则，划分给调整后的有关社队，以利于生产。现金（包括公积金、公益金、生产费）、物资等可分的财产，应经过民主商讨，合理划分，并注意防止贪污、损坏和经济处理上的平均主义。关于原社队共同建设的水利、饲料基地、加工场等不宜分开的财产，可以共同管理、共同使用，以有利生产、有利牧区建设、有利团结的原则，把资产总值按比例分拨定股，作为有关社队的投资，签订合同、共同经营。

（5）不准把生产队调离开放牧已经习惯的草场和水源；原牧场的基本建设和生产设备随牧场划拨使，不要拆除迁移；不能影响生产，必须有利于生产。①

2. 牧区人民公社规模与体制的调整

1961 年 7 月 27 日，自治区党委发布《内蒙古自治区牧区人民公社工作条例（修正草案）》（共 80 条，故亦称"80 条"），关于牧区人民公社规模与体制，规定如下：

（1）牧区人民公社的性质和组织。牧区人民公社是政社合一的组织，是我国社会主义社会在牧区的基层单位，又是我国社会主义政权在牧区的基层单位。牧区人民公社是适应生产发展的需要，在畜牧业生产合作社的基础上联合组成的；它在一个很长的历史时期内，是社会主义的集体经济组织，实行各尽所能、按劳分配、多劳多得、不劳不得的原则；人民公社对社员入社的牲畜和归社经营的"苏鲁克"给予固定报酬，这项报酬在相当长时期内不予变动。

牧区人民公社一般地分为公社、生产大队和生产队三级。以生产大队的集体所有制为基础的三级集体所有制，是现阶段人民公社的根本制度。在特定条件下，也允许两级集体所有制。公社在经济上是各生产大队的联合组织。生产大队是基本核算单位。生产队是直接组织生产和组织集体福利事业的单位。

（2）内蒙古牧区人民公社规模。人民公社各级组织的规模，都应该利于生产、利于经费管理、利于群众监督、利于团结，方便群众，不宜过大。特别是生产大队和生产队的规模不宜过大，避免给生产和群众生活造成不便，避免在分配上把经济水平相差过大的生产队拉平，避免队和队之间的平均主义。人民公社的规模，应当按照定居区、半定居区、游牧区、

---

① 《内蒙古党委关于牧区人民公社规模和体制的调整方案（草案）》（1961 年 4 月 22 日），内蒙古档案馆藏，资料号：11—15—230。

平原、山地、沙漠、戈壁的不同情况，按照水草状况，户数和劳动力多少、牲畜多少，居住状况、历史习惯和其他经济条件因地制宜地划定。

公社一般应该相当于原来的苏木（相当于农业区的乡），也可以一个苏木分建数个社；生产大队的规模，一般应该相当于原来的常年互助组、浩特、乌苏（相当于农业区的自然村），或者两三个小的互助组、浩特、乌苏的结合。规模小的生产大队也可以不设生产队，直接管理几个包产作业组。公社、生产大队和生产队，都可以有大、中、小不同的规模。不要强求一致，由社员根据具体情况，民主决定。

（3）人民公社社员的家庭副业，是社会主义经济的必要补充部分。它附属于集体所有制经济和全民所有制经济，是它们的助手。在积极办好集体经济，不妨碍集体经济的发展，保证集体经济占绝对优势的条件下，人民公社应该允许和鼓励社员利用剩余时间和假日，发展家庭副业，增加社会产品，增加收入，活跃市场。

人民公社社员可以经营以下家庭副业：其一，繁殖自留畜。各地留自留畜的时候，根据社员生活的需要和入社时的牲畜状况，做具体规定，不要一律拉平。一般允许每户养1—2匹马，1—2头役用牛或者骆驼、驴骡，1—4头乳牛，10—20只羊。自留畜和其繁殖的仔畜完全归个人所有；经营经大队批准的自留地，种菜、种草、种植饲料；饲养牧犬、猎犬，鸡、鸭、鹅等家畜家禽。其二，进行乳制品加工、制革、酿奶酒、做毡、制鞋、制靴、制鞍具、缝纫、编织、刺绣等家庭手工业生产。其三，从事打草、打猎、采集、拣粪、收集零散畜产品等副业生产；种植树木、果树、蔬菜，这些树木、果树永远归社员所有。[①]

社员家庭副业的产品和收入，都归社员所有，都归社员支配。除了国家统购的牲畜、畜产品以外，其他的畜、副产品，都可以拿到集市上进行交易。社员自留畜及其产品在规定范围内，国家只计产量，不征税，不派统购任务。社员自愿出售的牲畜和畜产品，除社员之间互通有无以外，属于统购的牲畜和畜产品应一律卖给国家或社队。[②]

"80条"除了对牧区人民公社的性质、任务、规模和家庭副业以外，

---

① 《内蒙古自治区牧区人民公社工作条例（修正草案）》（1961年7月27日），内蒙古档案馆藏，资料号：11—15—228。

② 同上。

还对人民公社的社员代表大会或社员大会，公社管理委员会、生产大队管理委员会、生产队管理委员会的性质和职权，社员的条件、义务和社员，人民公社的生产经营、财务管理、劳动报酬和收益分配等做了具体规定。全面总结牧区人民公社化的经验教训，规范牧区人民公社的生产管理。

牧区人民公社体制与规模的调整。调整之前内蒙古牧区社、队规模：内蒙古牧区有人民公社152个，公社化前原有195个苏木，每个公社相当于1.3个苏木。每个公社平均810户、3466人、82000头（只）牲畜，最大的1335户、5340人、260000头（只）牲畜。最小的76户、304人、8360头（只）牲畜；生产大队875个，公社化前有初级社2295个，每个生产大队相当于2.5个初级社。每个大队平均140户、500人、14400头（只）牲畜。最大的266户、1064人、80000头（只）牲畜，最小的81户、240余人、8000头（只）牲畜。生产队2840个，每个生产队平均有44户、180人左右、4080头（只）牲畜。最大的70户，最小的33户。①

1961年7月27日实施"80条"，对内蒙古牧区人民公社进行调整。经过规模调整后，内蒙古牧区公社已由原来的152个调整为245个，每社平均户数，由原来的776户调整为481户，其中游牧区一般是200—300户，定居区一般是500—600户，个别的有800—900户。生产大队由原来的839个，调整为1557个。每个大队的平均户数，由原来的130户，调整为76户，其中有35%左右在50户以下，50%左右在50—100户，还有15%左右在100户乃至300户以上。生产队由原来的28500个，调整为4151个，每队平均户数由原来的46户，调整为28户。②调整之前内蒙古牧区社、队管理体制状况：有148个社实行队为基础，三级所有、三级核算的管理体制；有4个社实行基本社有制，一级核算、三级管理。③

另一方面，1962年内蒙古自治区党委在牧区试点和调查的58个点中，有41个已经采取或同意采取两级管理、两级核算。本着有利于生产、有利于民族团结、有利于群众监督的原则，由以三级管理为主，调整为主要

---

① 《内蒙古党委关于牧区人民公社规模和体制的调整方案（草案）》（1961年4月22日），内蒙古档案馆藏，资料号：11—15—230。

② 《关于人民公社基本核算单位问题座谈会纪要》（1962年5月24日），载内蒙古自治区党委政策研究室、内蒙古自治区农业委员会编印《内蒙古畜牧业文献资料选编》第七卷，呼和浩特，1987年，第273—274页。

③ 同上。

实行公社、生产队两级管理为主，以生产队为基本核算单位。这样牧区人民公社的体制经过进一步调整已经基本定型。根据调整后的统计，1963年，牧区278个人民公社中有214个公社实行两级管理、以生产队为基本核算单位，占77%。其余64个公社中，多数采取公社、生产大队和生产队三级所有制，以生产队为基本核算单位，少数是以大队为基本核算单位。[①]

3. 调整试点事例

(1) 呼伦贝尔盟牧业四旗事例

1962年6—7月，牧区四旗根据内蒙古自治区党委指示，在新巴尔虎左旗乌佈尔宝鲁格公社、新巴尔虎右旗保格得敖拉东人民公社、陈巴尔虎旗鄂温克人民公社、鄂温克旗锡尼河东人民公社四个人民公社15个大队、28个生产队中进行了调整基本核算单位试点工作。试点步骤，一般分四个阶段进行：第一阶段，组织力量，训练干部，学习政策，向群众进行深入地宣传和充分酝酿，调查研究，提出方案；第二阶段，根据群众意见，因地制宜地确定体制规模和基本核算单位；第三阶段，着手经济问题的处理；第四阶段，整顿组织，梳理领导核心，建立和健全各项制度。

各试点人民公社管理体制，在调整前除鄂温克族自治旗锡尼河东人民公社的三个大队下边没有设生产队，实行两级管理、两级核算外，其他12个大队都是三级管理、两级核算，以生产队为基本核算单位。生产队既没有分所有制，也不进行核算。一般只有两名队长直接领导，指挥生产，安排生活。

经过深入群众、宣传酝酿，并结合内蒙古自治区党委所提出的五种形式的体制交给群众反复讨论比较，结合当地情况，权衡利弊，任其自由选择，结果是：除鄂温克族自治旗试点公社初步酝酿取消生产队，实行两级管理、两级核算，仍以大队为基本核算单位外的10个大队中，有8个取消了大队；以生产队为基本核算单位外，已经确定方案的新巴尔虎左旗、新巴尔虎右旗、陈巴尔虎旗三个试点公社的10个大队中，有8个都取消了以大队为基本核算单位，改为以生产队为基本核算单位。这8个大队，

---

① 《关于人民公社基本核算单位问题座谈会纪要》(1962年5月24日)，载内蒙古自治区党委政策研究室、内蒙古自治区农业委员会编印《内蒙古畜牧业文献资料选编》第七卷，呼和浩特，1987年，第274页。

在调整前规模最小的 57 户，最大的 170 户，平均 94 户；调整后最小的 28 户，最大的 71 户，平均 42 户。调整前牲畜占有情况，最少的 6300 头（只），最多的 32000 头（只），平均 18000 头（只）；调整后最少的 3000 头（只），最多的 18000 头（只），平均 8000 头（只）。①

　　试点证明，内蒙古自治区党委指示的牧区人民公社体制必须精干、规模宜小不宜大、层次宜少不宜多的原则，完全符合呼伦贝尔盟牧区的实际情况和广大牧民以及干部的要求。这次规模调整中，贯彻了劳动力、畜群基本不变的原则。人畜变动很小，如 1007 户中变动的只有 38 户（新巴尔虎右旗克尔伦第四小队根据群众要求解散，编入了其他生产队），占总户数的 3.7%，做到了上动下不动，达到了稳定生产。②

　　在纠正工作中，根据多数群众和基层干部的要求，撤销了大队，实行两级管理、两级核算，生产队为基本核算单位。调整的结果，首先，彻底克服队与队之间的平均主义，体现按劳分配。调整前的体制大队统一分配，贫富拉平，影响积极劳动、生产好的社员和生产队的积极性，甚至抓膘好的队对肉食肥瘦平均分配都极为不满。调整后"四权"统一到生产队，队与队之间的许多矛盾得到比较彻底的解决。其次，适合牧区生产分散、地广人稀的特点，便于基本核算单位直接指挥生产，安排社员生活。层次管理少了，公社直接抓生产，便于各项工作一竿子插到底，干部有更多的时间直接参与生产第一线，及时解决问题，及时加强对生产的领导，便于群众生活。再次，适合牧区基层干部的经营管理水平和牧民的觉悟程度。生产队范围小，社员对集体经济同个人利害关系看得直接、清楚。因而能够进一步发挥广大社员对集体经济的积极性，使他们热心发展集体生产，有利于巩固集体经济。最后，便于社员直接参与管理和监督干部更好地贯彻执行民主办社、勤俭办社的方针。③

　　从经济问题的处理角度来看，第一，畜群基本未动，个别的进行了调整。对基础牲畜按公社化时入社牲畜头数进行分配。纯增部分以按劳为主，劳畜比例分成办法进行了分配。在具体做法上，有的劳七畜三，有的劳六畜四。牲畜经过调整后，归新的核算单位所有。种畜按适龄母畜搭

① 中共呼伦贝尔盟委员会：《牧区人民公社基本核算单位试点工作总结》（1962 年 8 月 20 日），内蒙古档案馆藏，资料号：11—16—380。
② 同上。
③ 同上。

配。役畜原则上按当时生产需要进行搭配，如有的生产队生产资料不足时，种公畜、役马、车辆用等价交换的办法，交换所需的生产资料。带羔母羊待羔羊成育后再分配。第二，棚圈、车辆、打草机、搂草机等生产工具和基本建设，按当时生产分布情况未动，不合适的进行了个别调整。核算单位划小了，草牧场的划分更细了，所以根据草牧场的基本建设和历年使用习惯，原则上都划定给新建的核算单位。有的夏季、秋季和冬季走敖特尔用的牧场，一般都没有划分。第三，当年收入按各生产队所投入的劳动日分给各新建核算单位。新建核算单位纳入全年收入，年终统一分配。原大队企业有的合营，有的独立核算，单独经营。集体的债权债务按分配纯增牲畜办法进行负担和受债券。平调物资，谁调谁赔，谁欠谁还，落实债权债务，结清账目，办好交接手续。①

在组织建设方面，取消大队以后，原来国家干部担当大队书记、队长的一般都已调回，非脱产的队干部都充实到生产队当书记或队长。一个核算单位一般选举书记、队长、副队长、会计、保管员等4—5名干部。由于核算单位多了，队干部也增多了，如新巴尔虎右旗试点从原来的24名大小队干部增加到25名。这些干部一般都是经过群众认真讨论和审核选举的，特别是书记和队长都是经过党代会和社代会讨论选举的。②

经过纠正之后，出现了如下新问题：核算单位划小了，所以有的队形不成党支部，甚至有的队没有党员；国家干部调回之后，有些新干部，在经济处理中闹本位主义；在普遍执行包工包产以后，队干部无法固定在一个畜群参加生产、取得报酬。

（2）昭乌达盟事例

关于牧区人民公社基本核算单位的问题，内蒙古自治区党委在1962年2月8日发出的《当前几项主要工作安排的意见》中提出，牧区社队体制暂不变动，由盟委组织一两个试点，摸清情况，待自治区党委统一研究后决定。

根据上述精神，昭乌达盟委就牧区人民公社基本核算单位问题，在牧区进行了试点调查。该盟牧区共有27个公社，315个大队，906个生产

① 中共呼伦贝尔盟委员会：《牧区人民公社基本核算单位试点工作总结》（1962年8月20日），内蒙古档案馆藏，资料号：11—16—380。
② 同上。

队。进行试点的公社共 17 个，占总数的 63%；大队 46 个，占总数的 14.6%；生产队 125 个，占总数的 13.8%。①

基本核算单位下放的形式，从 46 个试点的大队来看主要有四种：实行生产队基本核算；实行大队基本核算，生产任务大包干；撤销生产大队，实行共设生产队两级核算；撤销生产队，实行公社、大队两级核算。试点地区 90% 以上都赞成和采用了生产队基本核算形式，其余三种形式是个别地区有所采用，各种形式具体做法如下：

第一，公社、大队、生产队三级管理生产队核算，纯增积累大包干。具体做法是在畜群、劳动力、役畜、工具、草牧场、棚圈设备"六固定"基础上，把生产、管理、分配三权下放到生产队，由生产队向大队包牲畜纯增、公积金、公益金、管理费，其余生产收入在扣除本队的生产费、应缴的税收和畜股报酬以外，全部由生产队按劳动日进行分配。纯增比例按总增头数杀七卖八（宰杀 7%，卖出 8%）的幅度，一般定到 4%—7%，分畜种计算固定。纯增头数作为大队积累，继续留在原来生产队经营，这样总增越高，出售和自食就越多，有利于调动群众的生产积极性。

如果出售牲畜高于原定指标，影响纯增时，不足部分由大队降低纯增比例。因自然灾害或经营不善影响纯增时，应在自食部分中或从下年度生产中补上。生产特好的年份，生产队经社员讨论，可适当提高纯增比例储备起来，作为以丰补歉。如巴林右旗幸福之路公社达日其格图大队，包干的纯增率是马 10%、牛和驴 5%、绵羊 8%、山羊 10%，6 月末结算。大队从生产队提取的积累有：从 5% 的公积金中提取 40%；从 3% 的公益金中提取 30%；从 1.5% 的管理费中提取 30%。生产费、畜股报酬和税金由生产队开支。五保户、困难户由生产队负责，大队帮助。②

实行这种办法的好处有：其一，克服了队与队之间的平均主义；其二，使国家、大集体、小集体和社员之间的利益得到了密切配合；其三，对生产好坏，收入多少，社员能耳闻目睹，有利于调动群众积极性；其四，在大队领导下能通过协作进行草原、水利、饲料基地的建

---

① 中共昭乌达盟委：《关于牧区人民公社基本核算单位下放试点的报告》（1962 年 2 月 26 日），内蒙古档案馆藏，资料号：11—16—380。

② 同上。

设;其五,既能克服生产队干部依赖性,也能减少大队干部事务,更好地加强生产。

第二,大队向生产队实行牲畜总增和收入大包干,做法是包产指标固定,根据增产减产进行奖罚。包干范围以内的收入由大队统一分配,超产部分由生产队自行分配。这种形式的特点是简化了"三包一奖"手续,适合于原来一社一队的生产大队和"三包一奖"有基础的地区。例如,克什克腾旗达赉敖淖尔公社有 13 个大队,其中 7 个大队都只有 2 个生产队,其余 6 个大队都没有生产队只有作业组,所以这几个生产队采取了这种大包干的办法。包干总增比例是母牛 35%—40%,羊 55%—60%,马 40%—45%,大队只分此数,其余全归生产队分配。[①]

第三,撤销生产队,实行大队结伴核算,大队下边建立作业组。规模小的生产大队适合这种形式。例如,阿鲁科尔沁旗坤都公社胡尼图生产大队,共有 2 个生产队、56 户、5883 头(只)牲畜,实行大队向作业组一包一奖制度,即包成畜保育、仔畜繁殖成活和畜产品三个指标,年初固定,年末结算,超产奖励。[②]

第四,取消生产大队,实行公社直接领导生产队,以生产队为基本核算单位。例如,阿鲁科尔沁旗巴奇楼子公社 16 个生产大队,取消了其中 3 个大队,实行公社对生产队的直接领导,生产队为基本核算单位,不承担上交纯增包干任务。每年的纯增计划和畜产品的出售任务都必须按公社要求完成。[③]

有关基本核算单位下放中一些具体问题处理办法:其一,畜群、劳动力、草场、役畜、工具、棚圈设备按"六固定"原则基本不动,长期固定到生产队使用。个别不合理的、社员要求调整的,与群众商量后进行调整。大工具由大队统一掌握、调整、使用。其二,饲料基地管理,大致有三种办法。第一种是分到各生产队,由生产队自己管理。第二种是分散经营不便的由生产队按比例抽人,各生产队合伙经营,大队进行领导,所生产粮食按各队在饲料基地所付出的劳动日分给各队。第三种是由大队单独建立农业队实行集中经营,所产粮食各生产队按需要购买,由大队开支耕

---

① 中共昭乌达盟委:《关于牧区人民公社基本核算单位下放试点的报告》(1962 年 2 月 26 日),内蒙古档案馆藏,资料号:11—16—380。
② 同上。
③ 同上。

作中的工本费。其三，基本核算单位下放以后，生产队总结过去的经验教训，对牲畜作业组建立了相应的评功评分，分群管理制度。例如，巴林右旗幸福之路公社达日其格图大队，实行生产队核算大包干之后，对各种牲畜采取了不同的经营方法：（1）牛群，根据牛的生产特点和牧民生活要求，实行了大群放牧，分户托管，即以畜群为单位组成作业组，以牧工为主统一放牧，常年负责，分户经营，除牛犊归集体作业小组承包外，其余奶食、牛粪全归饲养户。而每头打草 400 斤和买精料价款（每头 0.2—0.3 元）、棚圈、配种、接羔保育，也都由饲养户负责，不计工分。（2）驴，采取分户托管，常年包干。（3）羊群，采取大群放牧，小群管理，固定专人，常年负责。（4）马群和牧场（改良牛羊），仍归大队经营，其收入除生产费和扶助贫队以外作为积累。

　　总之，从试点的地区来看，广大牧民拥护人民公社适应牧区地区分散和干部现有领导水平、生产差别大的特点。同时，生产队干部和牧民社员的生产积极性提高了，有力推动了抗灾保畜和接羔保畜等各项生产。在试点工作的方法上基本掌握了调查分析、发扬民主、稳当慎重三条原则，保证了工作顺利进展。各地进行工作中，开展了大力宣传工作，贯彻了党的政策，对历年经济基础、生产收入水平以及经营管理上的经验教训都做了调查。在对各种具体问题的处理上，根据牧区、畜牧业的特点和牧民的要求，按各生产队情况，因地制宜地进行了处理，避免了按照一个框硬套的主观主义做法。

　　据 1962 年 6 月统计，内蒙古牧区共有 119164 户，479022 人（其中男 250874 人，女 228148 人），人民公社由原来的 152 个调整到 256 个，大队由 857 个调整到 1571 个，生产队由 2852 个调整到 4013 个。公社由 811 户调整到 465 户，大队由平均 141 户调整到 76 户，生产队由平均 43 户调整到 30 户。按牧区公社规模来看，200 户以下 40 个，201—300 户 53 个，301—500 户 81 个，501—1000 户 62 个，1000 户以上 20 个。呼伦贝尔盟、锡林郭勒盟、巴彦淖尔盟三大牧区的人民公社平均户数分别为 361 户、323 户、364 户。①

　　体制方面，管理以生产队为基本核算单位的公社 158 个，三级管理为

---

① 《经民委向中央书记处汇报的有关牧区人民公社的几个数字》（1962 年 11 月 16 日），内蒙古档案馆藏，资 11—16—377。

基本核算单位的公社 20 个，三级管理以生产队为基本核算单位的公社 87 个，三级管理、三级核算的公社有 6 个。①

（四）牧区人民公社生产资料和劳动力的调整

牧区人民公社社有经济，自 1959 年春天以来有了发展，1959 年社有经济占总收入的 3.9%。但是在发展社有经济中，出现了不等价交换，不取得基本核算单位的同意，乱调牲畜和劳动力的现象。其具体情况如下：

（1）不认真执行内蒙古自治区党委指示，随便提取基本核算单位积累的牲畜（前一年纯增牲畜）。例如，锡林郭勒盟东乌珠穆沁旗额济淖尔公社已宣布纯增牲畜全部归公社所有；西乌珠穆沁旗巴彦宝力高公社拟用从基本核算单位提取积累的牲畜和抽公积金折畜的办法，提取 27000 头（只）牲畜办牧场；乌兰察布盟有些公社同志在自治区召开的经营管理会议上强调要提取纯增牲畜的 70% 发展社有经济。②

（2）借用各种名义和利用各种机会，由基本核算单位抽调牲畜。例如，呼伦贝尔盟新巴尔虎右旗劳动公社把各基本核算单位的原庙仓"苏鲁克"牲畜和入社牧主的牲畜抽调为公社所有，也有的抽调"绝户"的牲畜。他们的理由是："大牧主的牲畜归了国家，小牧主的牲畜应归公社，'绝户'的牲畜过去归政府，现在应归公社。"这种做法是非常错误的，因为这些牲畜的所有权已改变为基本核算单位所有。再如，新巴尔虎左旗有些公社借良种牲畜要集中发展为理由，打算把基本核算单位的良种牲畜都归公社所有。③

（3）直接抽调。例如，昭乌达盟巴林右旗苏布日嘎公社对两个贫队不仅不积极扶助，反而将贫队的 90 头牲畜调到公社使用，在生产队的反对下才决定一年给每头耕畜付租金 0.5 元；再如，呼伦贝尔盟陈巴尔虎旗白音哈达公社打算把各生产队的马群直接由公社经营。④

（4）由于抽调了牲畜，随即抽调了劳动力。例如，巴彦淖尔盟有的

---

① 《经民委向中央书记处汇报的有关牧区人民公社的几个数字》（1962 年 11 月 16 日），内蒙古档案馆藏，资 11—16—377。

② 内蒙古自治区党委：《关于立即制止和纠正牧区人民公社乱调基本核算单位的生产资料和劳动力的通知》（1960 年 7 月 15 日），内蒙古档案馆藏，资料号：11—14—195。

③ 同上。

④ 同上。

公社抽调了牲畜之后，由于流入人员不会放牧，即由各生产队抽调劳动力放牧；再如，锡林郭勒盟苏尼特右旗白音朱日和公社，由于没有多余劳动力可抽，干脆在一部分生产小队中连劳动力带牲畜直接归公社所有。①

这些是重复"一平二调"的做法，不符合当时基本队所有制和物资劳动力等价交换的原则。这其中，有些是公社人员办的，还有一些是经过旗委同意或在旗委直接领导下做的。在盟委和有关旗委查明情况和原因，教育干部，对上述做法和类似做法，按下列原则进行了纠正。

第一，凡是不符合1959年11月14日内蒙古自治区党委转发农牧部《对当前牧区人民公社收益分配工作的意见》中"如果各级核算单位出卖的牲畜、畜产品少，副业收入少，积累少，公社从生产队抽取公积金很少或不能抽取的情况下，牲畜纯增率如果超过15%以上，经过群众同意，也可作为试点。即公社可以从生产队的牲畜纯增部分中提取1%—2%的牲畜，作为公社的公共积累"的原则而提取的和多提的牲畜，一律退还原基本核算单位。

第二，凡是没有经过等价交换，没有经过社员群众同意，不论借什么名义抽调的牲畜和其他物资、劳动力也必须一律退还原基本核算单位。如果原基本核算单位的牲畜比较多，同意公社抽调一小部分时，也必须给予合理的代价（租用的牲畜要给予合理的租金）或采取社队合营的办法经营。

第三，社办企业需要劳动力，主要应在社办企业中抽调和通过技术革命、技术革新以及利用自由流动人员去解决，一般不应从基本核算单位，特别是劳动力不足的基本核算单位抽调劳动力。如果确实需要抽调某些具有专长和技术的劳动力时，经基本核算单位的同意，可以对调的办法进行解决。②

三　内蒙古牧区按劳分配原则和生产责任制

在牧区人民公社基本核算单位给社员分配消费部分时，必须贯彻执行

---

① 内蒙古自治区党委：《关于立即制止和纠正牧区人民公社乱调基本核算单位的生产资料和劳动力的通知》（1960年7月15日），内蒙古档案馆藏，资料号：11—14—195。
② 同上。

按劳分配、多劳多得、不劳动者不得食的原则，为了避免社员与社员之间在分配上的平均主义，1963 年 12 月 19 日自治区党委批转了农牧部《牧区人民公社基本核算单位收益分配工作试行办法（草案）》，关于收益分配和组织收入规定：

（1）基本核算单位在处理扣留与消费的关系时，一般要执行少扣多分的原则和生产好时多分、生产不好时少分的政策。在一般情况下，要把收入的大部分分配给社员，增加社员的收入；但社员收入的增长要贯彻执行"生产长一寸，生活长一分"的精神，以便能有适当部分的扣留和积累，保证生产和基本建设的需要。在收入较多的时候，应当留一部分储备资金，作为丰歉年分配调剂使用。

（2）基本核算单位的收入，主要是出卖牲畜和畜产品以及其他农副业生产收入。在出卖牲畜时，必须根据本单位畜群中该出卖牲畜的数量（成年阉畜和老弱残畜），并参照国家的需要和自己的饲养管理条件去确定，不能为了增加收入出卖不该出卖的牲畜，也不能为了增加牲畜不出卖该出卖的牲畜和本单位无力经营的牲畜。

（3）为了做好收益分配工作，必须努力增加收入；必须贯彻勤俭办队的方针，坚决压缩非生产人员、非生产用工、非生产开支，杜绝铺张浪费；必须做好定产结算和评工记分；必须做好财务会计和查点好牲畜等工作。①

同时，为了在牧区人民公社经营管理中实行按劳分配原则，1963 年 12 月 19 日，内蒙古自治区党委批转农牧部《牧区人民公社基本核算单位向畜群生产组推行定产、定工、超产奖励制度的试行办法（草案）》，规定如下。

第一，关于畜群生产组，规定：畜群生产组，是牧区人民的一个生产作业单位，不是一级管理机构。生产组的规模大小，应根据各地区的不同情况，采取以水草定畜群、以畜群定劳动力、以劳动力定户数的办法，具体组织。可以几户几群牲畜为一组；可以几户一群牲畜为一组；不能以几户几群牲畜或几户一群牲畜来组织的地方，还可以一户一群牲畜为一组。

---

① 《内蒙古党委批转农牧部牧区人民公社基本核算单位收益分配工作试行办法（草案）》（1963年 12 月 19 日），载内蒙古自治区党委政策研究室、内蒙古自治区农业委员会编印《内蒙古畜牧业文献资料选编》第七卷，呼和浩特，1987 年，第 299—300 页。

畜群生产组的劳动力，一般应包括放牧员、打更员等主要劳动力和接产、剪毛、挤奶、饲养病弱畜的辅助劳动力。放牧员、打更员在生产中起主导作用，应选派劳动能力强、生产经验多、思想觉悟高的社员担任，并且常年固定，不得随意变动。接产、挤奶、剪毛等辅助劳动力，也要相对固定，牧忙时在组内劳动，牧闲时参加生产队组织的其他生产。打草、打井、修筑棚圈等为畜牧业服务的基本劳动力，可以由生产队组织固定的生产组，也可以分到各个畜群生产组内，在需要时再行抽调。

　　第二，关于"三定一奖"制度的原则，规定：（1）基本核算单位向畜群生产组推行定产、定工、超产奖励的制度。推行这一制度的时候，必须坚持基本核算单位的统一计划、统一分配、统一经营管理制度（劳动、生产定额、财务管理制度等）、统一支配劳动力、统一处理产品（包括牲畜）、统一调剂畜群、统一调动生产工具和统一进行基本建设的"八统一"原则。在"八统一"的原则下，畜群生产组的主要任务和权利是：努力完成定产（或生产）计划；采取具体的生产措施；合理使用组内劳动力；按照劳动定额，做好评工记分工作；参加基本核算单位的统一分配；用民主评议的方法，协商分配超产奖励，分摊减产受罚。（2）实行"八统一"的同时，还必须实行定劳动力、定畜群（包括种畜）、定主要牧场、定工具、定设备、定役畜的"六固定"。不能因为统一而妨碍了固定，也不要因为固定而影响到统一。两者要正确的结合。（3）推行以畜群生产组定产、定工、超产奖励制度，必须有切合实际的定产指标，合理的劳动定额，严格的评工记分制度和及时的奖罚兑现。只有做到这些，才能真正地承认组与组之间在生产上的差别，人与人之间在劳动能力和劳动积极性上的差别，生产经验和技术上的差别；才能防止分配上的平均主义，正确体现各尽所能、按劳分配、多劳多得、不劳动者不得食的社会主义分配原则。（4）实行定产、定工、超产奖励的制度，必须充分发扬民主，走群众路线，具体方案均由干部群众共同讨论制定，不能由某一级组织或个人包办代替。对于讨论出的方案，要经过社员大会或社员代表大会讨论通过，才能生效，任何人不得擅自更改。基本核算单位的管理委员会，要经常督促检查生产组对定产任务的执行情况，发现问题要及时解决。

　　第三，规定基本核算单位向畜群生产组定产的主要项目是：保畜率、繁殖成活率、主要畜产品。

　　第四，规定基本核算单位对畜群生产组各种用工，一般可以采取以下几种办法：（1）对放牧、打更等固定用工，实行常年定工。定的办法，可以以头计工，也可以规定标准畜群，以群计工。定死的工分，多用了不多计，少用了也不少计。（2）对接产、弱病残畜饲养等用工，可以以成活和保活头数定工分。（3）对剪毛、打草、挤奶等用工，可以按件计工或以产计工。（4）对修筑棚圈、打井等用工，一般应实行小段包工。（5）对其他临时用工，按照劳动定额，随时评工记分。

　　第五，关于奖罚制度规定：（1）基本核算单位对畜群生产组，应建立切实可行的奖罚制度，在执行中要坚持多奖少罚的原则。即一方面，要在包产指标上切实留有超产余地，使多数生产组经过努力能够得到奖励；另一方面，奖励比例要高于处罚比例。比如，奖励时，如果奖超产价值的50%的话，那么罚的时候，就罚减产价值的25%。而且减产受罚时，主要是罚因责任心不强而没有完成任务的；对责任心强，但遇上人力不可抗拒的灾害而没有完成任务的应该免罚。（2）所有超产部分的产品，全部归基本核算单位所有，由基本核算单位按规定的奖励标准，奖给超产的生产组。需要奖给个人的，由生产组评奖分给个人。基本核算单位应当从奖励部分中提出一部分，奖给从事其他生产劳动的好的社员和劳动好、工作好的大队、生产队干部。奖励时，一般应奖给劳动日，也可以奖给现金或实物。如成畜、仔畜超产时，可以奖少量的肉用牲畜；对没有自留畜或自留畜中没有乘、役、母畜的，也可以奖给乘、役、母畜；畜产品超产，一般可以超什么奖什么，也可以奖劳动日（不实行超多少奖多少）。减产后，一般只罚劳动日，不罚现金或实物。超产或减产实物的作价或折合劳动日的标准，在一个基本核算单位内，应当统一，并在定产时向社员宣布。一般来说，成畜超产，可按两岁牲畜作价；仔畜超产，可按当地群众公认的价格作价；畜产品超产，可按国家收购牌价作价。（3）对畜群生产组超产奖励部分的分配和减产受罚部分的分担，基本核算单位应当具体帮助解决分配和分担的办法，一般是由基本核算单位奖罚到组，组内按照奖罚项目和每个社员的劳动好坏，民主评议，协商分配和分担。①

---

①　内蒙古自治区党委批转农牧部：《牧区人民公社基本核算单位向畜群生产组推行定产、定工、超产奖励制度的试行办法（草案）》，载内蒙古自治区党委政策研究室、内蒙古自治区农业委员会编印《内蒙古畜牧业文献资料选编》第七卷，呼和浩特，1987年，第292—299页。

上述按劳分配原则和建立生产责任制，克服了平均主义，调动了广大牧民发展畜牧业生产的积极性，促进了畜牧业生产的发展。

第四节　内蒙古畜牧业生产的持续稳定发展及其意义

一　内蒙古牲畜数量稳定增长，质量快速提高

国民经济调整期间，内蒙古自治区党委和政府实施了各项有效的方针、政策以及措施，使内蒙古畜牧业得到了稳定、全面、高速的发展，全区牲畜均递增率提高到 8.4%。全区牲畜总头数 1962 年 32644000 头（只）（比 1957 年增加了 44%），1963 年 37051000 头（只），1964 年 39921000 头（只），1965 年 41762000 头（只），三年增长 27.7%。1965 年，全区大小牲畜总头数首次突破 40000000 头（只）大关，牲畜总增率达 19.6%，纯增率达 4.6%。其中 3 个盟、30 个旗的总增率达 20% 以上，2 个盟、20 个旗的纯增达 10% 以上，有 2 个旗牲畜头数超过 100 万头（只）。①

牲畜改良工作取得了新的进展，牲畜的质量也有显著提高。牲畜良种的引进和培育是从 20 世纪 50 年代开始的，到 1962 年，良种的改良种畜发展到 2182000 头（只），10 年增长了 4363 倍。到 1965 年 6 月末，良种及改良种牲畜发展到 3027000 头（只），三年增长 38.7%。其中良种牲畜由 1962 年 233700 头（只）增加到 294500 头（只），增长 26%。大牲畜增长幅度远远高于小牲畜，良种牛增长 30.5%，良种马增长 57.8%，良种绵羊增长 20.9%。改良种牲畜由 1962 年的 1948000 头（只）增长到 1965 年的 2732000 头（只），增长 40.2%。其中改良种牛

---

① 《全党全民团结一致，继续高举三面红旗，争取自治区社会主义建设的新高潮而奋斗——中国共产党内蒙古自治区委员会向第二届一次党代表大会的报告》（1963 年 3 月 20 日），内蒙古档案馆藏，资料号：11—17—16；王铎主编：《当代内蒙古简史》，当代中国出版社 1998 年版，第 195—196 页。

增长 65.2%，改良种马增长 91.8%，改良种绵羊增长 37.8%。[1]

内蒙古各地当中，呼伦贝尔盟畜牧业生产在连续五年稳定增长的基础上，1963 年又获得了大丰收。据统计，到畜牧业生产 1963 年度末（6 月 30 日），全盟大小牲畜已达 3898409 头（只），总增 912952 头（只），总增率 26.2%，纯增 41983 头（只），纯增率 11.8%，超过纯增原计划 67.9%。尤其是大牲畜有较突出的发展，全年总增 151673 头，总增 16.96%，超过原计划 54.1%，纯增 120626 头，纯增率达 13.5%，超过原计划 299.5%。同时质量也有了提高，全盟良种和改良种牲畜已达 531927 头（只），比 1962 年增加了 3.6%，占牲畜总数的 13.6%。[2]伊克昭盟牲畜总头数，由 1957 年的 3780000 头（只），发展到 1962 年的 5290000 头（只），增长了 40%。[3]锡林郭勒盟的牲畜也保持持续、稳定的状态（见表 4—2）。

表 4—2　　　　　　　1957—1965 年锡林郭勒盟牲畜头数　　　　单位：头（只）

年份	大牲畜	小牲畜	合计
1957	794065	2640626	3434691
1958	809615	2811068	3620683
1959	905567	3448343	4353910
1960	962416	3477067	4439483
1961	1045337	3674321	4719658
1962	1026011	3989568	5017579
1963	1168384	4597078	5765462
1964	1281256	5029924	6311180
1965	1425428	5724911	7150339

资料来源：内蒙古自治区统计局《农牧业生产统计资料（1947—1978）》第三册，第 308—309 页。

---

[1]　王铎主编：《当代内蒙古简史》，当代中国出版社 1998 年版，第 195 页。

[2]　中共呼伦贝尔盟委员会：《呼盟党委向内蒙古党委的报告》（1963 年 12 月 26 日），内蒙古档案馆藏，资料号：11—17—218；中共呼伦贝尔盟委员会：《关于一九六三年度畜牧业生产增产经验的报告》（1963 年 8 月 21 日），内蒙古档案馆藏，资料号：11—17—243。

[3]　《总结经验教训，贯彻生产方针，为更好地发展生产而奋斗——伊克昭盟第一书记暴彦巴图》（1963 年 3 月），内蒙古档案馆藏，资料号：11—17—64。

二 内蒙古畜牧业发展的意义

首先，内蒙古畜产品产量和商品量大幅增长，支援了国家建设。1965年，全区畜产品生产情况是：肉类总产量197800吨。其中，牛肉3300吨，羊肉79700吨；鲜奶99900吨，鲜蛋36400吨，毛绒22100吨，各类皮张6947800张。[1] 1965年，全区畜牧业产值达到24.92亿元，比1957年增长61.88%，平均年递增6.22%。畜牧业产值在农业总产值中的比重达到31.66%，比1957年增加5.70%。[2] 1958—1965年，内蒙古自治区向国家提供各类商品牲畜17604800头（只），耕畜1154900头（只），鲜蛋61600吨，毛绒130000吨，各类皮张44581100张。[3] 在国民经济调整期间，内蒙古每年都往区外调出大量耕畜，支援了全国10个兄弟省份的农业生产（见表4—3）。这不仅支援了国家建设，同时也对因"大跃进"所造成的市场供应紧张、群众缺粮、肉食消费量下降的局面，起到了一定的缓解作用。

表4—3　　　　　　　内蒙古自治区牲畜收购、上调情况统计数
（1962年11月16日）

年份	收购总数[头（只）]	其中［头（只）］			占牲畜总数（%）	上调中央及直接出口[头（只）]	占收购总数（%）
		耕畜	菜牛	羊			
1952	414827	23564	66316	324847	2.7	291000	69.3
1953	683282	66334	99782	517186	3.6	463000	69.1
1954	1436475	48338	289271	1098976	6.5	561000	38.9
1955	1230158	40539	250342	939277	5.4	808000	65.7
1956	2344140	37043	496029	1811068	9.7	1969000	83.4
1957	1285617	42653	337681	905283	5.7	883000	68.9
1958	1404445	142421	186176	1075848	5.8	588000	42.0

---

① 内蒙古自治区畜牧厅修志编史委员会编：《内蒙古自治区志：畜牧志》，内蒙古人民出版社1999年版，第98页。

② 同上。

③ 同上。

续表

年份	收购总数 [头(只)]	其中 [头(只)]			占牲畜总数 (%)	上调中央及直接出口 [头(只)]	占收购总数 (%)
		耕畜	菜牛	羊			
1959	2023936	146715	117068	1760153	7.2	942000	46.6
1960	2375419	151969	87027	2136423	7.9	862000	36.2
1961	2236154	98187	98603	2039355	7.3	665000	29.7

注: 表中所列数据是国营商业收购数字, 不包括自由出卖和流出区外的数字, 如包括在内其比例更高一些。据内蒙古畜牧厅统计, 1956 年为 12.4%, 1957 年为 9%, 1958 年为 6.6%, 1959 年为 7.5%, 1960 年为 8.6%, 1961 年为 8.4%。收购数占牲畜头数的百分比是按全区牲畜算的, 具体到牧区, 其比例更高一些。

资料来源:《经民委向中央书记处汇报的有关牧区人民公社的几个数字》(1962 年 11 月 16 日), 内蒙古档案馆藏, 资料号: 11—16—377。

其次, 畜牧业的总体发展规模有了较大程度的扩大, 生产发展水平有了较大幅度的提高。1965 年, 全区畜牧业产值达到 4.37 亿元 (1957 年不变价), 比 1956 年的 2.45 亿元增长 78.37%, 牲畜 4000 万头 (只), 其中大牲畜和羊的繁殖母畜 1800 万头 (只) 以上, 比重达到 43.60%, 具备了相当规模的外延扩大再生产能力。同年, 良种、改良种牲畜超过 300 万头 (只), 在牲畜总头数中的比重虽然尚低, 但是为以后的扩大再生产奠定了初步基础。1965 年, 畜牧业基本建设投资完成额达到 730 万元, 比 1956 年增长 12.85 倍; 同年, 畜牧事业费投资完成额从 1956 年的 420 万元增加到 1066.6 万元, 增长 153.95%。[①]

最后, 畜牧业的发展有效地提高了人民生活水平。1965 年, 牧民人均拥有牲畜头数从 1958 年的 27.1 头 (只) 增加到 37.7 头 (只), 增长 39.11%。同期, 牧民人均纯收入从 66.7 元增加到 116 元, 增幅为 73.91%。[②] 同时, 1960—1963 年, 内蒙古牧区接受了上海、浙江、安徽等地的孤儿 3000 人。[③]

---

① 内蒙古自治区畜牧业厅修志编史委员会编著:《内蒙古畜牧业发展史》, 内蒙古人民出版社 2000 年版, 第 186 页。
② 同上书, 第 186—187 页。
③ 参见郝玉峰《乌兰夫与三千孤儿》, 内蒙古乌兰夫研究会, 1997 年。

小　结

随着《中共中央关于在农村建立人民公社问题的决议》发布，全国性的人民公社化运动的展开，内蒙古牧区人民公社化运动也拉开了序幕，并很快掀起了声势浩大的牧区人民公社化运动的高潮。《内蒙古党委关于实现人民公社化的初步规划的决议》中，内蒙古自治区党委决定1958年不建设牧区人民公社。

但是，实际上内蒙古牧区人民公社化迅速发展，短短的几个月内实现了牧区人民公社化。其背景与要因：其一，是"鼓足干劲，力争上游，多快好省地建设社会主义"总路线指导下的全国农业地区掀起了人民公社化的高潮。其二，少数民族广大干部和群众强烈希望在经济和文化上也能迅速地改变落后状态。其三，是执行"多、快、好、省"的路线，还是执行"少、慢、差、费"的路线在政治上和思想上的强大压力。

内蒙古牧区人民公社的第一个特点，是母畜计头数入社，劳动力、牲畜按比例分益和"苏鲁克"等办法，牲畜折股或评分入社，牲畜股报酬按劳动力、牲畜的比例分益等独特的组织方法和收益分配办法。第二个特点，是自留畜的比例高于农区的自留地。

内蒙古牧区人民公社化运动中，出现了平均主义、"共产风"问题和公社供给制、"瞎指挥"风、强迫命令、"一平二调"等问题。国民经济调整期间，内蒙古自治区党委采取了积极的步骤，以纠正"左"倾错误。内蒙古党委颁发《关于牧区人民公社若干问题的指示》等文件，迈开了纠正牧区人民公社化工作中"左"倾错误的第一步。

内蒙古自治区党委第十二次全体委员（扩大）会议通过了《内蒙古党委关于牧区人民公社当前政策问题的若干规定》，关于牧区人民公社体制调整，做出了"三级所有，队为基础，是现阶段牧区人民公社的根本制度"等具体规定，明确规定了牧区人民公社所有制方面的一系列政策问题。在《内蒙古党委关于牧区人民公社规模和体制的调整方案（草案）》和《内蒙古自治区牧区人民公社工作条例（修正草案）》中，对内蒙古牧区人民公社的体制与规模等做出了详细、具体的调整。同时，执行按劳分配原则和建立生产责任制。

内蒙古自治区党委和政府实施了各项有效的方针、政策以及措施，基本上解决了人民公社化中出现的诸多问题，使内蒙古畜牧业得到了稳定、全面、高速发展，不仅使广大牧民的生活水平有了提高，同时也支援了国家建设，援助了其他省区。

第五章　内蒙古牧区抗灾保畜工作：以 1962 年为例

内蒙古牧区地处北方高原，旱、雪等自然灾害频繁，抗灾保畜是内蒙古牧区畜牧业生产中长期以来的一个重要课题。20 世纪后半期，内蒙古是旱灾、涝灾、风沙灾、雨灾、雪灾、冰雹灾、霜冻灾、虫灾等自然灾害多发地区。以旱灾为例，据统计，1949—1987 年的 39 年间，17 年发生了旱灾，其中 11 年较为严重。① 内蒙古牧区的主要自然灾害是雪灾（白灾）和旱灾（黑灾）。1962 年初期和后半期，内蒙古牧区分别发生了严重的雪灾和旱灾。在内蒙古各级党委和政府的领导下，内蒙古牧区人民根据各地灾情，因地制宜地进行了抗灾保畜工作，战胜了自然灾害，使畜牧业生产得到持续稳定的发展，为国家建设做出了贡献。

本章主要利用内蒙古档案馆所藏相关档案史料，对 1962 年内蒙古牧区抗灾保畜进行探讨。具体来说，详细分析了内蒙古牧区自然灾害灾情实况、特点及其影响；考察了内蒙古牧区抗灾保畜方针、措施及其实施；总结了内蒙古牧区抗灾保畜的成就及其意义，以期弥补这一领域研究的空白。②

---

① 内蒙古自治区人民政府参事室编印：《内蒙古历代自然灾害史料〈续〉》，1988 年，第 3 页。

② 迄今为止，关于内蒙古牧区自然灾害的专门论述甚少，只有 2 个：于永《内蒙古牧区雪灾的特点与抗灾的思考》，《内蒙古师范大学学报》（哲学社会科学版）2004 年第 33 卷第 4 期；乌兰巴特尔、刘寿东《内蒙古主要畜牧气象灾害减灾对策研究》，《自然灾害学报》第 13 卷第 6 期。

第一节　内蒙古牧区自然灾害灾情
及其影响

1962 年初，内蒙古牧区雪灾灾情相当严重。据统计，1962 年 1—2 月已有 18 个旗县受灾，其中受灾最严重的是锡林郭勒盟的镶黄旗、正镶白旗、太仆寺旗、苏尼特右旗，乌兰察布盟的达茂旗、四子王旗，巴彦淖尔盟的乌拉特中后旗等 7 个旗。受灾牲畜达 560 万头（只），其中锡林郭勒盟受雪灾的牲畜达 118 万头（只）。[①]

上述受灾地区，积雪一般在 6—7 寸，深处达 1—2 尺，个别地方超过 3 尺。严重的雪灾，给牧区牧民的生产和生活带来了极大的影响。

第一，因牧场完全被雪埋没，牲畜普遍没有草吃，约有 180 万（只）牲畜不能出牧。其结果，畜体日渐瘦弱，畜膘比 1961 年入冬时下降一至两成，平均为七至八成，灾情严重地区牲畜的膘情仅为五至七成。三类膘牲畜数量，除去已经处理的老残病畜 98 万头（只）以外，还有 243.6 万头（只），占年初牲畜总数的 8% 左右，其中灾区占 30%—40%。

第二，更为严重的是，不少牲畜因降膘而导致孕畜流产，仔畜成活率降低，低于 1961 年同期 1.9%，并造成牲畜大量死亡，损失成畜达 28 万头（只）。

第三，与此同时，交通被堵塞，运输已中断，牧民的生活物资和生产物资运不进去。牧民口粮、生活习惯上必需的砖茶、生烟等供应发生困难；医疗用品供应不足，疾病开始发生。[②]

---

① 中共内蒙古自治区委员会、内蒙古自治区人民委员会：《关于牧区雪灾情况的报告》（1962 年 2 月 19 日），内蒙古档案馆藏，资料号：11—16—196；朋斯克、宝彦、高万宝扎布：《关于锡盟当前抗灾保畜情况和所采取措施的报告》（1962 年 1 月 5 日），内蒙古档案馆藏，资料号：11—16—397。

② 中共内蒙古自治区委员会、内蒙古自治区人民委员会：《关于牧区雪灾情况的报告》（1962 年 2 月 19 日），内蒙古档案馆藏，资料号：11—16—196；内蒙古自治区党委：《必须千方百计战胜灾害，争取畜牧业增产，保证农业的丰收》（1962 年 1 月 27 日），内蒙古档案馆藏，资料号：11—16—196；内蒙古自治区畜牧厅党组：《关于当前抗灾保畜工作的报告》（1962 年 1 月 10 日），内蒙古档案馆藏，资料号：11—16—397。

以乌兰察布盟为实例，1962 年初普降 4 次中雪和大雪，部分地区连续降雪 8 次，降雪面积广，雪后风小，形成严重的"坐冬雪"，再加上 1961 年旱灾影响草长得不好，一般只长 3 寸左右，牧区备草减少一半。所以，牲畜不能出场放牧，或虽出场放牧而牲畜采食很少，灾情比较严重，全盟大小牲畜 400 万头（只），均有程度不同的灾情。具体灾情大体可分为如下四类。

第一类，特重灾区。主要是四子王旗和达茂联合旗，约有 53 万头（只）牲畜濒于危境，约占牲畜总数的 15%，绝大部分不能畜群放牧，即便畜群放牧，牲畜仅能吃到一至三成饱，储备的草料严重不足。

第二类，重灾区。主要是北部 5 个旗县以及和林县、清水河县、托克托县、察右前旗等部分地区，约有 50 万头（只）左右牲畜，占总牲畜总数的 13%。畜群放牧，牲畜能吃到三至四成饱，草料基本用完。

第三类，轻灾区。主要是武川县、察右中旗、察右后旗、托克托县、丰镇等地，约有 130 万头（只）牲畜，占牲畜总数的 33%。畜群放牧，牲畜能吃半饱，储存饲料最多维持 2 个月。

第四类，一般灾区。主要是集宁市、凉城县、兴和县、察右前旗等地，约有 159 万头（只）牲畜，占牲畜的 39%。畜群放牧，牲畜能吃六至七成饱，储备的草料每头牲畜 200—300 斤，可以维持到第二年的 4 月。[①]

由于雪大灾重，草料严重不足，乌兰察布盟牲畜出现了以下几种情况：

（1）牲畜掉膘。大小牲畜膘情在七至八成的占 30% 左右，六至七成的占 50% 左右，五成的占 20% 左右。[②]

（2）母畜流产多，仔畜成活率低。全盟大小牲畜怀胎母产仔畜 10 万多头（只），平均成活率 88.5%。其中，大牲畜仔畜成活率 92.4%，最低的是集宁市，仅 30.5%；小牲畜成活率 88.2%，最低的是武川县，为 56.9%。[③]以四子王旗为实例，全旗仔畜成活率不高。据 1962 年 4 月 17 日统计，大牲畜共产仔 3650 头（只），成活 3157 头（只），成活率 86.5%。小牲畜产仔 248517 头（只），成活 154512 头（只），成活率

① 中共乌兰察布盟委员会：《乌盟盟委关于畜牧业灾情和当前抗灾保畜工作的情况报告（摘要）》（1962 年 1 月 24 日），内蒙古档案馆藏，资料号：11—16—196。
② 同上。
③ 同上。

62.2%。流产母畜也不少，据4月17日统计，大牲畜流产1418头（只），占年初怀胎母畜26278头的5.4%；小牲畜流产29645头（只），占年初受胎母畜335508头（只）的8.8%。①

（3）畜疾不断发生。比较严重的有牛羊脱毛症、牛羊破蹄、羊痘、羊脑包虫、马鼻窦等十余种，约有520000头（只）牲畜患有各种疾病，占牲畜的13%多。

（4）成畜死亡。降雪以后至1962年1月，全盟死亡牲畜有32000多头（只），其中北部5个旗县死亡牲畜即达30000多头（只）。②，至1962年4月17日，四子王旗共死亡大小牲畜104256头（只），占年初牲畜总数的10.1%。其中大牲畜死亡7748头（只），占年初总数的7.3%；小牲畜死亡96508头（只），占年初总数的10.4%。各公社与公社之间牲畜死亡也不一样。牲畜死亡最严重的是查干布力公社，死亡大小牲畜17298头（只），占年初总数的25.3%。其中大牲畜死亡450头，占年初总数的10.9%；小牲畜死亡16848头（只），占年初总数的26.2%。牲畜死亡较少的是敖木根公社，共死亡大小牲畜2321头（只），占年初总数84242头（只）的2.73%。其中大牲畜死亡125头，占年初总数的0.96%；小牲畜死亡2196只，占年初总数的3.14%。③

继1962年初的雪灾之后，春天至6月，内蒙古牧区旱灾严重，受灾地区达16个旗县，其中重灾区牲畜有3000000头（只）。④ 1962年入冬之后，内蒙古牧区普遍少雪或无雪，形成大面积冬旱。同年12月底，内蒙古全区21个牧业旗中12个旗受旱灾威胁，受旱地区牲畜约有5960000头（只），受重灾的牲畜2110000头（只）。⑤

---

① 《赵会山关于四子王旗畜牧业生产情况报告》（1962年4月24日），内蒙古档案馆藏，资料号：11—16—371。

② 中共乌兰察布盟委员会：《乌盟盟委关于畜牧业灾情和当前抗灾保畜工作的情况报告（摘要）》（1962年1月24日），内蒙古档案馆藏，资料号：11—16—196。

③ 《赵会山关于四子王旗畜牧业生产情况报告》（1962年4月24日），内蒙古档案馆藏，资料号：11—16—371。

④ 内蒙古自治区党委、内蒙古自治区人民委员会：《关于大力开展抗旱防灾斗争的紧急通知》（1962年6月19日），内蒙古档案馆藏，资料号：11—16—18。

⑤ 内蒙古自治区畜牧厅：《关于当前牧区旱灾情况的报告》（1962年12月24日），内蒙古档案馆藏，资料号：11—16—196；内蒙古自治区党委、内蒙古自治区人民委员会：《关于牧区冬旱情况的报告》（1962年12月28日），内蒙古档案馆藏，资料号：11—16—196。

其中，巴彦淖尔盟自夏秋以来旱情严重，有些地区几乎一年没有长起青草，放牧困难，受灾牲畜达 170 万头（只），牲畜的放牧场经过调剂以后，仍有 76000 头（只）牲畜的冬场和 73.8 万头（只）牲畜的春场，无法安排；锡林郭勒盟受灾牲畜约 370 万头（只），其中旱情较严重的地区有 140 万头（只），至 12 月底仍在夏秋营地放牧，不能按时进入冬营地放牧；呼伦贝尔盟牧业四旗 11 月下旬开始形成黑灾，全部牲畜 [约 198.6万头（只）]，至 12 月底仍未进入冬营地，其中新巴尔虎左旗、新巴尔虎右旗较为严重，畜群一般 2—3 天饮水一次，有的牧场距饮水点 25—30 里左右；阿拉善盟阿拉善右旗移入甘肃省境内放牧的牲畜有 68000 头（只），该旗约有 80% 的牲畜没有春场。①

牧区冬旱给牲畜过冬带来了严重困难：（1）尤其是畜群饮水困难，致使成畜膘情普遍下降，牲畜膘情仅七成左右，弱畜不断增多。（2）牲畜配种进度缓慢，至 12 月底牧区小牲畜配种才达到 70%，往年基本结束配种。（3）牲畜疾病也有抬头，呼伦贝尔盟新巴尔虎左旗受灾牲畜的 15%—20% 出现了跛行症，有的地方出现母畜缺水掉膘流产。②

第二节　内蒙古牧区抗灾保畜工作 及其意义

一　内蒙古牧区抗雪灾保牲畜措施的实施

为了战胜 1962 年初的雪灾，内蒙古自治区党委和政府根据具体灾情，积极部署了诸多有效的方针政策和措施。

首先，1962 年 1 月 10 日，内蒙古自治区党委、人委发出"加强抗灾保畜，夺取牧业丰收"的紧急号召，同时内蒙古自治区党委召开以抗灾保

---

① 内蒙古自治区畜牧厅：《关于当前牧区旱灾情况的报告》（1962 年 12 月 24 日），内蒙古档案馆藏，资料号：11—16—196；内蒙古自治区党委、内蒙古自治区人民委员会：《关于牧区冬旱情况的报告》（1962 年 12 月 28 日），内蒙古档案馆藏，资料号：11—16—196。

② 同上。

畜为中心的电话会议，加强了对各地抗灾保畜工作的领导。①

其次，为战胜灾害，争取畜牧业增产，1962 年 1 月 27 日内蒙古自治区党委发出指示，要求各地：（1）充分发动群众，坚决依靠群众做好抗灾保畜工作。既要看到抗灾保畜工作的艰巨性，从最坏处做准备，又要看到有利条件。在畜牧业的政策、措施上多想办法调动群众的积极性。凡有利于生产，自愿互利，能兼顾集体、个人利益的办法，如"集体放牧，分户饲养，合理分益"，"包养弱畜，比例分成"，"给予牧工合理补贴"等，各地均可以因地制宜，加以采用。（2）灾区要特别注意保护母畜、种公畜和耕畜，必须保证这些牲畜必不可少的饲料供应。（3）各级党组织都要执行有一个书记专管畜牧业的规定，在牧区要保证有 80% 以上的劳动力充实畜牧业抗灾保畜工作；坚持检查巡视制度，发现问题及时加以解决；各整风整社工作队，都要把检查帮助搞好畜牧业生产作为一项任务来执行。（4）各级党委和所有农村牧区干部，在思想认识上必须把大办畜牧业作为执行中央大办农业、大办粮食方针的一个有机组成部分来看待，要大办农业，就必须大办畜牧业。在内蒙古畜牧业灾情较重的情况下，要把畜牧业着重搞好。②

再次，针对雪灾，1962 年 2 月 19 日内蒙古自治区党委和政府采取了具体的抗灾保畜措施，主要内容归纳为以下几个方面：其一，把牧区抗灾、保人、保畜工作作为压倒一切的中心任务，动员和集中一切力量，进行抗灾、保人、保畜；从自治区到受灾的各个旗县，普遍成立了抗灾机构，指定专人负责；各地各级先后召开了抗灾的各种会议；组织了大批干部，由党政负责人带队，深入生产第一线，指导与协助当地的抗灾工作，同时进行慰问；使牧区参加抗灾保畜的劳动力达到牧区总劳动力的 90% 以上。其二，广泛深入地发动群众，推行包产到群，实行分群放牧、分户饲养等各种调动群众集体生产积极性的办法，掀起了抗灾保畜群众运动；在有条件的地方，组织了破雪放牧，解决了 276000 头（只）牲畜的放牧草场问题。其三，在物资措施方面，各地自力更生，积极设法解决。例如，呼伦贝尔盟的抗灾保畜物资，基本上自行解决；锡林郭勒盟已经下拨饲料

① 内蒙古自治区畜牧厅党组：《关于当前抗灾保畜工作的报告》（1962 年 1 月 10 日），内蒙古档案馆藏，资料号：11—16—397。
② 内蒙古自治区党委：《必须千方百计战胜灾害，争取畜牧业增产，保证农业的丰收》（1962 年 1 月 27 日），内蒙古档案馆藏，资料号：11—16—196。

900000 斤、麻油 48000 斤；乌兰察布盟已经解决饲料 256 万斤、木材 3000 立方米、麻油 35000 斤和一部分电池；包头市已经解决红糖 2000 斤、煤油 15000 斤、电池 500 打、火柴 1000 包。除此以外，自治区一级动员各行各业支援灾区，共拨给灾区汽油 84 吨，柴油 45 吨，煤油 15 吨，饲料 1500000 斤，汽车 44 辆，抗灾经费 610000 元，以及其他照明、打搂草工具、医药、机油等必需品物资，空投了小米 1800 公斤，急救重灾区的群众。其四，除了及时掌握灾情变化情况外，依靠群众，克服困难，使重灾变轻灾，使大灾变小灾，在力争少死牲畜等方面做了最大努力。①

与此同时，内蒙古畜牧厅对抗灾保畜工作的艰巨性，做了几点具体估计与分析：（1）1961 年内蒙古自治区大部分地区春夏受旱，1962 年冬天连续降雪，特别是灾区的畜膘不好，并持续下降，瘦弱牲畜逐渐增加，即三类膘牲畜比重逐日增加。风雪再袭的可能性很大，如不充分估计，提前做好准备，将给工作带来许多新的困难。（2）饲草不足。据各盟市统计，全区共储备饲草 75 亿斤，比 1961 年储草总数 91 亿斤少 16 亿斤。除呼伦贝尔盟、哲里木盟以外，其他各盟市都有不同程度的缺草现象。据初步统计，内蒙古全区缺草 20 多亿斤。（3）牲畜疾病逐渐抬头。除原有的内外寄生虫、山羊痘等病畜约 60 万头（只）外，雪灾地区还发生小牲畜口炎、蹄伤、脱尾等疾病，仅乌兰察布盟牧区即有口炎病牲畜 7 万只。（4）部分抗灾保畜物资尚未得到解决，特别是急需运输用的汽油和汽车。灾区普遍降雪，生产资料、生活资料还没有调运好。如锡林郭勒盟正蓝旗全旗粮食、饲料只有 30 万斤，情况严重，其他如防寒取暖物品、日用品、兽医药械等急需调运和解决。②

在此基础上，内蒙古畜牧厅要求各地继续深入调查研究，及时掌握、分析情况，采取有效措施，切实做好抗灾保畜工作；特别要进一步解决抗灾保畜的物资，交通部门和商业部门立即研究解决各地提出的运输用汽油 75.5 吨、汽车 45 辆，以适应突击运输粮食、饲料和各种抗灾保畜物资与对流商品的需要；继续加强勘察规划，实行移场、破雪放牧，大抓草料的

① 内蒙古自治区畜牧厅党组：《关于当前抗灾保畜工作的报告》（1962 年 1 月 10 日），内蒙古档案馆藏，资料号：11—16—397；内蒙古自治区委员会、内蒙古自治区人民委员会：《关于牧区雪灾情况的报告》（1962 年 2 月 19 日），内蒙古档案馆藏，资料号：11—16—196。

② 内蒙古自治区委员会、内蒙古自治区人民委员会：《关于牧区雪灾情况的报告》（1962 年 2 月 19 日），内蒙古档案馆藏，资料号：11—16—196。

合理调剂，计划节约使用，以保证抗灾保畜工作的顺利完成。[①]

在内蒙古自治区党委、政府以及内蒙古畜牧厅的领导下，呼伦贝尔盟、锡林郭勒盟、巴彦淖尔盟等均成立了抗灾保畜（过冬过春）指挥部，并召开电话会议，通过各种形式的会议传达贯彻、指定专人专职领导抗灾保畜工作，并在人力、物力和措施上做了具体安排。

例如，巴彦淖尔盟连续三次召开电话会议，并召开牧业旗、市长会议，进一步安排抗灾保畜工作；伊克昭盟召开各旗畜牧局站长会议，并组成检查团、工作组，深入各地，自下而上地开展群众性的畜牧业生产大检查；乌兰察布盟从各地抽调3000多名干部，深入重点地区，分片包干，负责到底。全盟投入畜牧业生产的劳动力，从1961年12月中旬的7.2万人增加到1962年的9万人，占全盟农村牧区劳动力总数的19%；锡林郭勒盟组织专门工作组，分赴灾区协助工作以外，还在赛罕塔拉设立西部牧区抗灾保畜指挥部，以加强抗灾保畜工作的领导。[②]

二　内蒙古牧区抗雪灾保牲畜事例

1. 锡林郭勒盟抗灾保畜事例

为克服1962年初雪灾，锡林郭勒盟以抗灾保畜为压倒一切的中心任务，开展了抗灾保畜为中心的增产节约运动，采取了如下各项具体措施。

首先，自下而上的发动群众，分析与估计灾情，总结经验，因地制宜地提出具体可行的措施，调动一切积极因素，具体安排落实抗灾保畜工作。具体在抗灾保畜工作中，重点抓两点：保畜保胎，最大限度地减少死亡，提高保畜率；做好接羔、保羔工作，多生、多活、少死，提高繁殖成活率。为此，在经营饲养和放牧管理方面，即改大群为小群，跟人放牧，牲畜分类排队，确定专人负责放牧，牛羊在同一牧场放牧，搞好牛的卧盘，搞好保暖设备，对老弱畜适时进行补喂草料；在接羔保羔准备方面，保护冬春营地，保护井筒，提前准备补奶物品，搞好接羔棚圈，训练好接羔人员等工作；在解决饲草方面，合理调剂草场、使用草场，节约饲草，

---

① 内蒙古自治区畜牧厅党组：《关于当前抗灾保畜工作的报告》（1962年1月10日），内蒙古档案馆藏，资料号：11—16—397。

② 同上。

定人保管，定量定时供给，搂草或买草；解决牲畜饮水问题，主要是合理利用现有水井，提高利用率；打新井，修旧井；在劳动力安排方面，把80%的劳动力用在畜牧业上。

其次，加强牧工队伍，把劳动力直接安排到畜群，并从其他国营农牧场、机关、团体等单位抽调劳动力，支援抗灾保畜，尽量使劳动力适应抗灾保畜工作。并大力抓好民间运输力量的恢复与配套工作，以保证抗灾保畜必要物资的运输。

再次，对物资缺乏问题，发扬互助互济的协作精神，商业部门、农牧场、社队和其他有关单位普遍开展清查仓库运动，并提倡使用代用品加以解决。必须由国家供应的积极组织货源，做好供应工作。已经储备的饲草要做好安排，由于储草不足，尽可能采取放牧办法，储草主要留待接羔保育时再用。

最后，加强党对抗灾保畜工作的领导，除各级党委加强"抗灾保畜指挥部"外，提倡群众路线和实事求是。由盟一级抽调50%的盟委常委和局、处、科级主要干部，深入群众和社队，加强对抗灾保畜工作的领导。盟级党政军联合组织了灾区慰问团，到镶黄旗、苏尼特右旗、苏尼特左旗、阿巴嘎旗、正蓝旗、多伦 6 个旗县，深入社队进行慰问，并发放救济物资皮衣 2700 件，棉布 18946 公尺和救济款 10 万元，开展以生产自救为中心的群众性增产节约运动和积极安排人民生活。[1]

另外，锡林郭勒盟对农业生产队的生活救济。1961 年锡林郭勒盟牧区社队举办的饲料基地，普遍遭受了比较严重的自然灾害，农业歉收，收入减少。据统计，全盟 92 个社队农场中，困难队 70 个，占 77%，共计 2120户、10146 人。有几个旗的雪灾很重，副业生产门路大为减少，在生活方面存在着许多困难。主要的问题是：其一，吃饭问题很难得到解决。由于自己生产粮食不多，需要购买口粮。1961 年，牧区农业社队虽然做了分配，大部分劳动力每日只能分到 1—2 角或几分钱，甚至有不少的农业队结算了但无钱可分。例如，西乌珠穆沁旗在 20 个农业分配单位中，分空的有 4 个，分 9 分钱的有 5 个，分 1—2 角的有 6 个。其他旗也均有类似情

---

① 朋斯克、宝彦、高万宝扎布：《关于锡盟当前抗灾保畜情况和所采取措施的报告》（1962 年 1 月 5 日），内蒙古档案馆藏，资料号：11—16—397；中共锡林郭勒盟委员会：《关于畜牧业生产当前情况和今后意见的报告》（1962 年 1 月 8 日），内蒙古档案馆藏，资料号：11—16—399。

况。阿巴嘎旗那仁宝力格公社农场每人全年平均收入为 40.29 元（每月平均 3.36 元），可是每月需要饭钱 6—12 元，只能借支或赊买。其二，社员居住条件不好，穿衣困难。据阿巴嘎旗汇报，很多农工住在简易房，甚至有些旗的农工还住在地窖里。穿衣方面，在冬季有 4%—5% 的人没有穿上棉衣。其三，因生活条件不好，农工、家属患病者多，患病后没有钱治疗，社队医疗所只能先给治病，计农工一笔欠款。[①]

对这些困难户的生活困难问题，中共锡林郭勒盟委采取了许多自救的具体措施，并解决了不少实际困难。但是依靠自力更生解决全部问题还有困难。在这种情况下，不采取一些其他方法，势必影响牧民的生活和生产。为此，请求内蒙古自治区在可能的情况下，批拨生活经费 30 万元，其使用具体如下：安排农工吃饭 22920 元，接收受灾人口每月补助 4 元（实际需要每人每月 6—12 元）；农工穿衣安排 16233 元，受灾人口按国家发给补票标准（每人 5 尺）进行救济；修补、兴建农工宿舍 63600 元，困难队房屋拆修 10%；救济个别困难户和农工医疗费 17000 元。[②]

2. 乌兰察布盟抗灾保畜事例

为战胜 1962 年初雪灾，保护牲畜，乌兰察布盟委抽调和组织大批干部，深入农村牧区进行抗灾保畜工作，盟和旗县都成立了"抗灾保畜指挥部"，并先后向内蒙古自治区党委做了专题报告，得到了自治区党委的大力支持。各地在抗灾保畜中，采取了不少行之有效的措施和办法，概括起来主要有以下几个方面。

首先，加强领导，集中力量，统一指挥。各级党委成立了"抗灾保畜指挥部"，形成了强有力的核心，全盟投入牧业生产战线的干部有 5000 人，由牧业书记带领，深入生产第一线，参加生产、领导生产，帮助基层干部贯彻政策，使投入畜牧业生产的劳动力达 80% 以上。并深入发动群众，坚决依靠群众，总结抗灾保畜经验。引导群众，既要充分认识到畜牧业灾情的严重性和抗灾保畜工作的艰巨性，又要看到克服困难的有利形势和条件。同时，各地采用土洋结合的办法，组织兽医人员和民间"土专家"广泛进行医疗防疫活动，预防为主、防治结合，防止疾病的蔓延、复

---

① 中共锡林郭勒盟委：《关于给牧区农业队批拨部分生活救济的请示》（1962 年 2 月 22 日），内蒙古档案馆藏，资料号：11—16—208。

② 同上。

发和新病的产生。

　　其次，发动群众，自力更生，解决实际困难，特别是解决牲畜吃草问题。各地采取的主要办法有：（1）采取以炭换草，以老弱牲畜换草和现金购买草等办法，挖掘社员饲草潜力，集中用于保畜方面。（2）大搞破雪放牧，使牲畜吃上草、多吃草。如达茂旗因地制宜，把拖拉机等破雪工具都用起来，提出了"向雪地要草，向雪地要牲畜"的口号，组织了劳动力，展开了破雪工作。如一组马拉犁破雪一天，可解决 200—300 只羊的放牧场。（3）有领导、有计划地进行倒场放牧。例如，仅达茂旗南部牧区已经组织 9 万头（只）牲畜倒场放牧。该旗查干敖包公社 70% 的牛和一部分马、羊倒场之后，采食量由原来的二成增加到五成。（4）按畜分类排队，以畜定草，加强管理，节约用草。对基础母畜、役畜、优良种畜要偏草偏料。在出牧时按牲畜强弱分群，跟人放牧，大小牲畜混群放牧，大牲畜为小牲畜开路踩草。破雪放牧时，先牛后羊；轻灾区利用牲畜本能的自然破雪，合理安排马群、牛群、羊群的放牧次序，先马后牛而后羊，实行出去破雪，回来带草的办法。（5）增加营养，提高热量。利用骨髓汤、茶水、灌胡麻油等办法喂牲畜，以增补营养，提高热量，用小米糊糊喂养羊羔，以解决缺奶问题。

　　再次，以四防（防风雪、防狼害、防疾病、防火灾）、四保（保膘、保胎、保成活、保幼畜）为内容，以争取最大限度地提高繁殖成活率和成畜保育率为目的，采取了几项具体措施：（1）进一步改善饲养管理，对孕畜、幼畜、老畜、弱畜、种畜、役畜六种牲畜，给予大力保护和优饲，适时进行补草补料。（2）由于 1961 年春夏两季干旱，饲草普遍不足，发动群众，依靠群众，自力更生求得解决，除了社队之间进行余缺调剂外，全盟已搂草 15000 多万斤，能解决部分生产队缺草困难。（3）接羔保育工作，进一步明确畜群管理，放牧员、保育员的责任制和劳动报酬，接羔保育所需物品、药品及时发放到位。（4）加强畜疾防治工作，结合开展冬季副业生产，开展打狼护畜运动。（5）搞好棚圈建设和天气预报预测工作，防止风雪灾害侵袭。保护牧场，防止火灾的损失。（6）结合抗灾保畜工作，及时做好移春场的各项工作和发展饲料基地的各项准备工作。

　　最后，认真贯彻畜牧业政策，在抗灾中按照自愿互利、集体和社员个人利益兼顾的原则，采取集体和社员分户饲养两种办法，以调动积极性，加强和改善家畜的饲养管理。全盟采取集体管理、分户包养、伴养、评工记分，比例分成等办法，饲养的牲畜有 40 万头（只）。①

三　内蒙古牧区针对旱灾的抗灾保畜措施

为克服 1962 年入春以后的内蒙古牧区旱灾，内蒙古自治区党委、内蒙古自治区人民委员会发出《关于大力开展抗旱防灾斗争的紧急通知》，要求：牧区干旱严重的地方，要切实加强抗旱的领导，各级党政负责人员要深入抗旱第一线，自主发动群众开展抗旱；能移场、倒场放牧的，组织移场、倒场放牧，能掏泉、打井的，尽量开辟水源抗灾；防止牲畜疾病的发生，已发生的地区要及时治疗，防止蔓延。②

同时，各地组织各行各业支援畜牧业生产，安排与解决抗灾物资，自治区拨抗灾费用 90.4 万元，救济费和无息贷款 84.5 万元。自治区政府调往牧区 2000 万斤饲料、10 万斤植物油和 30 吨汽油，以及其他防寒用品和防疫药械。并加强运输能力，把过冬所需的物资（包括饲草料、防寒用品、防疫药械以及其他生活必需品）运到牧区基层供应点。③

内蒙古畜牧厅组织了三个抗灾保畜工作组，由局长、处长带领分赴呼伦贝尔盟、锡林郭勒盟、巴彦淖尔盟灾区，协助进行抗灾保畜工作。灾情严重的盟、旗、公社都成立了抗灾保畜指挥机构，由党政领导干部负责，专门进行抗灾保畜工作。各地在坚决保留春季牧场的前提下，积极勘察调剂牧场，组织移场放牧，充分利用现有水、雪的草场，合理进行轮牧。对于草场不足的公社和生产队，有计划地调出一部分牲畜，实行借场放牧。④

各灾区组织发动群众进行抗旱。当时抗旱以打井为主，根据几个地区

---

① 中共乌兰察布盟委员会：《乌盟盟委关于畜牧业灾情和当前抗灾保畜工作的情况报告（摘要）》（1962 年 1 月 24 日），内蒙古档案馆藏，资料号：11—16—196；中共昭乌达盟委员会：《关于继续加强畜牧业生产工作的领导，争取 1962 年畜牧业生产丰收的报告》（1962 年 1 月 30 日），内蒙古档案馆藏，资料号：11—16—399
② 内蒙古自治区党委、内蒙古自治区人民委员会：《关于大力开展抗旱防灾斗争的紧急通知》（1962 年 6 月 19 日），内蒙古档案馆藏，资料号：11—16—18。
③ 内蒙古自治区党委、内蒙古自治区人民委员会：《关于牧区冬旱情况的报告》（1962 年 12 月 28 日），内蒙古档案馆藏，资料号：11—16—196。
④ 同上。

的不完全统计，整修旧井5780眼，打新井2468眼，解决了700多万头（只）牲畜的饮水问题。例如，呼伦贝尔盟、巴彦淖尔盟组织了300多人的打井队，新巴尔虎左旗整修旧井59眼，新巴尔虎右旗打井5眼、修旧井103眼，内蒙古自治区也派出10台火箭锥赴呼伦贝尔盟协助打井。锡林郭勒盟各地组织了1000余人的打井队，打新井63眼，整修旧井105眼。配种工作上，利用各种条件争取时间进行了补配。畜疾防治方面，积极防治了季节性疾病。同时，为了支援灾区运输，自治区派45辆汽车支援锡林郭勒盟运输，加上该盟自行解决的车辆共有136辆，运输问题基本解决。①

四 内蒙古牧区抗灾保畜工作的意义

如上所述，1962年内蒙古牧区抗灾保畜工作取得了很大的成就，但是，也存在如下一些问题：（1）牧区小畜配种仅占适龄母畜的63.7%，大批适配空怀，影响生产的正常发展；（2）西部地区过冬、过春的物资基础差，准备不够，乌兰察布盟、伊克昭盟地区每头牲畜只储草50斤，巴彦淖尔盟西部地区三旗的灾区每头牲畜平均只有5斤草；（3）牧区运输能力不足，粮食、饲料等不能及时运输到位；（4）抗灾物资供应短缺，影响了畜牧业生产。②

上述问题的发生，除了雪灾严重、草料缺少之外，主观上还存在一些问题。以锡林郭勒盟为例，在抗灾保畜工作中，各级党委有些领导对灾情了解不透彻，发动群众、群策群力开展抗灾保畜工作做得不够，所采取的措施也不够有力。例如，牧民的经验是走场损失大、牲畜死得多，牧民生活有困难。但是，镶黄旗、正镶白旗、苏尼特右旗都组织了不少牲畜走场，有的走场牲畜不分冬春营地，哪里有草哪里吃，形成了"吃大锅饭"，造成了一定的损失。再如，有的社队对过冬、过春的困难估计不足，工作安排不当，也造成一定困难。③

---

① 内蒙古自治区畜牧厅：《关于当前牧区旱灾情况的报告》（1962年12月24日），内蒙古档案馆藏，资料号：11—16—196。
② 同上。
③ 朋斯克、宝彦、高万宝扎布：《关于锡盟当前抗灾保畜情况和所采取措施的报告》（1962年1月5日），内蒙古档案馆藏，资料号：11—16—397。

同样，乌兰察布盟有些地区对当年畜牧业生产形势的严峻性和抗灾保畜任务的艰巨性认识不足，开始时思想麻痹，灾后又有畏难松劲情绪，束手无策，发动群众、依靠群众不够，自力更生、主动解决问题的劲头不够；部分地区仍有盲目乐观情绪，认为仔畜成活率不错，满足于现状；有的旗县领导上有官僚主义，情况不明，工作不够细致。[①]

针对抗灾救灾中出现的上述类似问题，在内蒙古各级党委和政府的领导下，及时得到了纠正与解决，使内蒙古畜牧业得到了稳定持续的发展，具有极为重要的意义。

首先，1962 年内蒙古牲畜总数，无论是年中牲畜数，还是年末数（见表 5—1、表 5—2）都连续增长。以 1962 年末内蒙古主要牲畜——大牲畜（马、牛、骆驼）和羊的年末数量来看，分别比 1961 年增长了 176000 头（只）和 729000 头（只），增长率分别为 3.2% 和 24.5%，[②] 为其后畜牧业生产的发展奠定了基础。1963—1965 年三年调整时期，全区牲畜平均递增率提高到了 8.4%。年中牲畜总头数，1962 年为 32643000 头（只），1963 年为 37052000 头（只），1964 年为 39922000 头（只），1965 年为 41762000 头（只），三年增长 27.7%。自然灾害严重的锡林郭勒盟，战胜了严重的雪灾和旱灾，确保了牲畜头数的增加，实现了 1960—1965 年持续稳定增长的趋势（见表 5—3）。

表 5—1　　　　　　　　　内蒙古全区牲畜统计（年中）[③]　　　　单位：头（只）

年份	合计	牛	马	驴	骡	骆驼	绵羊	山羊
1960	30446000	4028000	1095000	660000	90000	256000	13790000	10527000
1961	28482000	1457000	1163000	571000	89000	254000	14178000	10770000
1962	32643000	4212000	1253000	611000	89000	268000	14533000	11677000
1963	37052000	4542000	1404000	686000	93000	272000	16963000	13092000

---

① 中共乌兰察布盟委员会：《乌盟盟委关于畜牧业灾情和当前抗灾保畜工作的情况报告（摘要）》（1962 年 1 月 24 日），内蒙古档案馆藏，资料号：11—16—196。

② 内蒙古自治区统计局编：《奋进的内蒙古（1947—1989）》，中国统计出版社 1989 年版，第 314 页。

③ 《辉煌的五十年（1947—1997）》，中国统计出版社 1997 年版，第 163 页。

续表

年份	合计	牛	马	驴	骡	骆驼	绵羊	山羊
1964	39922000	4767000	1556000	787000	104000	287000	18757000	13664000
1965	41762000	7932000	1669000	853000	116000	309000	20174000	13709000

资料来源：内蒙古统计局编《奋进的内蒙古（1947—1989）》，中国统计出版社 1989 年版，第 307 页。

表 5—2　　　　　1960—1965 年内蒙古全区牲畜头数（12 月末）

单位：头（只）

年份	合计	大牲畜	羊
1960	24745000	5535000	19210000
1961	25089000	5505000	19584000
1962	25994000	5681000	20313000
1963	30027000	6283000	23744000
1964	30638000	6646000	23992000
1965	33354000	7162000	26192000

资料来源：内蒙古统计局编《奋进的内蒙古（1947—1989）》，中国统计出版社 1989 年版，第 307 页。

表 5—3　　　　　1960—1965 年锡林郭勒盟牲畜头数（12 月末）

单位：头（只）

年度	合计	大牲畜	小牲畜
1960	4439483	962416	3477067
1961	4719658	1045337	3674321
1962	5017579	1028011	3989568
1963	5765462	1168384	4597078
1964	6311180	1281256	5029924
1965	7150339	1425428	5724911

资料来源：内蒙古自治区统计局《农牧业生产统计资料（1947—1978）》第三册，第 308—309 页。

其次，1961—1963 年，内蒙古向国家提供了牲畜 8325000 头（只），绒毛 13648 万斤，皮张 2201 万张，支援了国家建设。① 在国民经济调整期间，内蒙古每年都往区外省份调出一部分耕畜，其中仅 1961 年 8 月至 1962 年 8 月，全区就调出耕畜 5 万多头，支援了全国 10 个兄弟省份的农业生产。②

最后，1960—1963 年，内蒙古牧区牧民之所以能够接受上海、浙江、安徽等地的 3000 名孤儿，也是与内蒙古牧区抗灾保畜工作的胜利与牧区畜牧业生产的稳定发展密不可分的。

小　结

1962 年内蒙古牧区发生了严重的自然灾害。其特点：年初是雪灾，年末是旱灾，即自然灾害黑白交加，并且灾情严重，受灾面积广，受灾牲畜量多。严重的自然灾害，造成了牲畜掉膘、母畜流产多、仔畜成活率低、畜疾不断发生、成畜死亡等，给牧区牧民的生产和生活带来了极大的影响。

为了战胜自然灾害，内蒙古自治区党委和政府发出了"加强抗灾保畜，夺取牧业丰收"的紧急号召，并根据具体灾情，积极部署了诸多有效的方针政策和措施。在内蒙古自治区党委、政府以及畜牧厅的领导下，牧区各地以抗灾保畜为压倒一切的中心任务，牧区各族人民展开了抗灾保畜运动，采取了各项具体、行之有效的措施，并在抗灾保畜工作中克服了种种困难和问题，战胜了 1962 年黑白交加的自然灾害。这不仅确保了当年牲畜头数的平稳增长，也为其后的畜牧业生产发展奠定了基础。因此，1960—1965 年内蒙古畜牧业生产得到了持续稳定的发展，保持了牲畜头数连续增长的趋势。

① 内蒙古自治区党委党史研究室编：《六十年代国民经济调整》（内蒙古卷），中共党史出版社 2001 年版，第 85 页。
② 王铎：《五十春秋——我做民族工作的经历》，内蒙古人民出版社 1992 年版，第 480—481 页。

结　语

　　在 1947—1966 年内蒙古牧区民主改革、牧区社会主义改造和国民经济调整中，内蒙古自治区党委和政府把党中央的方针、政策与内蒙古牧区实际相结合，从牧区的民族特点、地区特点、历史特点和自然条件、社会状况、牧业经济特点出发，创造性地制定和实施了一系列的方针政策，使内蒙古牧区工作取得了辉煌的成就，也积累了丰富的经验与启示，成为我国牧区工作中贯彻党的民族政策的成功典范与范式。在此期间，内蒙古牧区的变革和发展历程，对于当代内蒙古史乃至当代中国少数民族史研究而言，既是重点，又是难点。

　　说其是重点，是因为从少数民族牧区的民主改革到国民经济调整期间，是巩固党的领导和人民政权，调整民族关系和推动社会变革的极为重要的关键时期。内蒙古自治区是我国第一个民族自治地方，是我国重要的畜牧业生产基地。在牧区民主改革至国民经济调整时期的当代中国少数民族牧区变革和发展历程中，内蒙古牧区走在最前列，起到了重要的引领与范式作用。在内蒙古牧区民主改革进程中，创造性地制定实施了"三不两利"政策，不仅在全国少数民族牧区当中第一个实现了民主改革，为之后内蒙古牧区的发展奠定了坚实基础，而且其成功经验被推广到其他少数民族牧区，推动并加速了这些地区的民主改革顺利完成；在牧区社会主义改造进程中，继续执行"三不两利"政策的同时，制定、实施了"稳、宽、长"原则，在少数民族牧区中最先完成了牧区社会主义改造，使内蒙古牧区畜牧业得到持续稳定的发展；国民经济调整期间，内蒙古牧区坚持了"以牧为主""保护牧场、禁止开荒"的方针，并调整了牧区人民公社规模和体制，使畜牧业生产稳步发展，有力地支援了国家建设，促进了内蒙古牧区社会稳定、和谐的发展。

　　在这些重大变革的历史进程中，制定、实施的诸多行之有效方针政策的由来、依据等在以往研究成果没有能够得到全面、彻底的解明。本书中，笔者提出了一些在前人成果中几乎没有论及的新的见解，主要表现在：（1）阐明杰尔格勒领导的科右前旗乌兰毛都努图克试点改革工作中的经验教训，对制定内蒙古牧区民主改革"三不两利"政策，起到了促进和借鉴的作用。（2）指明内蒙古牧区社会主义改造进程中，对牧主的阶级划分是党内掌握，经过民主改革后的内蒙古牧区阶级状况发生了变化。（3）指出内蒙古牧区社会主义改造和人民公社化进程中，对牧主实施定息政策的依据在于牧主经济特殊性和畜牧业生产的特点。

说其是难点，主要有两个方面。充分、系统掌握本课题研究所需的内蒙古各级各地档案馆所藏第一手档案资料，是本课题研究的难点之一。笔者在长期的研究工作中，收集、整理了前人未曾利用或未能充分利用的各级（自治区、盟、旗、苏木、嘎查、生产队）档案馆、档案局所藏翔实的第一手档案史料、内部调查资料，以及自治区、盟、旗级系统的统计资料。

内蒙古牧区地域辽阔，各牧区情况千差万别，所以准确掌握不同牧区的具体情况，是本课题研究的难点之二。本课题研究对象以具有典型代表性的旗、苏木（公社）、嘎查（大队）、生产队为实例，进行了系统详细的探讨，并总结了内蒙古牧区工作的经验与启示：（1）必须从内蒙古牧区和畜牧业生产的实际出发，把握牧区的民族特点、地区特点与历史特点，才能制定正确的方针、政策；（2）贯彻落实党的路线和方针、政策，必须同内蒙古牧区独特的、固有的地区特点、民族特点和经济特点与发展规律以及实际情况结合起来，因地制宜地开创新路，不能生搬硬套；（3）牧区工作的方针政策，适合内蒙古牧区实情才能够调动牧民群众的生产积极性，促进畜牧业生产的发展，反之，就会束缚牧民生产积极性的发挥，阻碍畜牧业生产的发展；（4）应该始终把发展生产和改善牧区人民生活水平，作为一切牧区工作的出发点和归宿，并且及时纠正工作中的错误；（5）必须把抗灾保畜作为牧区工作的中心任务，并采取行之有效的方针、政策及措施。

总之，实事求是、因地制宜是推动社会发展的基本要求。当前，我国进入全面建成小康社会决胜阶段，开启了全面建设社会主义现代化国家的新征程，加快牧区工作的发展具有十分重要的战略地位。牧区工作的研究，日益引起学术界的广泛重视。本研究成果，希望能够为筑牢北疆安全稳定和生态屏障大局，为践行内蒙古打造北疆亮丽风景线现实需要提供可借鉴的历史经验；能够对牧区同类课题提供可参考的思路，对我国当代牧区工作史研究的缺失有所弥补。

参考文献

一 中文文献

（一）档案史料类

察盟工委：《关于察盟发展生产等政策在盟各界人代会上的报告》（1950年7月18日），内蒙古档案馆藏，资料号：11—4—27。

《达茂联合旗第三努图克（即原茂明安旗）牧民生活情况调查报告》（1953年9月10日），内蒙古档案馆藏，资料号：11—7—70。

《东部区牧业及半农半牧区牧工工资情况——东部区牧业生产座谈会议参考资料（二）》（1952年9月15日），内蒙古档案馆藏，资料号：11—6—92。

《鼓足干劲，力争上游，多快好省地建设社会主义的新牧区——乌兰夫同志第七次牧区工作会议的总结报告》（1958年7月7日），内蒙古档案馆藏，资料号：11—12—146。

《呼伦贝尔盟人民政府四年来各项基本总结和1954年施政方针任务的报告》（1954年），内蒙古档案馆藏，资料号：11—8—166。

《加强草原建设，争取畜牧业持续跃进——赵会山同志的发言》（1963年3月），内蒙古档案馆藏，资料号：11—17—51。

《经民委向中央书记处汇报的有关牧区人民公社的几个数字》（1962年11月16日），内蒙古档案馆藏，资料号：11—16—377。

科右前旗乌兰毛道努图克：《科右前旗乌兰毛道牧区牧业合作社化总结》（1957年5月31日），科右前旗档案馆藏，资料号：67—1—23。

民族事务委员会党组：《关于少数民族牧业区工作和牧业区人民公社若干政策的规定（草案）的报告》（1963年1月14日），内蒙古档案馆藏，资料号：11—17—374。

《内蒙古党委关于第六次牧区工作会议向中央的报告》（1958 年 3 月 20
　　日），内蒙古档案馆藏，资料号：11—12—157。

《内蒙古党委关于牧区人民公社当前政策问题的若干规定——内蒙古党委
　　第十二次全体委员（扩大）会议通过》（1960 年 12 月 4 日），内蒙古档
　　案馆藏，资料号：11—15—213。

《内蒙古党委关于牧区人民公社规模和体制的调整方案（草案）》（1961 年
　　4 月 22 日），内蒙古档案馆藏，资料号：11—15—230。

内蒙古东部区党委：《内蒙古东部区 1950 年畜牧业生产初步总结》（1951
　　年 1 月 10 日），内蒙古档案馆藏，资料号：11—4—19。

内蒙古自治区党委：《必须千方百计战胜灾害，争取畜牧业增产，保证农
　　业的丰收》（1962 年 1 月 27 日），内蒙古档案馆藏，资料号：11—
　　16—196。

内蒙古自治区党委：《关于第七次牧区工作会议向中央的报告》（1958 年 7
　　月 31 日），内蒙古档案馆藏，资料号：11—12—157。

内蒙古自治区党委：《关于立即制止和纠正牧区人民公社乱调基本核算单
　　位的生产资料和劳动力的通知》（1960 年 7 月 15 日），内蒙古档案馆
　　藏，资料号：11—14—195。

内蒙古自治区党委：《关于牧区人民公社当前政策问题的若干规定——内
　　蒙古党委第十二次全体委员（扩大）会议通过》（1960 年 12 月 4 日），
　　内蒙古档案馆藏，资料号：11—15—213。

内蒙古自治区党委：《关于牧区人民公社的管理体制和若干政策问题的规
　　定（修改稿）》（1959 年 3 月 26 日），内蒙古档案馆藏，资料号：11—
　　13—358。

内蒙古自治区党委、呼伦贝尔盟牧业生产调查组：《呼伦贝尔盟牧区人民
　　公社处理自留畜情况的报告》（1959 年 6 月 12 日），内蒙古档案馆藏，
　　资料号：11—13—531。

内蒙古自治区党委、呼伦贝尔盟牧业生产调查组：《呼伦贝尔盟牧区人民
　　公社牲畜入社形式、畜股报酬和实行定息情况的报告》（1959 年 6 月 13
　　日），内蒙古档案馆藏，资料号：11—13—531。

内蒙古自治区党委、内蒙古自治区人民委员会：《关于大力开展抗旱防灾
　　斗争的紧急通知》（1962 年 6 月 19 日），内蒙古档案馆藏，资料号：
　　11—16—18。

内蒙古自治区党委、内蒙古自治区人民委员会：《关于牧区冬旱情况的报告》（1962 年 12 月 28 日），内蒙古档案馆藏，资料号：11—16—196。

内蒙古自治区党委农村牧区工作组：《内蒙古牧区人民公社参考资料》（1961 年 5 月 10 日），内蒙古档案馆藏，资料号：11—15—207。

《内蒙古自治区牧区人民公社工作条例（修正草案)》（1961 年 7 月 27 日），内蒙古档案馆藏，资料号：11—15—228。

内蒙古自治区畜牧厅党组：《关于当前抗灾保畜工作的报告》（1962 年 1 月 10 日），内蒙古档案馆藏，资料号：11—16—397。

内蒙古自治区畜牧厅：《关于当前牧区旱灾情况的报告》（1962 年 12 月 24 日），内蒙古档案馆藏：资料号：11—16—196。

《内蒙古自治运动几个问题》（1947 年 1 月），内蒙古档案馆藏，资料号：11—1—11。

内蒙古总路线宣传工作检查团：《关于一个月的总路线宣传与工作检查报告》（1958 年 7 月 30 日），内蒙古档案馆藏，资料号：11—12—156。

朋斯克、宝彦、高万宝扎布：《关于锡盟当前抗灾保畜情况和所采取措施的报告》（1962 年 1 月 5 日），内蒙古档案馆藏，资料号：11—16—397。

《全党全民团结一致，继续高举三面红旗，争取自治区社会主义建设的新高潮而奋斗——中国共产党内蒙古自治区委员会向第二届一次党代表大会的报告》（1963 年 3 月 20 日），内蒙古档案馆藏，资料号：11—17—16。

《乌兰夫同志关于在牧区、林区贯彻执行以农业为基础的方针和开垦草原发展农业中应该注意的几个问题的意见》（1960 年 10 月 8 日），内蒙古档案馆藏，资料号：11—14—165。

《乌兰夫同志在全国牧区工作会议上的讲话提纲》（1963 年 5 月 10 日），内蒙古档案馆藏，资料号：11—17—375。

锡察行政委员会：《关于开展锡盟群众工作决定》（1947 年 9 月 12 日），内蒙古档案馆藏，资料号：11—1—18。

《云主席在锡察工作会议上的讲话摘要》（1950 年 1 月 24 日），内蒙古档案馆藏，资料号：11—4—7。

《在分局召集的区党委、各盟委负责同志座谈会上乌兰夫同志关于对牧主社会主义改造等几个政策问题的发言摘要》（1953 年 12 月 31 日），内蒙古档案馆藏，资料号：11—7—64。

《赵会山关于四子王旗畜牧业生产情况报告》（1962 年 4 月 24 日），内蒙
古档案馆藏，资料号：11—16—371。

《争取整风全胜，克服右倾保守思想，掀起生产建设高潮——中国共产党
内蒙古自治区委员会向内蒙古自治区第一届党代表大会第二次会议的工
作报告》，内蒙古档案馆藏，资料号：11—12—9。

中共察右后旗委员会：《关于试建牧业生产合作社的方案》（1955 年 1 月 3
日），内蒙古档案馆藏，资料号：11—9—100。

中共呼伦贝尔盟委员会：《呼盟党委向内蒙古党委的报告》（1963 年 12 月
26 日），内蒙古档案馆藏，资料号：11—17—218。

中共呼伦贝尔盟委员会：《牧区人民公社基本核算单位问题试点工作总结》
（1962 年 8 月 20 日），内蒙古档案馆藏，资料号：11—16—380。

中共呼纳盟地委会：《呼纳盟几年来牧业生产总结和今后意见》（1952 年 8
月 29 日），内蒙古档案馆藏，资料号：11—6—96。

中共科右前旗乌兰毛都努图克牧区建设工作组：《乌兰毛都努图克宝音和
希格牧业互助组转社总结报告》（1954 年 3 月 9 日），科右前旗档案馆
藏，资料号：47—2—12。

中共内蒙古自治区委员会、内蒙古自治区人民委员会：《关于牧区雪灾情
况的报告》（1962 年 2 月 19 日），内蒙古档案馆藏，资料号：11—16—
196。

中共乌兰察布盟委员会：《乌盟盟委关于畜牧业灾情和当前抗灾保畜工作
的情况报告（摘要）》（1962 年 1 月 24 日），内蒙古档案馆藏，资料号：
11—16—196。

中共乌兰毛都努图克委员会：《乌兰奥都牧业生产合作社 1954 年牧业生产
工作总结》（1955 年 6 月 2 日），科右前旗档案馆藏，资料号：47—
2—12。

中共乌兰毛都努图克委员会：《乌兰毛都努图克建社工作总结汇报》（1954
年 2 月 28 日），科右前旗档案馆藏，资料号：67—1—11。

中共锡林郭勒盟委：《关于给牧区农业队批拨部分生活救济的请示》（1962
年 2 月 22 日），内蒙古档案馆藏，资料号：11—16—208。

中共锡林郭勒盟委员会：《关于畜牧业生产当前情况和今后意见的报告》
（1962 年 1 月 8 日），内蒙古档案馆藏，资料号：11—16—399。

中共昭乌达盟盟委：《昭乌达盟牧业生产和牧业社会主义改造情况报告》（1958 年 6 月 28 日），内蒙古档案馆藏，资料号：11—12—394。

中共昭乌达盟委员会：《关于继续加强畜牧业生产工作的领导，争取 1962 年畜牧业生产丰收的报告》（1962 年 1 月 30 日），内蒙古档案馆藏，资料号：11—16—399。

《中共中央、国务院批转全国牧区会议的三个文件》（1963 年 6 月 7 日），内蒙古档案馆藏，资料号：11—17—375。

《中国共产党内蒙古自治区委员会关于高速发展畜牧业生产的指示》（1958 年 7 月 31 日），内蒙古档案馆藏，资料号：11—12—145。

中国共产党锡林郭勒盟盟委会：《察哈尔盟牧工牧主两利政策资料》（1953 年 8 月 5 日），内蒙古档案馆藏，资料号：11—7—67。

《总结经验教训，贯彻生产方针，为更好地发展生产而奋斗——伊克昭盟第一书记暴彦巴图》（1963 年 3 月），内蒙古档案馆藏，资料号：11—17—64。

（二）著作类

敖日其楞：《内蒙古民族问题研究与探索》，内蒙古教育出版社 1993 年版。

《当代中国》丛书编辑委员会：《当代中国的民族工作》（上、下册），当代中国出版社 1993 年版。

《当代中国的农业合作制》编辑委员会：《当代中国的农业合作制》，当代中国出版社 2002 年版。

当代中国民族工作编辑部：《当代中国民族大事记 1949—1988》，民族出版社 1989 年版。

高化民：《农业合作化运动始末》，中国青年出版社 1999 年版。

郝时远：《中国的民族与民族问题——论中国共产党解决民族问题的理论与实践》，江西人民出版社 1996 年版。

郝维民：《内蒙古自治区史》，内蒙古大学出版社 1991 年版。

郝玉峰：《乌兰夫与三千孤儿》，内蒙古乌兰夫研究会，1997 年。

浩帆主编：《内蒙古蒙古族的社会主义过渡》，内蒙古人民出版社 1987 年版。

呼伦贝尔盟史志编辑办公室编：《呼伦贝尔盟牧区民主改革》，内蒙古文化出版社 1994 年版。

菅光耀、李晓峰主编：《穿越风沙线：内蒙古生态备忘录》，中国档案出版社 2001 年版。

刘景平：《内蒙古自治区经济发展概要》，内蒙古人民出版社 1979 年版。

《内蒙古垦务研究》第 1 辑，内蒙古人民出版社 1990 年版。

《内蒙古农牧业资源》编委会：《内蒙古农业资源》，内蒙古人民出版社 1966 年版。

《内蒙古畜牧业发展概要》，蒙古文，内蒙古人民出版社 1962 年版。

《内蒙古自治区成立十周年纪念文集》，内蒙古人民出版社 1957 年版。

内蒙古自治区党委党史研究室编：《六十年代国民经济调整》（内蒙古卷），中共党史出版社 2001 年版。

内蒙古自治区党委政策研究室、内蒙古自治区农业委员会编印：《内蒙古畜牧业文献资料选编》第二卷（上、下册），呼和浩特，1987 年。

内蒙古自治区党委政策研究室、内蒙古自治区农业委员会编印：《内蒙古畜牧业文献资料选编》第七卷，呼和浩特，1987 年。

内蒙古自治区党委政策研究室、内蒙古自治区农业委员会编印：《内蒙古畜牧业资料选编》第四卷，呼和浩特，1987 年。

内蒙古自治区党委政策研究室、内蒙古自治区农业委员会编印：《内蒙古畜牧业资料选编》第一卷，呼和浩特，1987 年。

内蒙古自治区档案馆编：《中国第一个民族自治区诞生档案史料选编》，远方出版社 1997 年版。

内蒙古自治区蒙古族经济史研究组编印：《蒙古族经济发展史研究》第 2 集，1988 年。

内蒙古自治区人民政府参事室编印：《内蒙古历代自然灾害史料〈续〉》，1988 年。

内蒙古自治区畜牧厅修志编史委员会编：《内蒙古畜牧业大事记》，内蒙古人民出版社 1997 年版。

内蒙古自治区畜牧厅修志编史委员会编：《内蒙古自治区志：畜牧志》，内蒙古人民出版社 1999 年版。

内蒙古自治区政协文史资料委员会：《"三不两利"与"稳宽长"回忆与思考》，内蒙古文史资料第 59 辑，呼和浩特，2006 年。

庆格勒图：《内蒙古畜牧业的社会主义改造》，《中国共产党与少数民族地区的民主改革和社会主义改造》（下册），中共党史出版社 2001 年版。

赛航：《内蒙古牧区的民主改革》，《中国共产党与少数民族地区的民主改革和社会主义改造》（上册），中共党史出版社 2001 年版。

宋迺工主编：《中国人口：内蒙古分册》，中国财政经济出版社 1987 年版。

孙敬之主编：《内蒙古自治区经济地理》，科学出版社 1956 年版。

王铎：《五十春秋——我做民族工作的经历》，内蒙古人民出版社 1992
年版。

王铎主编：《当代内蒙古简史》，当代中国出版社 1998 年版。

肖瑞玲、曹永年、赵之恒、于永：《明清内蒙古西部地区开发与土地沙
化》，中华书局 2006 年版。

新华通讯社编印：《农村人民公社调查汇编》上册，1960 年。

叶扬兵：《中国农业合作化运动研究》，知识产权出版社 2006 年版。

张林池主编：《当代中国农垦事业》，中国社会科学出版社 1986 年版。

中共内蒙古自治区党委党史研究室编：《六十年代国民经济调整——内蒙
古卷》，中共党史出版社 2001 年版。

中共内蒙古自治区委员会党史研究室编：《"大跃进"和人民公社化运
动》，中共党史出版社 2008 年版。

中共中央文献研究室编：《建国以来重要文献选编》第二册，中央文献出
版社 1992 年版。

中共中央文献研究室编：《建国以来重要文献选编》第十一册，中央文献
出版社 1995 年版。

中共中央文献研究室：《建国以来重要文献选编》第十三册，中央文献出
版社 1996 年版。

（三）报刊资料类

《广西日报》1958 年 9 月 16 日。

李大勇：《六十年代初期国民经济调整的历史局限》，《中共党史研究》
1989 年第 5 期。

李玉伟、张新伟：《试论内蒙古关于牧主和牧主经济的民主改革》，《前
沿》2013 年第 5 期。

鲁震祥：《试论毛泽东在二十世纪六十年代国民经济调整中的地位和作
用》，《中共党史研究》2003 年第 6 期。

《内蒙古日报》1958 年 9 月 27 日。

《内蒙古日报》1949 年 5 月 1 日。

《内蒙古日报》1958 年 11 月 1 日。

《内蒙古日报》1959 年 1 月 19 日。

《内蒙古日报》1955 年 11 月 17 日。

《内蒙古日报》1958 年 7 月 20 日。

《内蒙古日报》1952 年 5 月 6 日。

《内蒙古日报》1953 年 1 月 1 日。

内蒙古自治区党委学习编委会编：《学习》，第 368 期。

内蒙古自治区党委学习编委会编：《学习》，第 249 期（党代表大会专刊），1958 年 3 月 10 日。

内蒙古自治区党委学习编委会编：《学习》，第 340 期，1961 年 1 月 15 日。

内蒙古自治区党委学习编委会编印：《学习》，第 262 期，1958 年 8 月 15 日。

内蒙古自治区人民政府办公厅编：《内蒙政报》1953 年第 5 期。

农业杂志社：《中国农垦》1958 年第 2 期。

农业杂志社：《中国农垦》1958 年第 3 期。

农业杂志社：《中国农垦》1958 年第 5 期。

庆格勒图：《内蒙古牧区民主改革运动》，《内蒙古社会科学》（汉文版）1995 年第 6 期。

《人民日报》1957 年 5 月 1 日。

《人民日报》1956 年 10 月 16 日。

《人民日报》1958 年 8 月 28 日。

《人民日报》1958 年 12 月 19 日。

《人民日报》1958 年 11 月 30 日。

《人民日报》1958 年 10 月 24 日。

绥远省人民政府办公厅编：《法令汇编》第六期，1953 年 2 月。

绥远省人民政府办公厅编：《法令汇编》第七期，1954 年 2 月。

王德胜：《论"稳宽长"原则——重温内蒙古畜牧业社会主义改造的经验》，《内蒙古大学学报》（社会科学版）1998 年第 5 期。

王双梅：《邓小平与 20 世纪 60 年代的国民经济调整》，《党的文献》2011 年第 5 期。

乌兰巴特尔、刘寿东：《内蒙古主要畜牧气象灾害减灾对策研究》，《自然灾害学报》第 13 卷第 6 期。

乌兰夫：《内蒙古自治区畜牧业的恢复发展经验》（1953 年 1 月 1 日），

《内蒙古日报》1953 年 1 月 1 日。

于永:《内蒙古牧区雪灾的特点与抗灾的思考》,《内蒙古师范大学学报》
（哲学社会科学版）2004 年第 4 期。

赵士刚:《"大跃进"和国民经济时期的陈云经济思想及其意义》,《当代
中国史研究》2005 年第 3 期。

赵真北:《试述内蒙古牧业区的民主改革》,《档案与社会》2004 年第
1 期。

周含华、曾长秋:《对中国农业社会主义改造历史意义的再评价》,《湖南
师范大学社会科学学报》2002 年第 3 期。

　　（四）统计资料类

呼伦贝尔盟统计局:《国民经济统计资料（1946—1975）》,内部资料。

内蒙古统计局:《辉煌的五十年1947—1997》,中国统计出版社1997 年版。

内蒙古自治区统计局编:《内蒙古自治区国民经济统计提要》,1958 年。

内蒙古自治区统计局:《内蒙古自治区国民经济统计资料（1947—
1985）》,内部资料。

内蒙古自治区统计局:《内蒙古自治区国民经济资料（1947—1958）》,
1959 年。

内蒙古自治区统计局:《农牧业生产统计资料（1947—1978）》第三册,
内部资料。

内蒙古自治区畜牧局:《畜牧业统计资料（1947—1986）》,1988 年。

二　日文文献

坂本是忠:《モンゴル人民共和国における牧畜業の集団化について——
遊牧民族近代化の一類型》,《遊牧民族の研究:ユーラシア学会研究報
告（1953）》（通号 2）,自然史学会,1955 年。

坂本是忠:《最近のモンゴル人民共和国——牧農業の集団化を中心とし
て》,《アジア研究》6（3）,アジア政経学会,1960 年。

二木博史:《農業の基本構造と改革》,青木信治編《変革下のモンゴル国
経済》,アジア経済研究所 1993 年版。

ボルジギン・リンチン:《反右派闘争におけるモンゴル人「民族右派」
批判》,《アジア経済》第 48 巻第 8 号,2007 年。

高明杰：《もう一つ脱構築的歴史過程——内蒙古自治政府の「三不両利」政策をめぐって》，《国際問題研究所紀要》第 129 期，2007 年。

アジア経済研究所：《中国共産党の農業集団化政策》，アジア経済研究所1961 年版。

フスレ：《内モンゴルにおける土地政策の変遷について（1946～49年）——「土地改革」の展開を中心に》，《学苑》第 791 期，2009 年。

青木信治編：《変革下のモンゴル国経済》，アジア経済研究所 1993 年版。

山内一男等：《中国経済の転換》，岩波書店 1989 年版。

小島麗逸：《中国経済と技術》，勁草書房 1975 年版。

小林弘二：《二〇世紀の農民革命と共産主義運動——中国における農業集団化政策の生成と瓦解》，勁草書房 1997 年版。

アジア政経学会：《中国政治経済総覧》，日刊労働通信社 1963 年版。

中島嶺雄：《現代中国論：イデオロギーと政治の内的考察》，青木書店1964 年版。

佐藤慎一郎：《農業生産合作社の組織構造》，アジア経済研究所 1963年版。

索 引

后 记

　　本书是笔者于 2010 年向日本东京外国语大学提交的博士学位论文《中国共产党民族政策研究：以 1949—1966 年内蒙古为中心》的修正版。该研究是笔者在获得日本学术振兴会外国人特别研究员博士后基金资助，在爱知大学国际中国学研究中心进行博士后研究期间（2011 年 9 月 1 日至 2013 年 8 月 31 日）完成的，研究题目为"当代中国民族政策和民族问题研究：以 1949—1976 年内蒙古为例"（课题编号：P1101）。同时也是笔者主持的国家社科基金项目"内蒙古牧区开创性成就及其意义研究（1947—1966）"（批准号：14BMZ073）和国家民委民族问题研究项目"内蒙古民族问题治理经验与启示研究"（编号：2016—GMB—005）研究成果的扩张版。

　　在日本期间，得到博士导师二木博史教授（东京外国语大学）、博士后导师加加美光行教授（爱知大学）、中见立夫教授（东京外国语大学）、臼井佐知子（东京外国语大学）、毛里和子教授（早稻田大学）、呼斯勒（昭和女子大学）等学者的指点与帮助。中国社会科学院研究员、学部委员郝时远先生和兰州大学西北少数民族研究中心王建新教授专为本书稿申报《中国社会科学博士后文库》撰写推荐信。中国社会科学出版社编辑王琪、郝阳洋女士为本书校稿付出了辛勤的劳动。谨此对上述各位，一并表示衷心的感谢！

仁 钦

2019 年 10 月陋室谨记

第八批《中国社会科学博士后文库》专家推荐表1

　　《中国社会科学博士后文库》由中国社会科学院与全国博士后管理委员会共同设立，旨在集中推出选题立意高、成果质量高、真正反映当前我国哲学社会科学领域博士后研究最高学术水准的创新成果，充分发挥哲学社会科学优秀博士后科研成果和优秀博士后人才的引领示范作用，让《文库》著作真正成为时代的符号、学术的标杆、人才的导向。

推荐专家姓名	郝时远	电　　话	
专业技术职务	研究员、学部委员	研究专长	民族学
工作单位	中国社会科学院	行政职务	
推荐成果名称	内蒙古牧区工作成就启示研究（1947—1966）		
成果作者姓名	仁　钦		

（对书稿的学术创新、理论价值、现实意义、政治理论倾向及是否具有出版价值等方面做出全面评价，并指出其不足之处）

　　仁钦博士的书稿《内蒙古牧区工作成就启示研究（1947—1966）》是一项学术理论价值较高、现实意义较强的"中国经验"研究。内蒙古自治区是我国第一个民族自治地方，畜牧业是内蒙古地区的传统产业。所以，自治区建立后的牧区工作是巩固党的领导、人民政权、调整民族关系和推动内蒙古社会变革的中心工作之一。事实证明，内蒙古牧区民主改革中以"三不两利"为代表的政策创造，为中华人民共和国成立后全国牧区的社会变革提供了思路和范式。该项目研究以自治区建立到1966年为时段，较全面分析和研究了内蒙古牧区民主改革、社会主义改造的历史经验，客观地辨析了"大跃进"时期的基本教训，揭示了实事求是、因地制宜推动经济社会发展的基本要求，其中涉及的庙仓经济改革和回溯性的生态环境问题研究，展示了内蒙古地区宗教改革和草原生态环境因素的重大意义，体现了著者独到的学术眼光。

　　历史是现实的根源，这部书稿通过内蒙古一定历史阶段的牧区工作研究，为今天面对"三农"问题时深化认识"三牧"问题的特殊性和重要性提供了借鉴。内蒙古是我国最重要的畜牧业生产基地，畜牧业的现代化发展所蕴含的牧业、牧区、牧民问题，不仅关涉内蒙古自治区各民族守望相助、共同团结奋斗和共同繁荣发展、筑牢北疆安全稳定和生态安全屏障的大局，而且内蒙古作为模范自治区需要继续为全国民族自治地方提供成功经验，其中包括牧区的现代化发展经验。因此，作者通过对内蒙古牧区的变革和发展历史脉络的研究，不仅为践行内蒙古打造北疆亮丽风景线的现实需要提供了可资借鉴的历史经验，同时也为中国几大典型牧区（如青海、新疆、西藏）的同类课题提供了可供参照的研究思路。

该书稿以作者 2010 年向日本东京外国语大学提交的博士学位论文《中国共产党民族政策研究：以 1949—1966 年内蒙古为中心》（日文）为基础，在继续得到国家社科基金项目（批准号：14BMZ073）、国家民委民族问题研究项目（编号：2016—GMB—005）的支持的条件下，经作者在日本爱知大学的博士后研究而完成的扩展、深化版。作者用功之多、用功之专可见一斑。该书稿坚持正确的科研方向，研究思路清晰，资料数据翔实，其中第一手的档案资料颇为珍贵。书稿注释完整，符合学术规范。其经验启示的研究不仅丰富和弥补了中国牧区工作史研究的缺失，而且对当代畜牧业发展、牧区乡村振兴、草原生态保护都具有现实的借鉴意义。

书稿不足之处：书稿中虽然参考了当时内蒙古的重要历史文献，如乌兰夫关于牧区工作的一些讲话，但是未能参考完成这项研究后面世的专题文献，如《乌兰夫论牧区工作》（内蒙古人民出版社）一书。建议在交付出版前，对相关内容进行参考补充，使书稿更加完善。

我认为这部书稿的学术水平符合《中国社会科学博士后文库》的条件，特此推荐出版。

签字：郝时远

2018 年 12 月 15 日

说明：该推荐表须由具有正高级专业技术职务的同行专家填写，并由推荐人亲自签字，一旦推荐，须承担个人信誉责任。如推荐书稿入选《文库》，推荐专家姓名及推荐意见将印入著作。

第八批《中国社会科学博士后文库》专家推荐表2

《中国社会科学博士后文库》由中国社会科学院与全国博士后管理委员会共同设立，旨在集中推出选题立意高、成果质量高、真正反映当前我国哲学社会科学领域博士后研究最高学术水准的创新成果，充分发挥哲学社会科学优秀博士后科研成果和优秀博士后人才的引领示范作用，让《文库》著作真正成为时代的符号、学术的标杆、人才的导向。

推荐专家姓名	王建新	电　话	
专业技术职务	教授	研究专长	民族学，人类学
工作单位	兰州大学西北少数民族研究中心	行政职务	副主任
推荐成果名称	内蒙古牧区工作成就启示研究（1947—1966）		
成果作者姓名	仁　钦		

（对书稿的学术创新、理论价值、现实意义、政治理论倾向及是否具有出版价值等方面做出全面评价，并指出其不足之处）

仁钦博士毕业于日本东京外国语大学，获得博士学位。回国在内蒙古大学蒙古学研究中心任教后，又被遴选为日本学术振兴会（JSPS）外国人特别研究员，在日本爱知大学从事博士后研究。爱知大学国际中国学研究中心是国际上研究当代中国学的著名学术机构，仁钦博士在此受到严格的学术训练，对自己研究课题及相关问题的中文、日文、蒙文等语种史料，形成了充分把握和熟练运用的攻关能力。

他从事的这项研究——内蒙古牧区工作（1947—1966），是当代内蒙古史、中国少数民族史乃至中国史研究中极为重要的一环。1947—1966年的社会变革期间，内蒙古牧区工作不仅取得了开创性的辉煌成就，积累了丰富的有益经验，而且为全国其他牧区社会改造提供了借鉴和成功范例。

这部专著的学术创新之处主要体现在：第一，深入、细致、系统整理总结了1947—1966年内蒙古牧区工作，其分析视角独到，结论合理可靠，填补了国内外学界相关内蒙古自治区史、牧区史研究领域的一项空白。第二，对该期间内蒙古牧区工作一系列成功经验进行总结和分析，得出相关的规律性结论，为完善和发展牧区工作和民族区域自治理论的创新提供了科学依据。第三，这项研究充分系统地利用了相当数量的、前任研究所未涉及的第一手文献及档案史料。

牧区畜牧业是牧区少数民族基础性产业，而内蒙古牧区工作在全国少数民族牧区当中处于前列，具有典型性。这项研究弥补了学界相关研究的不足及缺憾，对相同领域研究具有重要的理论指导意义；同时，也为其他少数民族地区牧区的社会改革提供了宝贵的经验和借鉴，具有较为突出的现实参考价值。作者立足牧区生态安全保障，且能从筑牢祖国北疆安全稳定屏障角度出发，探讨内蒙古牧区社会变革与社会建设，政治立场坚定，观点鲜明。这一成果对加快内蒙古牧区现代化建设，加强中华民族共同体意识乃至"中国梦"的实现都具有对策参考价值，意义重大，值得出版。

仁钦博士的此项研究成果内容，曾部分刊载于《当代中国史研究》、《中国民族学》、《中国蒙古学》、《内蒙古社会科学》、《亚洲经济》（アジア経済，日本）、《现代中国研究》（现代中国研究，日本）、《中国研究月报》（中国研究月報，日本）、《相关社会科学》（相関社会学，日本）、《日本与蒙古》（日本とモンゴル，日本）、《中国研究论丛》（中国研究論叢，日本）等国内外专业学术期刊，属相关学术研究领域的最新前沿成果，受到学界的广泛关注和重视。

　　建议在出版交稿前，请作者在书稿参考文献的中文部分、日文部分，分别加注说明排顺序，以便读者查核。文中还存在一些较为冗长的语句和错别字，也请一并订正调整。

签字：王建新

2018 年 12 月 28 日

<hr>

说明：该推荐表须由具有正高级专业技术职务的同行专家填写，并由推荐人亲自签字，一旦推荐，须承担个人信誉责任。如推荐书稿入选《文库》，推荐专家姓名及推荐意见将印入著作。